COMPREENDER
E ACOMPANHAR
A PESSOA HUMANA

Alessandro Manenti

COMPREENDER E ACOMPANHAR A PESSOA HUMANA

Manual teórico e prático para o formador psicoespiritual

Dados Internacionais de Catalogação na Publicação (CIP)
(Câmara Brasileira do Livro, SP, Brasil)

Manenti, Alessandro
 Compreender e acompanhar a pessoa humana : manual teórico e prático para o formador psicoespiritual / Alessandro Manenti ; tradução de Paulo F. Valério. – 1. ed. – São Paulo : Paulinas, 2021.
 304 p. (Em busca de Deus)

 Bibliografia
 ISBN 978-65-5808-017-6
 Título original: Comprendere e accompagnare la persona umana

 1. Direção espiritual - Aspectos psicológicos 2. Psicologia religiosa 2. Espiritualidade I. Título II. Valério, Paulo F.

 20-2268   CDD 253.53

Índice para catálogo sistemático:
1. Direção espiritual – Aspectos psicológicos   253.53

Angélica Ilacqua – Bibliotecária – CRB-8/7057

Título original da obra: *Comprendere e accompagnare la persona umana*.
© 2013 Centro editoriale dehoniano via Scipione Dal Ferro, 4 - 40138 Bologna
www.dehoniane.it
EDB®

1ª edição - 2021
1ª reimpressão - 2024

Direção-geral: *Flávia Reginatto*
Editora responsável: *Vera Ivanise Bombonatto*
Tradução: *Paulo F. Valério*
Copidesque: *Mônica Elaine G. S. da Costa*
Coordenação de revisão: *Marina Mendonça*
Revisão: *Sandra Sinzato*
Gerente de produção: *Felício Calegaro Neto*
Capa e diagramação: *Tiago Filu*

Nenhuma parte desta obra poderá ser reproduzida ou transmitida por qualquer forma e/ou quaisquer meios (eletrônico ou mecânico, incluindo fotocópia e gravação) ou arquivada em qualquer sistema de banco de dados sem permissão escrita da Editora. Direitos reservados.

Cadastre-se e receba nossas informações
www.paulinas.com.br
Telemarketing e SAC: 0800-7010081

Paulinas
Rua Dona Inácia Uchoa, 62
04110-020 – São Paulo – SP (Brasil)
📞 (11) 2125-3500
✉ editora@paulinas.com.br

© Pia Sociedade Filhas de São Paulo – São Paulo, 2021

TEXTOS DE REFERÊNCIA E SIGLAS

AIF   IMODA (ed.), *Antropologia interdisciplinare e formazione*, EDB, Bologna 1997.

AVC/1   L. M. RULLA, *Antropologia della vocazione cristiana*, 1: Basi interdisciplinari, EDB, Bologna 1987.

PeF   A. CENCINI; A. MANENTI, *Psicologia e formazione. Strutture e dinamismi*, EDB, Bologna 2010.

PP   A. MANENTI, *Il pensare psicologico*, EDB, Bologna 1997.

PRSeFO   A. MANENTI; S. GUARINELLI; H. ZOLLNER (eds.), *Persona e formazione. Riflessioni per la pratica educativa e psicoterapeutica*, EDB, Bologna 2007.

SvU   F. IMODA, *Sviluppo umano, psicologia e mistero*, EDB, Bologna 2005.

VI/1   A. MANENTI, *Vivere gli ideali/1*: Fra paura e desiderio, EDB, Bologna 2001.

VI/2   A. MANENTI, *Vivere gli ideali/2*: Fra senso posto e senso dato, EDB, Bologna 2003

3D   Revista: *Tredimensioni; psicologia, spiritualità, formazione*, periódico quadrimestral, Àncora, Milão. Os artigos da revista (exceto os dois últimos anos) podem ser baixados do site do Instituto superior para formadores, disponível em: <http:/www.isfo.it>.

SUMÁRIO

INTRODUÇÃO 11
1. GRANDE CORAÇÃO, PEQUENO CORAÇÃO 15
   Nem anjo nem animal 16
   Cidadão de dois mundos 17
   Respeitá-lo como é 18
   O grande coração 19
   O pequeno coração 20
   Aceitar também o pequeno coração 21
   Duas categorias de importância 22
   Duas sensibilidades 25
   Duas predisposições a responder 26
   Duas fontes energéticas: necessidades e valores 27
   Duas modalidades de projetar-se 28
   Mas um único coração 29

2. UM ÚNICO CORAÇÃO. A DIALÉTICA BÁSICA
E O PENSAR CONJUNTO 31
   Relação dialética 32
   Diversidade, mas não antagonismo 33
   Presença simultânea de dois polos 35
   Se vejo um polo, não devo esquecer-me de que existe
   também o outro, embora não o perceba de imediato 38
   Um polo informa a respeito do outro (inclusão) 40
   Respeitar e não abolir a dialética 43
   O pensar conjunto e as leis da psicodinâmica 44
   Por que a dialética básica é o ás na manga do educador? ... 45
   Uso da noção de dialética nos colóquios 53

3. ACOMPANHAMENTO: OBJETIVOS E ETAPAS 61

Visão de si e da vida que não dê pretexto para expectativas
irrealistas (informar-se sobre o funcionamento humano) 64
As configurações pessoais da dialética (falar de si) 67
Na expectativa realista de que, no futuro,
a dialética assumirá outras formas sempre novas e inéditas 71
Na sua gestão igualmente paradoxal: quanto mais a dialética se
torna consciente e aceita, mais fácil é administrá-la e
mais favorece os *seres humanos* e, específica e
surpreendentemente, os cristãos, que podem fazer
da própria vida um dom de si 73

4. ENTRAR NA INTERIORIDADE.
O CASO DA AVENTURA DE SOBREVIVÊNCIA 83

Identificação 83
Reação emotiva do formador 83
Acolher o problema apresentado 84
Explicação do problema dada pelo cliente 85
Como o cliente se define 87
Estilo habitual de vida 87
Alguns episódios significativos 88
Relações de afeto 90
Compreender 91
Captar o estilo de vida 94
Análise e intervenções em setores: do global ao particular 97

5. DEFINIÇÃO DE INTEGRAÇÃO PSICOESPIRITUAL
E DE *WILLINGNESS* 105

Centro vital: exigência universal e psíquica 105
Integração como processo e não como estado final 106
Integração como expansão e versatilidade
das experiências afetivas 108
O lugar da integração é a "predisposição interior à resposta" ... 112

Integração em sentido cristão 115
Estratégias operantes 117

6. MATURIDADE PSICOLÓGICA E MATURIDADE ESPIRITUAL... 125
Polos diferentes... 126
Polos parcialmente autônomos... 135
Polos parcialmente entretecidos.. 136
Qual delas tem a primazia? 144
Observar o funcionamento básico... 145

7. COMO LEVAR À ESCUTA DE SI: COMEÇO DOS COLÓQUIOS E CONTRATO DE TRABALHO 151
Conservar o tema do ideal ao real... 152
Escutar a si mesmo enquanto escuta o outro.......................... 153
Exemplo de um primeiro encontro errado 155
Exemplo de um primeiro encontro correto 161
Conclusão do encontro: estabelecer o contrato 170
Previsões acerca do próximo encontro 171

8. CONSTRUIR A ALIANÇA E TIPOS DE INTERVENÇÃO 175
Para construir a aliança 175
Tipos de intervenções da parte do acompanhador 179
O fascínio e a ilusão da interpretação 187
Interligar em vez de psicanalisar 191

9. AS RESISTÊNCIAS 193
Um relato de luta 195
Resistências abandonadas e recuperadas: o caso de Sandra 197
As resistências do orientador 205
As resistências não aparecem no início do caminho 206
Sentir as resistências em ação: o caso de Silvano.................... 209
Há muitos modos de resistência 215
Sinais de resistência 217
Uma resistência especial: os valores fluidos 220

O que fazer?... 221
É resistência ou dificuldade objetiva?.. 223

10. DEUS TAMBÉM ESCREVE?...229
   Onde buscar os rastros de Deus?... 230
   Necessidades psíquicas conjuntas e mensagem de vida 232
   Deus pressiona para dar-se a conhecer.................................... 235
   Método: uma leitura com dois acessos 237
   Por que não se vê?... 238
   A propósito do recurso à Palavra de Deus 244

11. COMO DESCOBRI-LO 247
   Método de leitura... 247
   Ter certeza da presença de outra trama................................... 252
   Função crítica do educador 256
   Atenção aos detalhes.. 259

12. DENTRO E ALÉM DO PSÍQUICO: O CASO DE SOFIA............261
   Alguns dados.. 261
   Entremos em sua espiritualidade 263
   Entremos nos detalhes de sua experiência 266
   Entremos em seu estado emotivo... 268
   Em vez de arder, queima 269
   Mas não se apaga.. 271
   … Após quatro anos, volta 273

13. TRATAR O TEMA ESPIRITUAL 275
   Os assuntos espirituais: não desperdice a oportunidade 276
   Não se dão miniaulas de teologia.. 279
   Ter um projeto 281
   Primeiro encontro: individuação do aspecto vulnerável......... 285
   Segundo encontro: à procura do conflito central 290
   Terceiro encontro: agredir o problema 294
   Quarto encontro: viver o problema 298

INTRODUÇÃO

O acompanhador, no trabalho com o cliente, precisa de três instrumentos: uma teoria, uma estratégia de intervenção e técnicas operativas.

Uma teoria que lhe informe como funciona a pessoa humana e, tratando-se de acompanhamento psicoespiritual, de como é a pessoa cristã; portanto, noções de psicologia psicodinâmica e de antropologia cristã.

Uma estratégia, ou seja, reconhecer onde o cliente se encontra atualmente e, por conseguinte, elaborar um plano de ação de curto e de longo prazo que contenha os objetivos e os modos de entrar na vivência do cliente, a fim de justificar as ações que, pouco a pouco, serão adotadas. O termo "estratégia", embora relacionado à arte militar, descreve bem a ideia.

Técnicas operativas, ou melhor, discernimentos "prontos para o uso", aos quais recorrer, conforme a necessidade, e no momento presente.

Normalmente, da parte de um acompanhador ingênuo, a pergunta pelas técnicas é a mais frequente; a que diz respeito às estratégias, um pouco menos e a que diz respeito à teoria de referência, quase nada. Visando possuir um receituário para cada caso, a ser usado automaticamente, exime-se de arriscar-se com quem está diante de si, ou seja, de justificar-se por que optou por intervir de determinada maneira e não de outra.

O livro concentra-se na estratégia. Se for clara e consciente, será fácil criar as técnicas apropriadas.

Não há estratégia se não houver uma teoria que a justifique. A teoria de referência é a "antropologia da vocação cristã"

(AVC) – elaborada com método indutivo e interdisciplinar, a partir dos anos 1960 e ainda em vigor, pelo Instituto de Psicologia da Pontifícia Universidade Gregoriana restritamente conhecida como "escola de Rulla"[1]). Da teoria – bem mais elaborada de quanto aqui é referido –, o livro retoma apenas os elementos mais diretamente constitutivos da estratégia aqui proposta (caps. 1-3; 5-6). Vale a pena lembrar que AVC não é uma teoria nascida da mente de pensadores ociosos, mas de pensadores que refletem sobre o que ouviram e compreenderam a partir da escuta das pessoas. Essa teoria traçou um sulco sobre o qual, no tempo e ao longo de etapas cronológicas, se desenvolveu um método e um percurso formativo bem preciso: na Itália, o Instituto Superior para Formadores (1977), a revista *Tredimensioni* (2004) e outras treze escolas para educadores em várias nações do mundo (www.isfo.it).

Tratando-se, pois, de acompanhamento psicoespiritual, a dimensão finalística (dos valores) desempenha um papel importante, na medida em que acompanhar significa favorecer no cliente uma urdidura entre o que ele é (o mundo do sentir) e o que deseja tornar-se (o mundo do querer), no desejo de que aquilo que sente seja também o que quer, e o que quer seja também o que sente. O entrelaçamento confere aos dois termos – sentir e querer – um significado agregador em relação à sua definição autônoma (cap. 5). Para este aspecto concernente aos valores, refiro-me às minhas duas publicações anteriores: *Viver os ideais/1: entre o medo e o desejo* (o que acontece em nós quando nos damos conta de que na vida existe também o mundo dos valores?) e *Viver os ideais/2: entre sentido atribuído e sentido dado* (o que acontece em nós

---

[1] Está acessível nas publicações dos professores do Instituto, em grande parte publicadas na coleção "Psicologia e Formação", desse mesmo livro. De modo particular *AVC/1, SvU, AiF, PeF*.

quando decidimos encaminhar-nos pela estrada dos valores)[2]. Outro texto útil de referência é o de S. Guarinelli, *Psicologia della relazione pastorale*,[3] em que se descrevem muitas dinâmicas implicadas no crescimento psicoespiritual, tratadas no mesmo contexto teórico e metodológico deste livro.

Um esclarecimento sobre os termos usados. Em conformidade com a tendência já assumida em uma publicação precedente[4] e mesmo sabendo que colóquio psicoterapêutico e colóquio de acompanhamento psicoespiritual são procedimentos diferentes, os dois termos são usados de modo intercambiável por várias razões. O campo espiritual engloba *tudo* o que implica *toda* a pessoa; portanto, não é uma alternativa ao campo psicológico, mas inevitavelmente o atravessa. Por outro lado, o colóquio psicoterapêutico pode ser totalmente destacado do âmbito espiritual (ao passo que o contrário é menos provável), mas se não se limita a curar os sintomas e se quer favorecer uma humanização sempre melhor do cliente, aparecerão – principalmente em sua fase final – perguntas definitivas que invocam respostas definitivas. Com efeito, ambos os percursos partilham técnicas de investigação (caps. 4, 8, 11), muitas dinâmicas relacionais (por exemplo, a aliança: cap. 8) e muitas etapas (por exemplo, a das resistências: cap. 9). A descontinuidade entre os dois procedimentos será observada, porém, quando entrarmos explicitamente (caps. 10-13) nas dinâmicas tipicamente espirituais, as quais mantêm e pressupõem as dinâmicas psicológicas, mas também as superam.

---

[2] VI/1; VI/2.
[3] S. Guarinelli, *Psicologia della relazione pastorale*, EDB, Bologna 2008.
[4] PeF.

O uso igualmente permutável e, portanto, a opção de não entrar nas devidas distinções vale para outros termos: formação e/ou educação,[5] formador/educador, cliente/discípulo, guia/acompanhador, masculino/feminino. De modo especial, a palavra "cliente" pode parecer em desarmonia com o contexto formativo, mas ela também lembra que toda relação formativa pressupõe um pacto, um contrato implícito, uma distinção de papéis, um serviço exigido e uma prestação oferecida. O profissionalismo em nada diminui a generosidade.

A respeito das referências bibliográficas e das notas, em torno dos temas do livro, a lista é quase infinita, seja pelo aspecto espiritual, seja pelo psicológico. Escolhi reduzi-la ao mínimo necessário, ou seja, aos textos sobre cuja trilha se encaminha o método aqui proposto. As notas, portanto, não são uma ostentação de cultura, mas um convite a que o leitor considere os textos ali citados como parte integrante do presente livro. Quanto ao mais, a primeira fonte de inspiração de tudo o que está escrito aqui não é a literatura existente, mas minha maneira de proceder. Não peço que seja copiada, mas que dela se possa colher o espírito de aproximação ao cliente. Referências abundantes, ao contrário, serão reservadas para os artigos da revista *Tredimensioni*: sua proposta reproduz a deste livro, e seus artigos detêm-se de maneira mais pormenorizada sobre muitos dos temas tratados aqui.

E, por fim, o conhecido provérbio chinês: "Quando uma pessoa justa usa meios equivocados, age de maneira justa. Quando uma pessoa equivocada usa meios justos, age de maneira equivocada".

---

[5] A. Cencini, "Formazione: parola magica", in *3D* 3(2004), 277-295; D. Pavone, "Educare e formare non sono la stessa cosa: per una pedagogia della coscienza", in *3D* 1(2011), 21-28.

1

GRANDE CORAÇÃO, PEQUENO CORAÇÃO

O primeiro instrumento do formador é ter noção de como funciona a psique humana no que tange ao seu processo de humanização. Sem essa antropologia básica, vai ser difícil a ele não se perder nos detalhes, verificar o crescimento global da pessoa a quem está ajudando e respeitar-lhe a sublimidade.[1]

Em segundo lugar, a formação concentra a atenção sobre o âmbito da interioridade subjetiva, que é o espaço interior onde a pessoa elabora a forma que deseja dar à sua existência, não somente no sentido operativo do termo (o que fazer), mas como um tipo de presença por si mesma, como um modo de autoapropriar-se, e não apenas de conhecer-se. Portanto, será preciso entender algo sobre o funcionamento da interioridade também no aspecto teórico.

Por estas razões, começo por apresentar (somente) aqueles elementos da antropologia da vocação cristã (AVC) essenciais para o agir prático, os quais considero ser dever do formador conhecer também do ponto de vista da teoria.

---

[1] A. Manenti, "Il perché di una formazione specifica del formatore", in *Seminarium* 4(2000), 715-747.

NEM ANJO NEM ANIMAL

Não há diferença entre as ovelhas pré-históricas e as de hoje. Muitas coisas mudaram, mas as ovelhas continuam a pastar inconscientemente a erva, exatamente como as da pré-história. Pouco se importam se no céu, hoje, além dos pássaros, voam aviões supersônicos ou satélites artificiais. Por quê? Porque a natureza as muniu somente com instintos e não com autoconsciência. O instinto é uma percepção programada que determina uma resposta programada, mas – interiormente – as ovelhas são anônimas. Podemos até mesmo dar um nome a cada uma delas, mas, a elas, nada se lhes acrescenta: continuarão simplesmente a pastejar a erva. Por isso, é fácil criar um rebanho, ao passo que é difícil educar um grupo de crianças.

O homem é autoconsciência a ser primeiramente encontrada antes de ser exercitada. Aberto à experiência, pode perceber também o mundo que vai além do próprio nariz. Não vive somente no momento presente. Tem um rosto, um nome, uma história, uma capacidade criativa. É capaz de elevar-se acima do lugar que ocupa a fim de alcançar, com seu pensamento, os segredos mais recônditos do cosmo e pode descer até os recantos mais profundos da própria interioridade; pode alargar a curiosidade até os séculos passados e projetar sua imaginação nos séculos futuros. Com propriedade, pode-se dizer que o homem é um pequeno deus em miniatura.

Mas há também o reverso da medalha. Não é anjo. Permanece criatura limitada e contingente. Morre e tornar-se-á pasto para os vermes. Pode alcançar as estrelas, mas permanece ligado à terra. É livre, mas também limitado pelo seu corpo, que definha e morre. É um pequeno deus em miniatura, mas também – seja-me permitida a expressão – é um deus que vai ao banheiro.

CIDADÃO DE DOIS MUNDOS

Aqui está seu drama e sua missão: respeitar e conciliar esses dois mundos tão diferentes. Viver, então, significa levar em conta esse paradoxo do qual estão livres os animais e os anjos: os primeiros, por excesso de finitude, e os segundos, por excesso de infinitude. Cabe ao homem permanecer em equilíbrio entre esses dois mundos; em primeiro lugar, respeitando a ambos; em seguida, buscando explorar ambos em seu favor, ou seja, ligá-los entre si de modo que o contato não destrua, mas dê a energia que faz viver.

Esse paradoxo básico se percebe em tantas questões antropológicas que a existência humana nos coloca e que estão subentendidas nas questões mais contingentes provocadas pela vida cotidiana. Por trás do "hoje estou preocupado", "hoje não compreendo bem o que devo fazer", "hoje me saí bem...", movem-se questões de vida que, ao contrário, o teólogo, o filósofo ou o poeta enfrentam de modo direto e explícito. Algumas destas: o que fazer para conservar o entusiasmo juvenil, mesmo depois de haver colhido insucessos e desilusões? Como conciliar o mundo invisível e imenso dos desejos com o mundo visível e, amiúde, mesquinho do cotidiano? No mundo finito, que muda, é possível perseguir um ideal infinito, que não muda? Ambicionar um ideal infinito e ilimitado está ao alcance das operações finitas e limitadas do homem? E para nós, cristãos: como fundamentar-nos completamente em Deus, confiar-nos inteiramente a ele e, ao mesmo tempo, basear-nos ainda em nossas forças como qualquer outro ser humano apaixonado? (Não é raro que quem confia em Deus considere suspeito o apelo a contar somente consigo mesmo ou, ao contrário, que quem tem o controle de si mesmo prescinda de Deus). Como podemos aceitar sermos criaturas mortais e, simultaneamente, sentir que somos imagem de Deus? Para retomar a expressão descortês mencionada anteriormente, mas, ainda assim, eficaz: não é fácil continuar a considerar-se pequeno deus quando se está sentado no vaso sanitário; como não é fácil lembrar-se de que cedo ou tarde se volta ao banheiro quando – em nossos melhores momentos – nos sentimos um pequeno deus. A depressão e a onipotência estão sempre à espreita.

Acompanhar as pessoas é "simplesmente" isso. Cristãos ou não, o nó da questão é sempre o mesmo: conjugar nossos dois mundos.

Essa missão paradoxal da existência humana se torna, no âmbito da pesquisa científica, a tarefa de integrar a espiritualidade e a psicologia. Assim como o homem comum deveria esforçar-se para viver no dia a dia seus ideais, também o estudioso deveria esforçar-se por integrar o que o homem de fato é (psicologia) com aquilo que é chamado a ser (espiritualidade). Tal como o homem comum, também o cientista pode cair nos dois perigos expostos acima: de um lado, o psicologismo depressivo que, em nome dos condicionamentos sociopsíquicos, nega a possibilidade da vida espiritual, e, de outro, o espiritualismo onipotente que nega ou não leva em consideração o terreno humano sobre o qual a idealidade deveria inserir-se.

RESPEITÁ-LO COMO É

Daqui já se pode ver que acompanhar significa ajudar a pessoa a circular com tranquilidade dentro dos dois mundos que são os únicos disponíveis a ela para realizar-se. A fim de não abusar da paciência do leitor, deixo-lhe a concretização deste conceito brincando com a metáfora do pequeno deus que vai ao banheiro. O acompanhamento deixa as coisas como estão, mas com a variante não tão pequena de ajudar a conjugar o mundo do finito e do infinito, sem desprezar um para salvar o outro. Seu lema: respeito o que és para realizares o que desejas.

Operativamente, pode-se partir do pequeno coração ou do grande coração, do mundo do finito ou do mundo do infinito, da psicologia ou da espiritualidade. O importante é que um polo englobe o outro para a própria realização. Qualquer que seja o ponto do qual se parte, é essencial integrar os dois elementos: mundo e pessoa. Para sentir-se bem, não basta analisar a situação contingente na qual alguém se encontra (o mundo do limite), mas é preciso encontrar a meta por que viver (o mundo do desejo). Não basta analisar o fim, mas é imperioso ver como nos movemos no pequeno recinto no qual se desenvolve a vida cotidiana.

O GRANDE CORAÇÃO

Abrimo-nos ao mundo sob o impulso do *intelecto*, que quer conhecer o que é verdadeiro, sob o estímulo da *vontade*, que busca o que também é bom, sob pressão do *afeto*, que não se contenta com o verdadeiro e bom, mas procura o que é também amável. E não acaba aqui. O objeto amável posso ser eu mesmo, minha vida de que devo cuidar, respeitar, honrar mediante a aquisição de um eu sempre mais verdadeiro, mais autêntico (amor egocêntrico). Em seguida, em um passo posterior de abertura, o amor pode abrir-se ao outro, a um tu ou a uma comunidade humana a ser salvaguardada, incrementada, socorrida (amor filantrópico-social). E ainda não basta: em um passo posterior, posso ambicionar ultrapassar esses confins para amar a Deus, que também me atrai a fazê-lo (amor teocêntrico), e, ainda mais, amar como Jesus amou. Realmente um grande coração. O registro da vida é imenso, prolonga-se e alarga-se sempre mais.

O PEQUENO CORAÇÃO

O objeto verdadeiro, bom e amado (seja minha vida, o próximo ou Deus), assim ardentemente conhecido, querido e amado, maltratamo-lo com igual inteligência, vontade e paixão. Nós mesmos nos privamos do que ardentemente desejamos ou, pelo menos, empobrecemo-lo. Não porque sejamos maus, mas porque somos humanos. Se assim não fosse, não haveria necessidade de educar. Não haveria necessidade de redenção. Não haveria sequer um ser que se chama "homem".

Pequeno e grande coração. Basta ver como nos relacionamentos com os outros. Aqueles a quem amamos, buscamos, cuidamos são também os que evitamos, ignoramos, agredimos com menos temor das consequências, justamente porque nos são íntimos. Os mais íntimos nos parecem também como os mais monótonos. A intimidade nos aborrece. Somos feitos com um coração que não somente se abre a uma alteridade como também que salvaguarda a si mesmo, preocupado com defender, salvar, emancipar a si mesmo; a alteridade – posto que vivida como parceira de respeito e solicitude – é também fonte de ameaça, obstáculo que atrapalha, figura antagonista... Se no grande coração reconhecemos, na espontaneidade humana, um caráter de abertura, no pequeno coração encontramos aí uma nota de fechamento. Se me leio à luz do grande coração, não posso dedicar-me hinos de glória, visto que, no fundo, permanecem as sombras de meu desejar fragmentário, de curto prazo e de baixa interação. Se me redescubro com um pequeno coração que se retrai em si mesmo, não posso fazer disso uma tragédia, uma vez que o grande coração continua a transmitir as luzes de seu desejar tenaz, de longo prazo e altamente passional. De nascença, não somos nem bons nem maus, nem anjos nem animais.

ACEITAR TAMBÉM O PEQUENO CORAÇÃO

O pequeno coração é pequeno porque nasceu pequeno, e não porque se tornou assim.

Contudo, não nos agrada este ponto de partida. Se temos medo, dizemos que somos ansiosos; se estamos tristes, suspeitamos que estamos deprimidos; se uma criança gosta de ficar sozinha, mandamo-la imediatamente ao psicólogo por suspeita de autismo; se temos um problema, dizemos que estamos em crise.

Consideramos o pequeno coração como um descarrilamento. Preferimos pensar que nasceu de um vírus que se insinuou no único, nosso, natural, grande coração e, paradoxalmente, preferimos dizer que estamos doentes a dizer que somos fracos.

Nós não somos assim magníficos como gostamos de pensar. Mesmo quem tem pouca autoestima, no fundo, no fundo, persegue o sonho de sua magnificência, porque, de outra maneira, não sofreria tanto assim quando visse suas pequenezes em ação. Dispomos de um rico vocabulário para convencer-nos de que a fraqueza não é um dado inicial, mas um vírus infiltrado: sociedade doente, cultura egoísta, niilismo cultural, relativismo pós-moderno, tentação do maligno, trauma infantil, pecado, horóscopo agourento, pais errados, má vontade... Tudo somente para não reconhecer que somos "simplesmente" humanos. Para conservar a ilusão, constrangemos, inclusive, a mensagem cristã. Apraz-nos pensar que o pequeno coração é mau (deve ser combatido, portanto) e o grande é virtuoso (deve ser inflado, portanto); que o amor a si mesmo é um vício e o amor ao outro, uma virtude; que o perdão é bom e a denúncia má; que os bons pais são os que se desvelam pelos filhos, ao passo que os maus lhes pedem que restituam algo. E desse modo florescem neuroses, asceses tristes, derrotas descontentes, e travam-se guerras perdidas de saída, porque lhes damos início a fim de tornar-nos o que jamais poderemos ser. Quem disse que o grande coração está – por si só – a nosso favor e funcione sempre de modo brilhante? Quantas violências se fazem e se fizeram em nome dos grandes ideais? E se o pequeno coração busca salvaguardar a si mesmo, por que não deveria fazê-lo? Se não o fizesse, atravessaríamos a rua sem a advertência de olhar se estão passando automóveis a grande velocidade, prontos para triturar-nos.

DUAS CATEGORIAS DE IMPORTÂNCIA

Nossa grandeza não é ter à disposição um grande coração, como não é nossa miséria ter um pequeno coração. O admirável do humano é ter à disposição os dois, ou seja, uma dupla modalidade de funcionamento não conexa com os animais e com os anjos; portanto – em relação a eles – ter uma reatividade à vida mais ampla e diversificada.

Quando começamos a perceber que um objeto nos pode ser caro (qualquer que seja: do mais simples objeto cobiçado em uma loja ao mais comprometedor, como escolher uma profissão ou um estado de vida), temos à disposição duas modalidades de aproximação. Temos a faculdade de relacionar-nos com ele seguindo dois percursos, duas classes de motivações ou categorias de julgamento. Temos à disposição dois pontos de vista diferentes, dois pontos de observação (esta é a prova psíquica de que o ser humano é dotado de liberdade). Usamos essas "duas categorias de importância" para as escolhas cotidianas (julgamentos de fato), mas, sobretudo, para os juízos de valor e, portanto, para as decisões de vida. Trata-se, em definitivo, de dois modos diferentes de desejar, ou seja, de responder a um objeto que, conforme o ponto de observação que prevalece, assumirá para nós certa importância em vez de outra.[2]

Deve-se observar que o ponto de vista que usamos pode atribuir ao objeto uma importância que não necessariamente corresponde à importância real que tem por si mesmo: eu posso impregnar de importância excessiva um objeto que não o merece, como quando confio a meu carro a tarefa de exibir meu prestígio, ou considero meu filho como aquele que deve resgatar os meus insucessos, ou peço a Deus que resolva os problemas que me cabe enfrentar...

Uma categoria de importância segue o critério do "importante para mim" e a outra segue o critério do "importante por si".[3]

De acordo com o primeiro modo de fazer funcionar o coração, um objeto é desejável porque agradável e satisfatório para mim, porque realiza ou considero que realize a satisfação de minha necessidade; portanto, no centro da atenção

---

[2] Isto vale também para o processo psicológico que se encontra na base de uma decisão vocacional, como a do sacerdócio ou da vida religiosa. Cf. A. Manenti, "I fondamenti antropologici della vocazione", in Seminarium 1 (1996), 21-34.

[3] *PeF*, 45-58 ("Os processos da decisão: querer emotivo e querer racional").

estou eu, e o objeto é funcional ao meu bem-estar (obs.: atenção para não etiquetar esta modalidade como intrinsecamente egoísta!).

No segundo caso, o objeto é desejável porque vale por si mesmo, intrinsecamente, independentemente do efeito que pode produzir em mim, e continua a ser-me caro mesmo se, em alguns aspectos, não me gratifique (obs.: atenção para não etiquetar esta modalidade como intrinsecamente virtuosa!).

A diferença entre as duas categorias de importância é a que existe entre salvar o próprio matrimônio por conveniência e fazê-lo porque, caso contrário, algo de belo se perderia. É a diferença entre salvaguardar a própria saúde porque "morto eu, mortos todos" e salvaguardá-la para continuar a fazer o bem ao próximo. A diferença entre tornar-se padre para sentir-se alguém na vida e fazê-lo porque se sente alguém. É a diferença que há entre amar meu filho porque vai bem na escola e amá-lo porque ele é ele. Ontem, dois amigos foram a um restaurante e narram o encontro; o primeiro: "Se você soubesse quanto comemos! E que pratos saborosos!" ("importante para mim"); o segundo: "Foi um belo encontro; já fazia tanto tempo que não cultivávamos nossa amizade" ("importante por si").

Os exemplos podem enganar, porque a partir deles se poderia concluir que o "para mim" é egoísta e o "por si" é virtuoso, e assim retornaríamos à ideia de que o limite é miséria e o projeto, nobreza. As duas categorias de importância são igualmente respeitáveis. Casa-se e se permanece casado por amor, mas também por conveniência, e, se já não se vê a conveniência disso, é óbvio que nascem as dúvidas. Vai-se ao restaurante com os amigos, mas também para comer bem. Se faço uma escolha na vida, no final das contas, faço-a porque sinto que é a melhor escolha "para mim", e, se assim não permanecer, entrarei em crise mesmo que continue a reconhecê-la válida "por si". Há um lado útil da vida que é preciso. O ideal seria que o "para mim" e o "por si" trabalhassem em harmonia.[4]

DUAS SENSIBILIDADES

As duas categorias dão origem a dois modos de sentir diferentes (mas igualmente dignos).

O uso da categoria do "importante para mim" produz sentimentos correspondentes que são, precisamente, o produto do "para mim"; portanto, um sentir o objeto como algo que me faz sentir bem. O uso repetido da categoria do "por si" produz igualmente sentimentos que são a reverberação em mim daquilo que vale "por si"; portanto, um sentir que percebe a beleza intrínseca do objeto, dentro da qual eu me alegro por estar imerso.

Na vida, a distinção não é assim nítida, mas se estou um pouco atento ao meu sentir, cedo ou tarde compreenderei se quando digo "te quero bem" estou privilegiando meu bem-estar ou tua amabilidade.

O primeiro sentir é bastante automático e não requer muita formação para ativá-lo: é espontâneo perceber imediatamente se o objeto que toca minha pele está a meu favor ou contra mim, e ainda que me iluda que esteja a meu favor, algo em mim me levará a retirar-me. Se o mecanismo se bloqueia, estamos no masoquismo.

---

[4] "Sinto que devo fazê-lo" é a expressão que conjuga bem o que vale "por si mesmo" com o que vale também "para mim", razão por que se torna absurdo colocar a alternativa: faço-o por opção ou por dever? Cf. *VI/2*, 100-106 ("O valor como apelo").

O segundo sentir, ao contrário, exige certa formação. Como capacidade, todos nós a temos, mas não é certo que todos a coloquemos em prática. Para que possam emergir, os sentimentos relativos a algo que é intrinsecamente importante exigem certa capacidade contemplativa ou estática que faz sentir o objeto tal como é, cuja importância não posso mudar, nem a aumentando nem a diminuindo. Cada genitor sabe que amar o próprio filho quando é pequeno é quase espontâneo porque o lactante responde com um sorriso às carícias do genitor; mas continuar a amá-lo quando, já adolescente, se aborrece com as mesmas carícias, especialmente se feitas na presença de seus amigos, amá-lo ainda nesta versão um pouco mais ingrata, exige um pequeno esforço a mais. Contudo, é justamente graças a esta segunda modalidade sentimental que podemos desejar coisas que jamais poderíamos desejar apenas com os sentimentos do "para mim", a ponto de apreciarmos também coisas que, "à primeira impressão", não sentimos exatamente assim.

Diversamente dos outros animais, temos, por isso, à disposição, dois registros sentimentais, de modo que, em relação a eles, somos mais ricos.

DUAS PREDISPOSIÇÕES A RESPONDER

O uso repetido – mais ou menos consciente e deliberado – destas duas categorias de importância e os sentimentos correspondentes a elas associados, com os anos, deixam um resíduo, ou seja, predisposições a reagir que se tornam sempre mais costumeiras. À força de repetições, formam-se predisposições habituais a responder de certo modo em vez de outro, inclinações espontâneas a certo modo de sentir, uma sensibilidade a acolher determinados detalhes da realidade em lugar de outros. Formam-se, portanto, atitudes habituais de vida que – por definição – são, justamente, propensões costumeiras a responder. Formamos nosso caráter, que é a forma pessoal que temos dado à nossa humanidade. Às vezes, o caráter torna-se tão rígido, que não apenas nos inclina a sentir preferencialmente de um modo antes que de outro, mas leva-nos também a excluir totalmente o outro, de sorte a induzir-nos a reagir somente e sempre em modalidade única. Neste caso, o coração humano, capaz de ampla gama de tonalidades afetivas, congelou-se e/ou estreitou-se em algumas modalidades reativas, privando-se de outras. Destarte, uma personalidade paranoica é sensível à suspeita, mas não à confiança; o depressivo priva-se das reações maníacas e o narcisista da liberdade de chorar por si mesmo...

DUAS FONTES ENERGÉTICAS: NECESSIDADES E VALORES

Quais são as forças ou energias que tornam possível e sustentam as duas categorias de importância e as duas sensibilidades?

Remetendo a análise a outra publicação,[5] podemos sinteticamente responder assim: os dois tipos de sensibilidades são possíveis porque alimentados por dois grupos de energias internas. Estes dois grupos de energias internas alimentam o desejar humano conforme a dupla versão do "importante para mim" e/ou do "importante por si". Chamamo-los de necessidades e valores. São energias inatas, presentes por natureza. As necessidades são inatas como tendência,

---

[5] PeF, 59-109 ("Necessidades – atitudes – valores").

mas também como conteúdo (por exemplo, a necessidade de agressividade sugere conteúdos agressivos e não de harmonia; o de ajudar os outros impele ao altruísmo e não à exploração...). Os valores, ao contrário, são inatos somente como tendência, razão por que a tendência natural a buscar o verdadeiro, o bom, o belo espera ser dotada de conteúdos que a educação e a cultura oferecerão.

Sem fazer distinções demasiado drásticas, pode-se dizer que as necessidades – justamente porque indicam necessidades importantes para o próprio sustento – inclinam a responder aos objetos segundo o "importante para mim". Os valores – precisamente porque indicam o anseio natural para o que é por si mesmo belo, amável, digno – são as antenas interiores úteis para captar o "importante por si". Estas duas fontes energéticas constituem as batidas de nosso pequeno grande coração. Um pequeno coração que é "impelido" por necessidades e um grande coração que é "atraído" por valores (obs.: atenção para não etiquetar o impulso como animalesco e a atração como angélica).

DUAS MODALIDADES DE PROJETAR-SE

A lógica da necessidade segue o ritmo de déficit-satisfação-contentamento (modelo da homeostasia). Começa com a percepção de um vazio a ser preenchido, impele a buscar um objeto que o preencha e, uma vez encontrado, volta à tranquilidade anterior. O círculo, portanto, reativa-se fazendo recomeçar a dinâmica de déficit-satisfação-contentamento, segundo a lei da compulsão de repetir, com o resultado de que a gratificação recebida – justamente porque repetitiva e sempre mais automática – perde força, razão pela qual a busca se torna sempre mais obsessiva.

A lógica do valor, ao contrário, coloca diante de uma meta que atrai (modelo da homeodinâmica). Diz respeito à aventura que devemos arriscar, ao sonho que precisamos perseguir, à fantasia que é preciso focalizar, à sorte que precisamos tentar. Essa lógica busca algo que ainda não existe e jamais retorna ao ponto de partida. O resultado obtido satisfaz, mas não tranquiliza, porque o mundo dos valores é sempre um passo mais além em relação ao lugar onde nos encontramos: podem ser perseguidos, mas não capturados; são realizáveis, mas inexauríveis; ao prazer da posse se acrescenta a vontade de algo mais e melhor que ainda pode ser intentado e descoberto.[6]

MAS UM ÚNICO CORAÇÃO

Duas categorias de importância, duas sensibilidades, duas predisposições a responder, duas fontes energéticas, duas modalidades de projetar-se... e para cada uma, uma lista infinita de possíveis matizes, nuances, concretizações. O que o coração humano é capaz de produzir, experimentar, inventar, sentir, é quase inesgotável. Cada um de nós, desse rico açude básico, aproveita apenas um pouco, e muito permanece velado, pois ainda adormecido, ou porque o reprimimos, ou porque ainda não está pronto para emergir.

Distinguir não significa separar ou contrapor. Não se busca aquilo que vale "por si" se não vale também "para mim". O coração é um só. A diversidade de seus componentes interagentes pode fazê-lo emitir um belo canto ou um amontoado de rumores.

---

[6] Para a dinâmica desta lógica, cf. *VI/1*, 59-71 ("O desejo").

2

UM ÚNICO CORAÇÃO. A DIALÉTICA BÁSICA E O PENSAR CONJUNTO

Aquilo que a reflexão teórica distingue para melhor compreendê-lo, a práxis formativa mantém unido.

Manter unido o pequeno grande coração deveria ser o olhar com que o formador escuta as histórias de seus clientes: um olhar que conjuga, mantém unidas as partes, que não divide, não separa, não classifica. Enquanto o cliente fala de uma parte de seu coração, aquela que no momento sente mais viva, e vê e comunica somente aquela, o educador não deveria deixar-se absorver somente por aquela parte, mas ver também a outra, igualmente presente no cliente, mas que, ao contar sobre si, negligencia porque talvez nem mesmo saiba que a possui. Em toda exposição parcial – seja do grande coração, seja do pequeno coração – é todo o coração que desponta ali. Se o formador não logra fazer isso, o colóquio já não é formativo, mas um bate-papo simpático entre pessoas que conversam em um nível de comunicação único e partilhado: o que diz respeito somente ao que verbalmente se está dizendo naquele instante.

Do tipo de escuta dependerá, então, o tipo de intervenção. Se o formador vê somente o que seu cliente está lhe contando, sua intervenção irá deter-se ali. Se, ao contrário, busca também ver como naquele relato seu cliente conseguiu harmonizar entre si o grande coração e o pequeno coração (ou seja, administrar sua constituição antropológica), fará uma intervenção formativa que, servindo-se do aqui e agora, ajudará o cliente a enfrentar melhor o que narra, mas também a viver melhor como sujeito, além da questão presente.

Agora queremos falar desse olhar conjunto, e recorremos ao conceito de dialética básica, porque esta é a fonte inspiradora do olhar.

RELAÇÃO DIALÉTICA

As duas modalidades de funcionamento do coração humano, separadas artificialmente no capítulo precedente a fim de descrevê-las melhor, na vida não são duas partes que se somam ou se chocam, mas dois polos que se dinamizam: estão em relação dialética.

A relação dialética está entre a harmonia de iguais e o conflito de opostos. O termo "dialética" significa "paradoxo que deve ser respeitado e não resolvido". É feito de pelo menos dois polos diferentes entre si. Cada um deles cria, conserva e invoca o outro. Os polos exigem-se, mas nunca se sobrepõem; são diferentes entre si, mesmo assim necessitados um do outro; movem-se rumo à integração que, no entanto, jamais é completa. Cada integração que eles alcançam cria nova distância e nova tensão para um integração posterior. Para a impossibilidade de sobreposição dos polos que a constituem, a dialética não se aquieta jamais, mas suscita uma tensão energética progressiva. Chamamo-la "básica" porque não é consequência dos condicionamentos ambientais, mas é parte inerente à natureza humana.[1] Somos feitos assim. O ser humano nasce com um grande e pequeno coração; não se torna assim por causa da sociedade, da má educação, do ambiente.[2]

Se o leitor se detiver e refletir sobre a dialética do coração humano, começará a ter dúvidas sobre modelos românticos dentro dos quais, às vezes, são tratados temas como integração, maturidade afetiva, superação do limite, doação de si... O processo dialético está bem distante de querer apagar toda tensão ou de prometer harmonia.

DIVERSIDADE, MAS NÃO ANTAGONISMO

Dizer que o coração humano funciona em modalidade dialética significa afirmar que é dotado de duas classes

---

[1] "É uma das características profundas do homem o desejar, o ser confrontado com algo que vai além de sua limitação, de sua finitude, da ordem sensível ou intuitivo-emotiva. Esse anseio pelo infinito, pelo objeto, abraça nosso espírito sem destruir; porém, quanto de finito, de limitado, existe em nós. Daí a dialética presente em nosso ser entre o infinito, a que tendemos com nossos ideias, e o finito da nossa realidade. Aliás, é a autotranscendência por si mesma que comporta tensão entre o eu como transcendente e o eu como transcendido. Esta dialética é ontológica, é inerente ao homem, ao seu ser": *AVC/1*, 109.

[2] O conceito de dialética é um elemento central em nossa AVC. Cf., por exemplo, o parágrafo "Resistência e dialética", do artigo de T. Healy, "O desafio da autotranscendência: antropologia da vocação cristã 1 e Bernard Lonergan", in *AIF*, 101-107. No conceito de dialética, é evidente o apelo à antropologia do Concílio Vaticano II: "Na verdade, os desequilíbrios que atormentam o mundo moderno se vinculam com aquele desequilíbrio mais fundamental radicado no coração do homem. Com efeito, no próprio homem muitos elementos lutam entre si" (*Gaudium et spes*, 10).

diferentes de inclinações ou espontaneidades (descritas no capítulo precedente) e que uma não funciona isolada da outra. E deve-se parar por aqui. Não se diz que o pequeno coração é mau e o outro é bom, mas que simplesmente são. Não se diz que os dois polos são antagônicos, um contra o outro. Diz-se apenas que são diferentes. Dizer que são diversos não significa que estão em colisão. Com efeito, a dialética básica está também na origem de uma sã tensão de crescimento que deriva justamente da coexistência de duas espontaneidades diferentes, mas nem por isso não harmonizáveis.

As duas modalidades de funcionamento *podem* tornar-se antagônicas (com influxos negativos, levando-se em conta o crescimento) devido à forma que assumirão no decurso de nossa vida. A bipolaridade, no plano ontológico, pode tornar-se antagonismo na esfera caracterológica. O eventual antagonismo que pode nascer no curso de nosso desenvolvimento não deve ser atribuído à natureza humana como tal, como se para ela confluíssem duas espontaneidades em guerra entre si. Na dimensão da natureza humana, falamos de ambivalência, a qual pode tornar-se antagonismo e conflito entre as partes devido ao nosso modo de vivê-las. Por exemplo, se um padre se organiza para tirar umas férias inteiramente para si, não deve sentir-se culpado e justificá-las diante de seus paroquianos como peregrinação: a necessidade de férias (exigência do importante "para mim") não destoa da disponibilidade pastoral (exigência do importante "por si") e, no caso de as férias assumirem o tom de evasão, não é porque o padre cedeu à tentação do "para mim".

Consequentemente, deve-se evitar a interpretação moralista que considera a dialética como luta entre uma força má e outra boa, uma generosa e outra egoísta (seria como afirmar que, visto que as relações transcorrem na polaridade contato/afastamento, o contato seria positivo e o afastamento, negativo).

É preciso evitar também a interpretação espiritualista que considera a dialética como a luta entre a parte nobre e elevada, e a outra carnal e baixa; uma luta entre o homem velho e o homem novo, quase como se o perigo chegasse apenas de baixo e da carne fraca. (O exercício da parte "elevada" pode também ser um fator que retarda o bem: quantos pecados ou omissões e cumplicidades em nome da inteligência e dos ideais!).

PRESENÇA SIMULTÂNEA DE DOIS POLOS

A dialética – propriedade ontológica do coração em versão humana – não se mostra, mas se deixa reconhecer em nossos comportamentos. Cada ação (significativa) nossa fala sempre dos dois polos da dialética, em que um polo se torna a figura em primeiro plano (voluntariamente realizado pelo sujeito), enquanto o outro retrocede para o pano de fundo (presente em virtude de si mesmo e não por decisão do sujeito), mas sempre em um contexto informativo unitário. Em outras palavras, em nossas escolhas, há sempre motivações de abertura e de fechamento, de altruísmo e de egocentrismo, de oblação e de interesse. Isto é muito reconfortante: também uma vida organizada sob o signo do pequeno coração não pode deixar de conservar pelo menos algum lampejo do grande coração: quando não é assim, estamos na perversão.

A presença da dialética se torna experiência sensível quando nos encontramos vivendo situações importantes: quanto mais importantes e quanto mais envolventes, portanto, tanto mais acendem todo o nosso coração, razão por que as vivemos com uma grande gama de sentimentos alternados. Eis por que na véspera de decisões importantes temos dificuldade de conciliar o sono: o que o grande coração percebe como oportunidade, para o pequeno coração pode ser ameaça; para um é fonte de alegria, e para o outro, fonte de tristeza... É o modo humano de se decidir, porque o coração humano sente cada evento decisivo como incremento-limitação, ocasião-ameaça, favorável-desfavorável, vida-morte, equilíbrio-desequilíbrio, ganho-perda, receita-despesa, alegria-dor... Graças a essa polifonia, nosso sentir não é jamais de sentido único, e permanecemos livres para escolher nossa resposta.[3]

O coração cristão também não se subtrai a essa alternância de sentimentos. Embora convertido, permanece pequeno e grande, daí por que, quanto à mensagem evangélica, quanto mais fascinante, tanto mais ele a sente irritante, quanto mais o atrai, mais o atemoriza. Sem dúvida não há razão nenhuma para fazer escândalo se um bom discípulo de Cristo, a certa altura de seu caminho, sente que quer prosseguir, mas também sente a impossibilidade e até mesmo a relutância em continuar. O convite evangélico "com todo o coração" não significa "somente com o grande coração", ou seja, com a metade do coração.

Isso não nos agrada, mas é assim. E se a psicologia no-lo recorda, aborrece-nos e acusamo-la de não acreditar na graça. A adesão "com todo o coração" ao Evangelho é sempre uma afirmação mista que diz um sim e um não. No momento em que digo sim ao Evangelho, digo também não ao Evangelho. Na melhor das hipóteses, o sim é escolhido, o não é

---

[3] A respeito da polissemia dos acontecimentos e a propósito de nossa reação polifônica a eles, cf. também *VI/2*, 9-22 ("O sentido a ser descoberto; a vida nos ajuda"), 23-43 ("Coração que responde"), 45-65 ("O círculo hermenêutico").

padecido; o sim está em primeiro plano como ato deliberado, e o não passa para o pano de fundo como dado da natureza. E vale também o contrário: o não explícito ao bem não pode jamais anular a solidariedade natural do coração humano com o bem. O sim pronunciado não anula a resistência em dizê-lo, como o não verbalizado não consegue perverter-nos a ponto de fazer desaparecer a vontade natural do bem. Se assim não fosse, as experiências de bondade ou de malícia, uma vez colocadas em ação, assumiriam a forma de eternidade, sem possibilidade de resgate. Seríamos "nada mais que" santos ou "nada mais que" pecadores. Se o nosso entregar-nos a Deus não contemplasse também o nosso resistir a ele, estaríamos enfeitiçados por ele. A pergunta correta, portanto, não é se, mas quanto na mesma ação existe de grande e de pequeno, quanto no comportamento bom existe de altruísmo e quanto de vantagem pessoal, ou, no comportamento danoso, quanto existe de vontade de prejudicar e quanto de vontade de resgatar.

> O que seria da coragem sem o lado do medo? Atrevimento que leva a lançar-se sem o devido recato. A verdadeira coragem contém o polo da audácia, mas também o do medo. Regulando-lhe a dialética, o corajoso autêntico conserva a dupla possibilidade de incitamento a lançar-se, mas com a reserva do refrear-se quando chega o momento, e de impulso a refrear-se, com a disponibilidade de lançar-se, se vale a pena. Tampouco o medo é definível como falta de coragem. O medo enclausurado em si mesmo é angústia que paralisa. E assim por diante. A virtude, privada do desejo do vício, torna-se condenação a ser virtuoso. O bom êxito sem o malogro faz adoecer de narcisismo. O aviltamento privado da esperança é pessimismo: a esperança sem rebaixamento é simploriedade.[4]

---

[4] *VI/2*, 18-19.

A presença simultânea do grande coração e do pequeno coração não demonstra o esforço para viver, mas a razão de seu fascínio.

SE VEJO UM POLO, NÃO DEVO ESQUECER-ME DE QUE EXISTE TAMBÉM O OUTRO, EMBORA NÃO O PERCEBA DE IMEDIATO

Não é fácil manter esses polos unidos. Constato-o no trabalho de supervisão dos formadores que se encontram ainda em tirocínio. Quando o formador se depara com uma biografia em que o grande coração é bem visível, enquanto o pequeno se insinua apenas entre as linhas, ele vê apenas o grande e sobrevoa o pequeno, e, tendo em vista o encontro de supervisão, escreve um relatório marcado por tudo de bom que o indivíduo tem: "O sujeito apresenta boa adaptação à realidade na qual está inserido, demonstra saber administrar os acontecimentos e as relações à luz de um estilo de vida que lhe é suficientemente claro e que sabe motivar bem. Às vezes mostra algum sinal de estresse sob forma de nervosismo ou de desencorajamento, mas sempre dentro da norma, o que poderá ser superado favorecendo-lhe melhor confiança em si e com conselhos comportamentais oportunos". Em resumo, tudo bem, mas carente de alguns pequenos retoques que fazem passar a nota de 10– a 10+. Na supervisão, a nota começa a baixar quando demonstro que nem tudo o que brilha é ouro. Fico curioso em relação "àquele sinal de estresse sob forma de nervosismo ou de desencorajamento, mas sempre dentro da norma", e pergunto: "De que nervosismo se trata? Desencorajamento a propósito de quê? E por que justamente naquelas circunstâncias e não em outras? Que fantasias nascem naqueles momentos?

E depois, o que acontece...?" Indicando isso, não quero destruir a "boa adaptação à realidade", mas evidenciar que também existe algo mais, e que aquele "às vezes demonstra algum sinal de..." não é um detalhe a ser sobrevoado, um afundamento neurótico momentâneo. Desejo levar a compreender que há algo mais e igualmente interessante. Colocado nessa via "suspeitosa", o formador encontra seu cliente e, com efeito, em uma análise mais aprofundada descobre que o nervosismo e o desencorajamento são algo mais, que o interessado mesmo admite: "Quase choro de raiva quando a vida não vai como eu digo e, às vezes, isto é um insulto deveras inaceitável". O quadro está-se tornando mais completo, mas o formador, em vez de usar o pensar conjunto, inverte sua opinião precedente e, para preparar a supervisão sucessiva, escreve: "O sujeito, por trás de seu estilo aparentemente seguro e convicto, demonstra nutrir profundos sentimentos de intolerância quando a realidade não obedece à sua autodeterminação, mas humilha-o em seu senso de onipotência. Aconselha-se, portanto, um tratamento psicoterapêutico que o ajude a recorrer a reações menos primitivas". Mas como? O pobrezinho, agora, já não vale nada? Antes, bastavam alguns conselhos, e agora precisa de tratamento? Como assim? Se a seu estilo suficientemente maduro se acrescentam sinais menos promissores, a positividade daquele estilo desaparece magicamente aos nossos olhos! É preciso muito exercício e muita supervisão para conseguir colocar em prática o pensar conjunto.

Na prática educativa é muito fácil individuar, separadamente, sinais de grandeza e de pobreza. Ligá-los é um pouco menos fácil. A dificuldade de ligar reside no fato de que, segundo o senso comum, elementos que discordam não podem criar harmonia; que o pequeno e o grande não se podem buscar, mas somente anular. Parece-nos ilógico que, em uma dimensão, nossa vida nos diga algo e, em outra, diga-nos uma coisa diferente. Ver a presença simultânea do trigo e do joio é difícil, e somos sempre unilaterais, razão pela qual se há joio, não pode haver trigo, e vice-versa.

UM POLO INFORMA A RESPEITO DO OUTRO (INCLUSÃO)

Mas ainda há algo mais. Para mantê-los unidos, não basta encostar A e B. A presença simultânea de A e B não deve ser entendida como encostamento, mas como inclusão. A em B e B aninhado em A, de modo que A fala também de B, e B fala também de A.

Um polo fala de si, mas também do outro polo. Isto quer dizer que, enquanto em um nível a pessoa me fala de seu sim, em outro nível, mas usando as mesmas palavras do sim, está a falar-me de seu não, e vice-versa; enquanto se inflama para convencer-me de seu não, deixa-me entrever – usando sempre as palavras do não – sua nostalgia do sim.

Ver o mal em quem é mau é fácil, assim como é fácil ver o bem em quem é bom. Menos fácil é captar a vontade do bem em quem é mau, inclusive quando continua a ser mau, ou resíduos de egocentrismo nas ações de santidade. É comum que todos vejam a beleza em uma criança sadia, mas poucos são os que a veem em uma criança espástica.

Nisso consiste a arte do educador: a sabedoria de captar que "dentro" existe "algo diferente", um significado diverso daquele do primeiro plano e daquele que o simples bom senso sugere, ou que o olho e o ouvido conseguem captar. Trata-se da capacidade de individuar o apelo do Espírito, inclusive onde este foi esquecido por sua aparente ausência; da capacidade de saber (como as virgens sábias do Evangelho) que a ausência não é vazio, mas uma presença de sinal invertido.

O que se deve levar em consideração é que um polo fala do outro não porque assume as palavras do outro, mas o diz com as próprias palavras! A fala de B com as palavras de A, e B fala de A com as palavras de B. Isto é espantoso para um ouvido ingênuo. Não consegue imaginar que se digam palavras de amor para exprimir rejeição, ou palavras de rejeição para exprimir amor; palavras grandes para dizer bobagens, e palavras pequenas para dizer grandes coisas. São, portanto, palavras que enganam, e percebe-se isso pelo modo como são ditas: palavras rígidas, forçadas, artificiais, exageradas, afetadas, inatacáveis, peremptórias, intelectualizadas, enfadonhamente repetidas, demasiado trágicas ou entusiastas...

Alguns exemplos:

- Com palavras negativas, exprimo meu sim. Aula de religião, Marcos – 17 anos – olha-me como se quisesse dilacerar-me com a clara mensagem de que já se afastou há muito tempo daquilo que estou dizendo. Somente irritante e hermético? Ou também está fazendo uma tentativa de bloquear uma mensagem que o obrigaria a abrir ou reabrir sua procura? Somente rejeição ou percepção de uma mensagem demasiado importante para ser ouvida?

- Com gestos de rejeição, procuro relacionar-me. O comportamento agressivo, à primeira vista, fala de oposição, hostilidade, rejeição dos outros, mas, em um nível mais profundo, pode indicar um pedido desesperado de amor. Estranho modo de pedir, mas que, na economia geral da pessoa, pode ser o único que restou disponível, porque o pedido explícito e afetuoso pode ter surtido efeitos tristes, e agora já não está disponível ou é demasiado perigoso.

- Com gestos de amor, oprimo o amado. Amo-o tanto que o sufoco, e minha necessidade de sentir-me útil e necessário quer convencê-lo de "sua" necessidade de ter-me sempre por perto. A fim de sentir-me e fazer-me necessário e útil, não me faltarão as citações bíblicas, espirituais, literárias, poéticas, artísticas... ostentadas em abundância para exprimir justamente quanto é verdade que o egocentrismo do coração humano aparece precisamente no momento em que se ama.

- Esse princípio de inclusão deixa-nos literalmente atordoados quando é descoberto em ação nas crises matrimoniais ocasionadas pela traição de um dos dois cônjuges. O que no início da pesquisa parecia uma rejeição explícita do cônjuge em favor de uma terceira pessoa, não raro se revela a extrema (talvez desajeitada e desesperada) declaração de amor para o próprio cônjuge (e não para o/a amante!). Parece absurdo: mas como? Com palavras de traição, estou dizendo-lhe que o quero bem?! Mas não é absurdo quando se descobre, em seguida, que aquele querer-se bem era de tal modo "grande" a ponto de ser previsível; de tal modo puro, a ponto de ter-se tornado abstrato; de tal modo "espiritual", a ponto de ter-se tornado etéreo; de tal sorte acolhedor, a ponto de ter-se tornado indiferente; de tal modo profundo, a ponto de ter-se tornado mudo. E era preciso uma cobaia (o/a amante) para descobri-lo. Por fim, de tal modo "tudo", que a traição aconselha a reconduzi-lo ao plano mais humano...

Quando dizemos que, de ameaça, um problema se torna recurso, não temos a intenção de afirmar que magicamente B se transforma em A, que "todos os salmos terminam em glória" e que "nem todos os males vêm para prejudicar"; queremos dizer, sim, que o problema permanece ameaça e que as palavras que indicam a ruptura continuam a indicar ruptura, mas também podem indicar o lugar onde a restauração deve ser feita, desde que seja decifrada; do contrário, o problema permanece uma grave dificuldade.

RESPEITAR E NÃO ABOLIR A DIALÉTICA

A definição de dialética dada no início do capítulo dizia que, nela, cada um dos dois polos cria, conserva e invoca o outro. Isto é outro aspecto que pode ficar inobservado no trabalho do educador, se ele também pensar que a maturidade não comporta tensões.

Também aqui parece estranho, mas é assim: se tento destruir o pequeno coração, o grande também sofre as consequências. O educador pode imaginar que ajudar a crescer significa individuar o pequeno coração a fim de extirpá-lo, na ilusão de que o grande coração, livre da sucção descendente, possa continuar na estrada da vida tão suave como o óleo. Admitindo-se também que consiga, nesse trabalho ilusório, fazer de seu discípulo um pequeno anjo, o que teria feito dele de fato? Uma pessoa de coração tão grande e convertido que já não tem necessidade de ninguém, muito menos de um salvador. Abolir o pequeno coração é abolir a vida teologal e a exigência da graça. Por trás de tantos espiritualismos marcados pelo "projetar de modo extraordinário", há um projeto oculto de autossalvação.

O contrário também é válido: condescender demasiado com o pequeno coração inflige uma queda de tom ao grande coração. O excessivo perdoar, consolar, compreender, não levar em conta... cria pessoas preguiçosas. Banalizar os pequenos sinais do pequeno coração ("somos feitos assim"), insistir em aceitar a si mesmos, que, depois, significa resignar-se, suportar as pequenezes em nome da fragilidade humana... entorpece e tira a vontade de programar grandes voos.

O PENSAR CONJUNTO E AS LEIS DA PSICODINÂMICA

- Cada comportamento é expressão de todo o "eu", e não apenas daquela parte que imediatamente o ativou. É uma peça do todo que informa sobre si, mas também sobre o todo, de modo que é um bom começo para que tenhamos uma ideia aproximativa do nosso estilo global de vida, e não somente de como nos comportamos naquela ocasião.
- Às vezes, as reações mais espontâneas e imediatas são também as mais eloquentes de nossa personalidade, justamente porque são espontâneas e não censuradas pelas falsificações produzidas pela mente (enquanto Carla falava da relação deles, seu marido olhava distraído para fora da janela e tamborilava os dedos sobre a mesa: mais explícito do que isso...).
- Os vários comportamentos estão em relação entre si, compondo uma trama unitária que se repete em formas diferentes e, às vezes, também opostas (um estilo agressivo pode exprimir-se em muitas variantes: enraivecer-se, estar sereno e enfurecer os outros, rebater, silenciar, consentir e fazer o oposto, boicotar, agradar de modo servil, ironizar...).
- Cada comportamento significativo tem origem em motivações que são múltiplas e também diferentes entre si, mas não por isso excludentes entre si (ajudar com altruísmo e misericórdia a quem está necessitado é compatível com o fazê-lo também por motivos de culpa, para sentir-se bem consigo mesmo, para preencher o próprio tempo livre...).

- As várias motivações do comportamento não se acumulam desordenadamente, mas se distribuem em uma escala de níveis motivacionais hierarquicamente diferenciados, do mais cônscio ao menos cônscio, do mais ou menos querido ao mais ou menos padecido, do mais importante "em si" ao mais importante "para mim"... (dou-me conta de que minha reação foi agressiva, mas não percebo que o fui porque algo me humilhou, o que – por sua vez – deriva do haver-me sentido rejeitado: estou com raiva, mas mais profundamente estou aviltado e, ainda mais intimamente, não me sinto reconhecido).
- Nessa organização hierárquica, um nível de motivações se une ao outro a fim de exprimi-lo ou para ocultá-lo (respondo com a agressividade porque pedir abertamente para ser aceito me assusta demasiadamente, ou para assegurar-me de que não sou um tipo humilhado, mas indignado).
- Comportamentos diversos entre si podem subentender motivações semelhantes (com os fracos, sou agressivo; com os fortes, servil; em todo caso, sempre desdenhoso).
- Comportamentos semelhantes entre si podem subentender motivações diversas (encolerizar-se por orgulho ferido é diferente de fazê-lo pelo valor da justiça ultrajada).[5]

POR QUE A DIALÉTICA BÁSICA É O ÁS NA MANGA DO EDUCADOR?

Suponhamos que estivéssemos preparando dois noivos para o matrimônio cristão. A certa altura, buscássemos

---
[5] A propósito das leis psicodinâmicas, cf. também *PeF*, 205-235 ("As estratégias do inconsciente").

fazê-los compreender que casar-se na igreja ou no civil não é a mesma coisa, ou seja, que aceitar ou não a mensagem cristã faz toda a diferença. Por que e onde está a diferença? Sobre que aspectos da vida a mensagem cristã vai incidir?

Podemos elaborar nossa resposta em diversos níveis:

1. *Nível dos conteúdos:* neste caso, explicamos aos nossos dois noivos a teologia do matrimônio (fidelidade, indissolubilidade, amor como o de Cristo pela Igreja...). Se os dois não são frequentadores habituais da igreja, é provável que permaneçam estarrecidos e não compreendam ou, se compreenderem, escutem a explicação pela enésima vez.

2. *Nível dos comportamentos:* explicamos que devem estar abertos à prole, que o sexo tem determinadas regras, que devem exercitar-se no diálogo mútuo, abrir-se à comunidade, orar... Os dois verossimilmente pensarão: "Mais uma vez a Igreja pretende regular nossa vida e, como sempre, o faz com proibições".

3. *Nível de espiritualidade:* explicamos que a família cristã é aberta à acolhida; podemos apresentar-lhe o testemunho de um casal que adotou filhos, que fez acolhimento familiar, que foi em missão, ou preparamos um encontro com um casal do movimento familiar a fim de que percebam que a família é o lugar do perdão... Pergunta: estamos seguros de que esses modelos são também os caminhos aptos para os dois jovens que temos diante de nós? Talvez o "hoje de Deus" deles seja aceitar humildemente que ainda não são capazes de coisas tão grandes, e que, para eles, é melhor desentender-se a respeito de suas pequenas incompreensões do que liquidá-las demasiadamente rápido com o perdão mútuo.

4. *Nível de dialética básica:* a partir do que eles dizem a respeito da própria relação, evidencia-se que, sempre e de todo modo, o amor deles é e permanecerá dialético: amam-se e se amarão com todo o coração, mas com todo o coração se escondem e se esconderão um do outro, não porque o amor deles é fraco, mas porque é o amor do coração de seres humanos. Essa é a dialética básica (no caso específico, atinente às relações de amor): a busca apaixonada de um bem que seja verdadeiramente tal, total e integral, e a concomitante tendência de empobrecê-lo, arruiná-lo, quando não até mesmo de privar-se totalmente dele. A este nível é que o Evangelho tem muito a dizer. Neste nível, aquele casal – como qualquer outro – certamente se sentirá interpelado pela proposta cristã e fará perguntas que não acabam mais: podem também rejeitá-la, mas permanece o problema da gestão da dialética básica que eles devem, em todo caso, enfrentar. Se encontrarem uma solução melhor do que aquela oferecida por Jesus, então... significa que Jesus é somente um dos tantos salvadores![6]

√ Consideramos que a dialética básica seja a informação definitiva, a mais profunda possível que se possa extrair da observação do agir concreto. É o núcleo que nos identifica como seres humanos, ou seja, nem anjos nem animais. Submetido à investigação fenomenológica, o agir concreto fala de si mesmo (eu ajo assim); em seguida, quando é submetido à investigação psicodinâmica, encontramos sua explicação psicológica (ajo assim porque funciono assim); mais adiante, quando é submetido a uma investigação transcendental

---

[6] Este método é chamado de "intrinsecismo moral" em *VI/1*, 181-184 ("Como apresentar os valores").

a posteriori,[7] leva-nos ao estrato antropológico da dialética básica (funciono assim porque me chamo pessoa humana e não: cavalo, casa, anjo, autômato...). Partindo da crônica hodierna e fazendo um caminho de escavação, o acompanhamento busca abrir passagem para o núcleo de nós mesmos, favorecer-lhe melhor gestão e, consequentemente, um agir concreto mais humano e humanizador que não diz respeito apenas à crônica atual, mas ao funcionamento global de nós mesmos; o todo, sem jamais perder o contato com o comportamento em curso.

√ Consideramos que a *descrição* da pessoa como portadora de uma dialética básica seja muito próxima à *definição* teológica de pessoa humana.

A antropologia teológica afirma que o homem realiza seu fim sobrenatural somente com o auxílio do que transcende suas forças humanas. Deseja intensamente a salvação, mas não pode alcançá-la sozinho. Vive de um desejo que somente Deus, que o colocou nele, pode realizar.

A dialética básica diz que o homem está dividido e que, nessa divisão, se encontra a razão última do fato de que, embora tenha desejo, sozinho não consegue realizá-lo e fica preso às dificuldades e a problemas diversos.[8]

---

[7] É uma investigação transcendental porque busca as causas últimas; é *a posteriori* porque parte de algo e permanece ligada ao fenômeno atualmente em ação, sem pressupor, *a priori*, quais são as causas últimas.

[8] "Por isso se fala de desejo, porque, embora querendo conhecer-se e aderir plenamente a si mesmo, o homem não o consegue nem poderá consegui-lo totalmente. A resposta buscada, portanto, permanece sempre um bem ausente, pelo menos em parte, e portanto, o desejo está destinado a permanecer desejo. O coração inquieto encontra aqui seu fundamento": *SvU*, 42.

As duas informações pertencem a níveis diversos (um axiológico e outro empírico), mas entre eles há fortes convergências: ambos contêm os conceitos de desejo, finalidade, fragilidade, relação, anseio, tensão, busca... Posto que, por vias de acesso autônomo, ambos interceptam um núcleo central do homem, dizer que o coração humano está sob a concupiscência (definição) e dizer que o coração humano está dividido (descrição) não é a mesma coisa, como não é equivalente dizer que somente em Deus encontramos nossa realização nem que a identidade do eu tem um percurso evolutivo intersubjetivo... Contudo, pode-se afirmar que as duas portas diferentes de acesso ao homem convergem em interceptar algo que nele é vivo, vital. Dizer "convergência" não significa que seja "a mesma coisa; questão de linguagem", tampouco é o caso de dizer que "não são compatíveis".

Dialética básica: uma convergência interdisciplinar

O psicólogo diz: "A dialética é vista concretamente na vida do indivíduo nos termos de 'eu' ideal e 'eu' atual, cujos conteúdos são necessidades, valores e atitudes. Seguindo a perspectiva da psicologia profunda, enquanto o 'eu' ideal é prevalentemente cônscio, o 'eu' atual é indicado como o que contém elementos tanto conscientes quanto inconscientes, denominados respectivamente 'eu manifesto' e 'eu latente'. Os conceitos-chave que emergem são os de consistência e inconsistência, com sua influência sobre as capacidades de interiorizar os valores. Consistência e inconsistência se referem à 'luta' existente entre o 'eu' atual e o 'eu' ideal da pessoa".[9]

---

[9] B. Kiely, "Algumas ideias-chaves na origem e no desenvolvimento do Instituto de Psicologia", in *PeF*, 22.

O filósofo diz: "Qualquer que seja o fenômeno de que se trate – anatômico, fisiológico ou emotivo, intelectual ou volitivo, individual ou social –, a oposição está no modo como o fenômeno acontece na forma estrutural e operativa da vida. Todo o viver humano, tanto em sua globalidade como nos seus aspectos particulares, não importa qual seja seu conteúdo qualitativo mais preciso e quaisquer que sejam suas funções particulares, está estruturado com base na oposição para poder ser vivente. A oposição é a modalidade da vida humana. Esta é a característica essencial da vida como unidade: ela existe em ambos os polos, os quais, ainda que um não seja possível sem o outro, são autônomos e qualitativamente diferentes. Não é preciso procurar o sentido da vida em uma coincidência dos opostos, nem eliminar um polo, derivá-lo do outro ou sintetizá-los em um "terceiro": tirar-se-ia da vida sua tensão; aliás, seria precisamente desvitalizada. Autônomos e qualitativamente diferentes, um polo não coexiste somente com o outro, mas 'in-existe' no outro, e torna-se absurdo se não reconhece em si mesmo a existência do outro e não a faz emergir".[10]

O teólogo diz: "O homem jamais consegue realizar-se totalmente. Há sempre uma tensão entre aquilo que é e o que deveria tornar-se. Uma tensão entre 'natureza' e 'pessoa'. A pessoa não atinge jamais sua natureza. O homem nunca pode ser o que quer ser livremente. Essa limitação encontra-se no bem e no mal. Não está ao

---

[10] Síntese livre de R. Guardini, "L'opposizione polare. Tentativi per una filosofia del concreto vivente (1925)", in *Opera omnia*, Morcelliana, Brescia 2007, I, 184-192.

nosso alcance fazer um ato de amor total, bem como nos é impossível um ato de ódio total. O homem é limitado no bem, mas também no mal. Justamente por isso pode arrepender-se: experimentamos a dor porque o mal não conseguiu sufocar em nós a vontade do bem. Em todo caso, o homem jamais se possui totalmente. Sua completude é sempre relativa".[11]

O mestre espiritual diz: "O paradoxo pode ser representado como o avesso de algo cujo lado direito é a síntese. Mas o lado direito sempre nos foge. A tapeçaria maravilhosa que cada um de nós contribui a tecer com sua existência ainda não pode ser alcançada com o olhar. Seja para os fatos, seja para o espírito, a síntese não pode ser senão objeto de contínuas buscas. O paradoxo é justamente busca ou espera de síntese. Expressão provisória de uma vista sempre incompleta, orientada, no entanto, para a plenitude. Irmão sorridente da dialética, mais realista e mais modesto, menos tenso, menos apressado, o paradoxo reporta-se sempre a sua irmã mais velha, reaparecendo ao seu lado a cada nova etapa... Quanto mais a vista se eleva, se enriquece, se interioriza, tanto mais o paradoxo ganha terreno. Já soberano na vida simplesmente humana, seu reino de

---

[11] Síntese livre de K. Rahner, "Concetto teologico di concupiscenza", in Id., *Saggi di antropologia soprannaturale*, Paoline, Roma 1965, 281-338. Veja-se também o estimulante artigo comparativo de D. Moretto, "La dialettica di base nella prospettiva dell'antropologia teologica", in *PeF*, 159-183. Igualmente útil é a referência ao modelo paulino do eu dilacerado em si mesmo e o dialético de João in Segalla, "Quattro modelli di 'uomo nuovo' nella letteratura neotestamentaria", in *Teologia 2* (1993), 113-165.

elevação é, contudo, a vida do espírito. A vida mística, portanto, é seu triunfo".[12]

O romancista diz: "Se consegues pensar sem fazer dos pensamentos o teu fim, se sabes encontrar o sucesso e a derrota, e tratar estes dois impostores justamente do mesmo modo, tua é a terra e tudo o que nela existe. Se sabes falar com os desonestos sentindo-te solidário com eles, mas sem perder tua honestidade, ou passear com os reis sem perder teu passo normal, terás te tornado um verdadeiro homem".[13]

√ Dada essa convergência interdisciplinar ao indicar que na interioridade do homem há algo de fundamental, consideramos que a teologia pode ser útil também para a prática educativa (e vice-versa!). Com Guarinelli, não aceitamos a tese de que cabe à teologia a teoria e à psicologia, a reflexão sobre a prática. Portanto, afirmamos que o método proposto neste livro seja não somente psicológico como também teologicamente fundado.[14]

√ Consideramos, ainda com Guarinelli (p. 55), que a distinção entre psicológico e espiritual seja difícil de executar. Se é válida para a reflexão, não é verificável na prática. A prática dá-nos a unidade da pessoa. É uma distinção necessária e obrigatória. Mas é uma distinção conceitual, que não pertence ao nível da fenomenologia da experiência, mas ao âmbito de uma reelaboração conceitual sobre a experiência. "O que, de fato, a experiência concede é a unidade da pessoa.

---

[12] H. de Lubac, *Nuovi paradossi*, Paoline, Alba 1964, 9-11.

[13] Citação de R. Kipling de acordo com o sentido.

[14] A. Guarinelli, "Chi dirige la... direzione spirituale? Il primato dello Spirito fra teologia e tecnica del colloquio", in *3D* 1(2011), 53-65.

Tal unidade encontra-se sempre: quer na direção espiritual, quer na prática psicoterapêutica. O dado originário é este... Ninguém está em condições de dizer 'até aqui é agir de Deus; até aqui, não'"; até aqui é psicologia e até aqui é graça; até aqui é natureza, e até aqui é sobrenatural.

√ Consideramos que o acompanhamento deva chegar a fazer emergir (indutiva e efetivamente) a dialética básica e a forma na qual ela se concretiza caso a caso. A investigação psicodinâmica não é o objetivo último do acompanhamento. É o caminho que nos leva a captar como a dialética básica está concretizando-se na pessoa em particular que temos diante de nós. Se o objetivo último fosse a psicodinâmica ou a busca das forças psíquicas, ou das motivações que sustentam o comportamento presente, o acompanhamento psicoespiritual não teria nada de específico em relação ao *counselling* ou a alguma forma de psicoterapia da alma.

√ Consideramos que fazer emergir a dialética básica seja favorecer a integração fé-vida. Com efeito, no terreno da dialética básica (e principalmente em sua forma que nosso modelo de AVC chama de "segunda dimensão") é que se encontram, desencontram-se ou integram-se temas psicológicos e espirituais. É nesse terreno que cada um de nós descobre que se entretecem – pelo menos em certos aspectos – a seriedade para consigo mesmo e a seriedade para com Deus.

USO DA NOÇÃO DE DIALÉTICA NOS COLÓQUIOS

Dialética básica: conceito-chave, mas de pouco impacto terapêutico. Trata-se de uma palavra que é melhor que jamais seja pronunciada no diálogo formativo, porque se corre o risco de intelectualização. É um conceito que o formador deve ter em mente, não o seu cliente; quando muito, poderá tê-lo em mente no final do caminho, depois de ter havido o contato emotivo com a existência em si dessa dialética, depois que a sofreu, viveu, rejeitou, negou... Em outras palavras, o educador usa o conceito de dialética básica como instrumento hermenêutico próprio, mas deve contextualizá-lo, ou seja, reconhecer nas traduções que seu cliente fez dele em termos de necessidades, defesas, valores, soluções de vida, estratégias de sobrevivência... e deter-se nessas concretizações para, em seguida, com o tempo, levar o cliente a ver que elas não são apenas manobras de sobrevivência, mas um modo de construir ou de arruinar a própria humanidade.

Os dois casos que seguem querem mostrar a dialética básica em ação em ambos, mas de maneira diferente, porque em Maria, ela assume uma forma diversa daquela que encontraremos em João, em Josefina, em Alfredo... Graças a essa contextualização, será possível elaborar um projeto de intervenção personalizado, porque as áreas sobre as quais fazer Maria exercitar-se serão diferentes daquelas válidas para João, para Josefina ou para Alfredo, e o itinerário deles para o objetivo último é diferente.

√ A respeito de Maria, o formador escreveu: "Maria parece ter um sentimento bastante recorrente de baixa autoestima, o qual às vezes usa de modo defensivo, como álibi para fechar-se em seu cantinho protegido e para evitar também o que ela estaria em condições de enfrentar".

√ A respeito de Mário, escreveu: "Mário parece ter um sentimento um tanto recorrente de baixa autoestima, o qual às vezes usa de modo defensivo, como álibi para fechar-se em seu rancor e desprezo pelos outros".

Maria e Mário *parecem* ter muito em comum: a baixa autoestima e a técnica de fechar-se. *Parece* que em ambos a psicodinâmica se repete na idêntica forma da humilhação e do retraimento sobre si mesmos. *Parece* que ambos administram do mesmo modo (com a solução do fechamento) o paradoxo de serem pessoas humanas às voltas com o contato e o afastamento, com o amor próprio e o amor pelos outros, com o salvaguardar e o negociar os talentos... Portanto, *parece* que o cuidado deve ser o mesmo para ambos: injeção de autoestima e abertura ao mundo.

Parecem iguais. No entanto, submetido à investigação, o modo de Maria sentir-se humilhada e de fechar-se é diferente e diametralmente oposto ao modo de Mário sentir-se humilhado e fechar-se (o sentimento básico é o mesmo, mas com significados subjetivos muito diferentes).

Maria é humilhada e fecha-se sempre mais em si mesma, consciente de ser uma larva humana. Mário é humilhado e fecha-se sempre mais em si mesmo, consciente de que é um gênio incompreendido. Talvez ambos usem o mesmo modo de falar ("Não me sinto apreciado/a", "Fecho-me em mim mesmo/a..."), mas deixam entrever duas vivências bem diferentes: Maria dá a entender que, em certas circunstâncias, o melhor é que seja ela a desaparecer; para Mário, o melhor é que sejam os outros a fazê-lo. Mesmo diagnóstico de humilhação, mas duas humilhações diferentes e, portanto, duas terapias diversas.

Maria deve ser ajudada a superar a humilhação com injeções de orgulho sadio, e Mário deve ser ajudado a aceitar sua humilhação com injeções de humildade sadia. Em resumo, Maria deve ser soerguida e Mário, rebaixado. Maria deve fortalecer suas "pernas vacilantes"; Mário deve aceitá-las. Maria aposta sua humanidade com a carta do afastamento perdedor; Mário, com a do afastamento rancoroso. Se estes dois humilhados se colocassem juntos, no início se descobririam semelhantes, porque ambos humilhados e afastados, mas acabariam sentindo-se incompatíveis no caráter, porque vivem subjetivamente de maneira diversa a exigência antropológica básica comum (como se faz o contato com os outros?) e a resposta comum (faz-se com o afastamento).

√ 18º colóquio com Maria.

Enredada há dois anos em uma relação ambígua com um homem que não oferece nenhuma garantia para o futuro, já falou disso longamente nos colóquios e já adquiriu suficiente consciência de que ela se sente a única responsável e culpada por aquela relação, razão por que protege aquele homem, idealiza-o; quanto a si mesma, não se dá a autorização para pensar em si mesma e em seu futuro, a tal ponto que, agora, chega até mesmo a ter medo de falar em público. Hoje:

Maria: Impressionou-me quando, da última vez, o senhor me disse: "Você é imatura e está dominada por ele, e ele se aproveita disso". Isso é verdade. Não convém que eu me interesse sempre por ele e sempre lhe dê a precedência. Eu também existo.
Formador: Você consegue definir esse interesse maior por si mesma?
Maria: Estou descobrindo que sou muita retraída. Não sei... inclusive, no fim do ano, ao prestar meu habitual serviço aos deficientes, ao observá-los, disse a mim mesma que eles se empenham. De fato, um deles, que é paralítico, caiu no chão porque estava obstinado em caminhar sem o carrinho, mas depois tentou levantar-se sozinho...
F.: Mesmo tendo caído, tem o mérito de não se limitar a lamentar-se. Seria uma alternativa também para você.
Maria: (um pouco aborrecida, mas interessada) Não! Tenho outro caráter. Eu sou eu e ele é ele.

F.: De fato, você fica em seu carrinho, não fala, fica muda... Esse deficiente, ao contrário, procurou reerguer-se. Ele sim, e você não? No entanto, ele tem deficiência grave...
Maria: (ainda mais aborrecida, mas disponível) Mas o problema, falando sinceramente, é que ele tem as pernas fracas, enquanto eu tenho a cabeça fraca.
O formador encoraja Maria a traduzir essa metáfora (não se deixa assustar pelo fato de que, se a estimula a ser ativa, fica aborrecida, mas o aceita como sentimento, a essa altura, não insuperável).
F.: Definitivamente, com "cabeça fraca" você quer dizer que acha não ter convicções e ideias próprias, mas procura confirmações dos outros, e que, embora as obtenha, você se retrai ainda mais.
Maria: Não me sinto segura em dizer minha opinião... E se estiver errada? Para mim, os outros sabem sempre mais do que eu.
F.: Veja que não é questão de ter ou de não ter grandes ideias: ainda que você vá à escola dos outros e assuma as ideias deles, isto não lhe ajuda a erguer a cabeça. Ela permanece fraca. Contudo, em tantas ocasiões (e lembra-lhe algumas) você demonstrou saber levantar a cabeça, inclusive com seu companheiro, que a explora em proveito próprio. É como se você dissesse: "Também erguer a cabeça? Até poderia, mas não tenho vontade...".
A essa altura, depois de mais uma vez afastar do caminho as incertezas, os mil "mas" e "não posso...", vem à tona o seguinte:
Maria: Gosto da despreocupação, da ilusão de não enfrentar a vida e suas escolhas; agrada-me dar tempo ao tempo...
F.: Bem, assim pelo menos descobrimos uma coisa positiva: você não é uma jovem insegura, mas usa a insegurança como escudo para não enfrentar a vida.
Nesse momento, ela fez a pergunta correta:
Maria: Devo tentar mudar?
F.: Vamos tentar. Não há necessidade de fazer grandes revoluções. Basta que você faça bem aquilo que está fazendo nestes meses, por exemplo, estudar, mas fixe a data da prova na universidade,

em vez de deixá-la ao acaso, e respeite-a. Vejamos o que acontece. Notei-a tranquila, e pareceu-me que estivesse plenamente consciente de si mesma.

√ 18º colóquio com Mário.

Há dois anos com uma raiva enorme contra seu trabalho e contra "aquele imbecil de seu chefe" ("uma armadilha que dispara e prende a gente pelos pés"), durante os colóquios já alcançou suficiente consciência de sua raiva, que, às vezes, o faz ter a fantasia de abandonar tudo e pedir demissão. Hoje:

Mário retoma a enésima invectiva contra seu trabalho, visto que, nesta semana, teve de fazer seis horas extras.
O formador observa que, além da raiva, o rosto de Mário revela-se humilhado, com o olhar de quem ri para não chorar, como se tivesse uma lágrima escondida, e diz a Mário:
F.: Imagino que tenha sido duro, inclusive porque as horas extras foram justamente no sábado, e não seria estranho se você também tivesse chorado por dentro.
Mário: Veja em que situação embaraçosa vim me meter: chegar a chorar como um menino!
F.: Oxalá acontecesse! Faria muito bem a você.
Mário: Como assim?
F.: Quer dizer, às vezes, não resta outra coisa senão sentar no chão, quando estamos com as pernas, e também com a cabeça fraca.
Mário: Talvez, mas não creio.
F.: Você é realmente uma pessoa honesta ao admitir que não acredita nisso. Seria estranho o contrário.
Mário: O que você quer dizer?
F.: Graças à armadilha que dispara e lhe prende o pé, você pode permitir-se o luxo de já não fazer o papel de falastrão, de gênio incompreendido... de ser um simples funcionário que luta para ganhar o salário...
A essa altura, Mário faz a pergunta correta:

Mário: Mas... desse modo... não corro o risco de resignar-me?

F.: Vamos ver, vamos tentar... Experimente vivenciar os pequenos momentos de humilhação que se reapresentarão nos próximos dias, sem tentar fugir, mas olhando-se em sua impotência. E veremos que efeito produz.

Notei-o tranquilo, e me pareceu que estivesse plenamente consciente de si mesmo.

REFERÊNCIAS BIBLIOGRÁFICAS

✓ *Dialética básica, vocação e alguns problemas afetivos: leitura psicodinâmica*

"Corporeità e formazione vocazionale" (S. Rigon), in *3D* 3(2011), 278-286.

"Celibato e compensazione" (A. Cencini), in *3D* 1(2011), 43-52 (como definir a questão da escolha do celibato e quais são as respostas incorretas ao seu aspecto de renúncia).

"Celibato e patologie sessuali" (L. M. Garcia Dominguez), in *3D* 2(2010), 207-215 (como acompanhar quem, embora tenha feito uma escolha do celibato ou da virgindade consagrada, revela problemas na área sexual).

"La masturbazione; considerazioni psicodinamiche" (C. Ciotti − S. Rigon), in *3D* 3(2008), 303-312.

"Quando ad innamorarsi è un prete o una suora" (A. Manenti − S. Rigon), in *3D* 3(2007), 292-301.

3

ACOMPANHAMENTO: OBJETIVOS E ETAPAS

A esta altura, temos os elementos suficientes para poder afirmar que acompanhar significa favorecer – a quem se acompanha – a descoberta pessoal da dialética básica:
- na visão de si e da vida, que não dê pretexto para expectativas irrealistas;
- na configuração específica que ela assumiu na vida dessa pessoa, como produto de sua história única e irrepetível;
- na expectativa realista de que, no futuro, a dialética assumirá outras formas sempre novas e inéditas;
- na sua gestão igualmente paradoxal: quanto mais a dialética se torna consciente e aceita, mais fácil é administrá-la e mais favorece os *seres humanos* e, específica e surpreendentemente, os cristãos, que podem fazer da própria vida um dom de si.[1]

Exemplo-guia: Joana e Mário decidiram pedir ajuda porque, depois de terem se arranjado sozinhos e constatado que a ajuda dos amigos era insuficiente, o conflito conjugal deles corre o risco de agora cruzar a soleira da tolerância e corroer o amor recíproco.

---

[1] Em nossa AVC, esta tradução operativa do conceito de dialética básica é uma contribuição importante de B. Kiely.

1. Visão realista. Após várias tentativas de autojustificar-se, de imputar a culpa ao/à outro/a, de esquivar-se de assuntos importantes, Joana e Mário, ajudados também por boa dose de amor recíproco, entram na lógica de que, se alguma coisa acontece entre eles, é porque ambos contribuíram para que acontecesse. Em um crescente envolvimento pessoal, do falar a mim passaram ao falar entre si de seus problemas, diante de mim.
Por volta do quinto encontro (com compromisso quinzenal), chegam a dar-se sempre mais conta de que o que provoca a dissensão entre eles não são as pequenas decisões cotidianas: a respeito delas, poderiam, inclusive, encontrar um acordo, mas nenhum dos dois quer ceder primeiro e passar por perdedor (dinâmica de competição). Também tiveram a intuição de que o verdadeiro problema não é ter opiniões diversas, mas apegar-se a essa diversidade para dar início a um confronto que ultrapassa o tema do debate, tornando-se cada vez mais uma questão de dignidade pessoal ligada a quem vence e quem perde (dinâmica de dominação). Apesar da consciência de tudo isso, os litígios entre eles continuam (e seria duvidoso que desaparecessem repentinamente), mas agora os fazem com a consciência de que a polêmica versa sobre outra coisa: sobre a competição e a supremacia.
2. Configuração da dialética. Com essa consciência a mais, o jogo das rusgas continua, mas perde vigor; quando se sabe que se está fora do assunto, que enfurecer-se por uma coisa tenciona defender outra, aquele assunto perde importância: começa-se a sentir que se está perdendo tempo, que se está sendo ridículo e que o assunto verdadeiro não pode ser evitado ainda por muito tempo, principalmente se, entrementes, o guia soube captá-lo no pano de fundo da conversa deles, sem necessidade de evidenciá-lo aos contendedores antes de seu tempo natural de maturação. Efetivamente, Joana e Mário chegam sozinhos a sua dialética básica: "Somos como dois cervos que se dão chifradas para, em seguida, voltar ao bosque para lamber as feridas, cada um por conta própria, e à noite atrair-se mutuamente com versos de amor". Certa vez se exprimiram assim: "Somos

duas pessoas que se querem muito bem, mas igualmente teimosas e obstinadas".

3. Expectativas para o futuro. Uma vez em contato com a própria dialética, é importante não resvalar imediatamente para o âmbito da resolução (voltar-se com muita pressa à melhoria do amanhã poderia também significar uma fuga de observar bem como é o hoje). Cabe ao educador ajudar Joana e Mário a permanecerem em contato com dialética básica deles (com o fato de serem como dois cervos que se rechaçam e se buscam), a perceberem quando ela surge, a saber prevê-la antes que emirja e reconhecê-la quando aparece também em outras situações de vida, sutilmente. Pouco e pouco, esse rechaçar-se e buscar-se esvaziam-se, parecendo humilhantes, e os próprios interessados encontrarão processos comunicativos mais maduros para uma conscientização interior, e não por uma doutrinação externa. Contudo, admitindo-se também esse resultado positivo, para Joana e Mário (depois de 13-15 encontros) deverá permanecer claro que essa dialética se reapresentará sob outras formas e que eles poderão resolver os conflitos contingentes (hoje assim e amanhã, talvez, diferentes), mas não a dialética de seu pequeno grande coração. Não porque são maus ou não se queiram bem, mas porque o amor deles (como o de todos) é um amor humano, um amor que deve sempre renegociar o desejo de encontrar-se e a vontade de conservar-se, o amor pelo outro e o amor por si mesmo, o desejo da atração e da repulsa.

Resultado pífio? É o passo seguinte que o tornará nada menos do que fantástico, quando se assegurarão de que justamente esse contexto "pobre" é o mais apto para declarar-se um grande amor.

4. Dom de si. O ponto decisivo começa agora, aquele que justifica todo o percurso feito até aqui e qualifica-o como formativo em vez de apenas terapêutico. Joana e Mário – a essa altura mais equipados em relação às vicissitudes alternadas do cotidiano e mais senhores de seu amor – fizeram a experiência concreta (e não intelectual) de que seu amor deve ser declarado, protegido, conservado, recuperado, desejado... Já lhes haviam dito isso várias vezes, mas, antes, era uma teoria facilmente enfraquecida pela prática, e agora é exigência de vida. E daqui para frente? Depende da escolha deles (finalmente uma escolha!) de fazer de si mesmos um dom recíproco. Para que isso aconteça, não depende do orientador. No entanto, pelo menos foram colocados na condição de que isso possa acontecer. Talvez não tenham vontade de realizar o dom, mas com a consciência de que a hipótese do dom e a alternância emocional se manifestarão seja como for e com quem quer que seja.

VISÃO DE SI E DA VIDA QUE NÃO DÊ PRETEXTO PARA EXPECTATIVAS IRREALISTAS (INFORMAR-SE SOBRE O FUNCIONAMENTO HUMANO)

A respeito do tema da consciência de si, a bibliografia é quase infinita, seja na perspectiva humana, seja na cristã. Renuncio a resenhá-la.

Sobre o pano de fundo do pequeno grande coração tratado nos dois capítulos anteriores, prefiro reportar-me à ampla casuística de pessoas que acompanhei neste empreendimento, a fim de concluir que a visão realista de si consiste em aceitar ser simplesmente humano.

Justamente isso! Fazemos de tudo para não aceitar sermos simplesmente assim como a mãe natureza nos criou e colocamos em ação uma verdadeira e própria obstinação terapêutica, em versões infinitas.

Ao psicólogo, ao padre, ao médico... as pessoas pedem para ficar melhor, mas esse pedido esconde a ilusão fóbica de transformar a dialética da vida em um percurso harmônico, tranquilo, assegurado pelo tempo vindouro. É demasiado fascinante o sonho do rico insensato do Evangelho que, à vista de seus celeiros cheios até à borda, pensava em começar, finalmente, a viver. Quando pedimos ajuda, em um nível mais imediato, é a embaraçosa casualidade que nos assusta ("Já não quero ficar com raiva de minha mulher"); porém, com o passar do tempo, e analisando melhor o pedido, em um nível mais radical, é a mesma natureza humana que nos causa problema ("Não quero experimentar a ambivalência do amor!"), porque preferimos identificar-nos com um de seus polos, à exclusão do outro ("Quero amar como um anjo!"), em vez de aceitar a ideia de que a dialética é uma realidade que deve ser suportada em vez de resolvida ("Meu amor deve ser educado e protegido"). Não se aceita que a existência transcorra dentro de polaridades diversas, e se o conflito nos recorda isso, queremos anulá-lo com soluções aparentemente sábias ("Deveria ser...", "Se fosse diferente...", "Não sou bastante..."), mas desumanas, porque não restituem dignidade e humanidade a nossa existência, mas pretendem fazê-la entrar em regime de beatitude, não concedido aos humanos.

O que somos ontologicamente se torna doença a ser curada! Consequentemente, enfrentamos com modalidades fóbicas os problemas que nos estorvam o caminho rumo à miragem da tranquilidade. Estamos em conflito com nossos conflitos porque nos sentimos desconfortáveis com nossa natureza humana.[2]

---

[2] A esse respeito escreveram belas páginas C. Whitker, *Considerazioni notturne di un terapeuta della famiglia*, Astrolabio, Roma 1990, e F. Perls, *Qui e Ora. Fritz Perls. Psicoterapia autobiografica*, Sovera Multimedia, Roma 1991.

Nessa armadilha da obstinação terapêutica cai também o diretor espiritual: visto que o objetivo é elevado (educar para a oblação, para a vida compreendida como resposta a Deus, para favorecer a consagração, o espírito de serviço...); então, a fim de criar espaço no grande coração, coloca-se na defensiva contra o pequeno coração: "Você deve conseguir", "Aguente firme", "Procure melhorar", "Você não tem o espírito de sacrifício", "Não é generoso", "Não se esqueça"... e assim, dessa maneira, nem a psicoterapia nem a ascese espiritual curam o fato de se possuir uma alma *de humanos*, ainda que devessem deixar ao interessado o direito de tê-la tal como simplesmente é.

O itinerário de um acompanhamento que chegará à meta tem início quando se começa a aceitar – se não por outro motivo, por triste evidência – ser simplesmente seres humanos.

Pode-se dar esse primeiro passo ativando a mente, mesmo que depois se deva impulsionar também o coração. Todas as iniciativas (intelectuais e comportamentais) que visam instruir a respeito dessa "simplicidade" humana entrarão na categoria do acompanhamento, que não deve ser relegada, portanto, somente ao colóquio pessoal, face a face, com prazos fixos, na garantia da privacidade e do foro íntimo. O colóquio pessoal será o ponto de chegada privilegiado e insubstituível para descobrir o modo pessoal e originalíssimo de funcionar como simples humanos. Contudo, informar a respeito do funcionamento já é acompanhamento.

É acompanhamento toda forma de interação, caso se sirva daquilo que existe, que se faz, que se diz, que acontece... para dar a informação de que o coração humano é dialético. É acompanhamento também a instrução escolar, o treinamento para jogar futebol, para estar com os amigos, para ser um bom ecônomo ou um bom operário metalúrgico, para comentar as notícias do jornal, para ilustrar um quadro..., *sob a condição* de que se saiba unir o que se está fazendo ou dizendo com algo que ocorre na interioridade daqueles aos quais se orienta. Tudo pode servir para ajudar as pessoas a perceber que o coração humano é dialético, que a dialética assume diversas configurações, que no futuro assumirá outras diferentes e que a via de solução é uma porta que se abre apenas para fora. E quando surge a suspeita de que também meu coração possa funcionar assim, então o pedido de acompanhamento personalizado emergirá. Entretanto, antes de chegar a falar de si em foro íntimo, é preciso sentir que vale a pena, ou seja, estar consciente de que o coração humano funciona de determinada maneira, razão por que será conveniente e interessante conhecer também como funciona o próprio coração. Em substância, o acompanhamento parte de longe e não começa quando alguém bate à porta do formador e lhe pede explicitamente um encontro cara a cara. Acompanhar não é apenas abrir a porta a quem bate, mas ajudar a pessoa a empreender o caminho até bater nela. Para melhorar as coisas, primeiramente é preciso saber como as coisas estão.

AS CONFIGURAÇÕES PESSOAIS DA DIALÉTICA (FALAR DE SI)

Dar-se conta de como funciona o próprio coração é um objetivo que o acompanhamento pessoal alcança bem facilmente. No arco de 8-10 encontros, a pessoa pode ter uma ideia sobre seu modo geral de funcionar. Se nos colóquios trabalhou com disponibilidade, se reviveu episódios significativos da própria vida, se teve coragem de continuar a introspecção, inclusive, fora dos colóquios, não lhe será difícil chegar a alguma conclusão provisória sobre seu modo *habitual* de reagir à vida. Tanto mais que, nisso, deveria ter sido ajudada pelo formador, já atento – desde o início – a conduzir o colóquio de modo a fazer emergir as duas polaridades do coração humano.

Objetivo fácil não quer dizer não sofrido: dar às coisas seu verdadeiro nome não é indolor. Mas esse tipo de sofrimento tem uma recompensa quase imediata, porque poder reconhecer-se simplesmente humano permite suspirar de alívio e evita o recurso obrigatório de ter de inventar muitas mentiras.

Exemplo. No caso particular dessa senhora, o grande coração se expressa em uma esforçada atividade voluntária em um hospital, e o pequeno coração em sobrecarregar seus assistidos de cuidados e de presença obstinada. Tem a mesma atenção amorosa e obsedante para com os filhos, que aceitam de bom grado uma mãe-empregada a serviço deles, e para o marido, que, atualmente, porém, a rejeita, ao que ela reage apresentando-se a ele com cara aborrecida e melindrosa, que já possuía desde menina, quando era contrariada pelas amiguinhas de brincadeiras, e que tanto tinha fascinado o jovem noivo. Nos colóquios, a senhora havia comentado várias vezes e em diversos aspectos esse seu estilo: serviço aos outros e imposição de si mesma; amor que se oferece e amor que se impõe; cuidado e dominação, empatia e sufocamento... Quando então percebeu que esses sobressaltos de seu coração mudavam de forma, mas que, no fundo, eram repetitivos, ela mesma sentiu como repetitivo contar-me outros. Quando se deparava com um deles, conseguia logo sintetizá-lo sob um denominador comum: "Quando abraço os outros por excesso de amor, sou pegajosa".

Aí está: havia encontrado um bom título para exprimir a configuração específica que a dialética assumiu em sua vida como produto de sua história única e singular; e sem tantos rodeios e denguices, agora pode ver as coisas como são e melhorar seu apego aos outros.[3]

Duas estratégias:

- *Do conhecer-se ao sentir-se.* Ter informações teóricas sobre a dialética do coração é útil; porém, para descobrir como se configura no próprio coração, é preciso abandonar a teoria e passar à concretude da própria existência. A teoria leva ao limiar do conhecimento do próprio conhecimento, mas, para ultrapassá-la, é mister abandoná-la e falar de si sem empecilhos. No diálogo pessoal, o discípulo não fala da natureza humana em geral, mas de si mesmo; é o lugar adequado para sentir-se novamente, sem aquelas censuras e medos que caracterizam os encontros formais. Nas sessões de acompanhamento, os termos teóricos não deveriam sequer ser pronunciados, porque correm o risco de levar o falar de si a um plano de intelectualização. Como já foi antecipado no capítulo anterior, o termo "dialética" deve estar claro na mente do formador, mas é pouco útil que também esteja na mente do acompanhado. É melhor que ele o experimente. É um termo que serve ao formador porque lhe permite pensar, escutar, compreender a vivência do outro de modo conjunto (cap. 2) e de chegar melhor ao núcleo sem perder-se demais nos detalhes. Não serve para o acompanhado porque o levaria a falar "a respeito

---

[3] Para se ter uma ideia do que significa encontrar a ligação entre episódios de vida e dialética básica, pode ser útil usar a metáfora do título e do romance: *V/2*, 51-55 ("Um título adequado para o romance").

de si" e não "de si", ou até mesmo a fazer especulações sobre o funcionamento do coração humano em geral, algo de fraco impacto formativo. Basta que o interessado chegue a sentir seu tipo de dialética. Não é necessário que lhe dê um nome científico. Ao contrário, é melhor que não o faça mesmo. Basta que sinta o que inflama seu coração e o que o atemoriza; que "teste" os pontos fortes de si mesmo como fortes, e como débeis os que são débeis; "fareje" que determinada idealização o comove e outra o deixa indiferente; que certa amargura é recorrente ainda que sob roupagens diversas e que o próprio sentir-se mal, muito mal ou muito bem gira sempre ao redor das mesmas sensibilidades básicas. Com frequência, depois de haver-se sentido (e não diagnosticado!), o próprio interessado, quase como em um momento de grande inspiração, chega a exprimir sua configuração pessoal da dialética com expressões igualmente emotivas (metáforas), que são um verdadeiro concentrado de seu núcleo interior.

- *É melhor pouco, mas em profundidade, do que muito, mas genérico.* Justamente porque não existe uma ordem do dia preestabelecida, o risco do acompanhamento é passar de um assunto a outro sem pé nem cabeça. No decorrer de uma hora ou percorrendo novamente de modo retroativo um grupo de colóquios, o formador pode perceber que se falou de muitas coisas, mas pouco se concluiu. É melhor focalizar aquilo de que se está falando e, de vez em quando, perguntar-se, inclusive explicitamente: "Mas do que é mesmo que estamos falando? Qual é o tema básico? O que você está tentando dizer-me? Onde está o ponto central naquilo que estamos dizendo? Que sentimento você está exprimindo?". Na verdade, significa trabalhar sobre o tema focado em experiências emocionalmente evocadas na sessão de acompanhamento, de modo tal que se possa colher o afeto que acompanha o que se diz. Obviamente é preciso demorar-se em tantas informações, abrir espaço para tantos episódios que o interessado traz, mas é também útil deter-se em algum, mesmo em prejuízo da investigação de outros; reviver "em câmara lenta" algum episódio significativo, minuciosamente, de maneira que também o formador se sinta envolvido, faz com que aquele episódio deixe aflorar a interioridade da pessoa que o narra. A pergunta decisiva: "O que você experimenta? O que sente?" não serve para expor o sentir, mas para dotá-lo de profundidade.

NA EXPECTATIVA REALISTA DE QUE, NO FUTURO, A DIALÉTICA ASSUMIRÁ OUTRAS FORMAS SEMPRE NOVAS E INÉDITAS

Aqui começam as dificuldades, porque as previsões a respeito do trabalho sobre si mesmo são, como já se disse, do tipo milagrosas. Como recompensa, contamos com a isenção de aborrecimentos futuros, e nos sentimos mal quando logo percebemos que os milagres não chegam, que, ao contrário, a pessoa está pior do que antes e que os retalhos de felicidade reunidos até ali não bastam para contrabalançar a tensão.

Essa expectativa milagreira não deve ser contida em seu primeiro assomo: por que continuar a trabalhar sobre si mesmo, quando já se sabe que amanhã o coração permanece o mesmo? Ela será abandonada quando lentamente se evidenciar que se trata de uma expectativa de escassa consolação, que é mais vantajoso abandoná-la e que fazer isso não é uma manobra de resignação, mas de astúcia. Infelizmente, a vantagem só será vista se houver, de fato, o abandono.

As expectativas realistas são mais libertadoras, mas também mais amargas. Favorecer a descoberta da própria dialética básica, na expectativa realista de que, no futuro, ela assumirá outras formas sempre novas e inéditas, significa dizer que o processo de autoapropriação suscitará consideráveis ansiedades e conflitos quanto mais notável e tanto mais ambiciosa for a meta que o justifique. Os colóquios, portanto, não dão garantia de serenidade. Ampliando o consciente e, por conseguinte, a liberdade e a responsabilidade, o que antes se padecia, hoje se deseja; o que na inconsciência era um esquecimento, hoje se torna omissão culpável. Assim se expressaram alguns que chegaram ao fim do acompanhamento: "Aquilo que anteriormente eu não sabia, agora sei, mas ai de mim! Um pecado que eu considerava venial, agora me dou conta de que é mortal"; "Realizar os colóquios de conhecimento me colocou em apuros! Antes, contentavam-me tantas historietas sobre mim, e até mesmo os outros tomavam-nas como verdadeiras; agora, ainda as narro para mim mesmo, mas já não acredito nelas...". Portanto, se você quiser permanecer no mundo dos sonhos, é melhor que nem sequer comece o caminho da consciência de si mesmo. O que o acompanhamento pode prometer é um pouco menos: reconhecer, futuramente, mais rápido e precocemente, o que hoje, graças ao acompanhamento, chegou-se a conhecer com tanto esforço e somente quando estava prestes a afogar-se. E, depois, o reconhecimento: a liberdade de administrar a própria liberdade; satisfação que não se pode ter sem o reconhecimento.

NA SUA GESTÃO IGUALMENTE PARADOXAL: QUANTO MAIS A DIALÉTICA SE TORNA CONSCIENTE E ACEITA, MAIS FÁCIL É ADMINISTRÁ-LA E MAIS FAVORECE OS *SERES HUMANOS* E, ESPECÍFICA E SURPREENDENTEMENTE, OS CRISTÃOS, QUE PODEM FAZER DA PRÓPRIA VIDA UM DOM DE SI

Quanto mais a dialética é consciente, tanto mais fácil é geri-la. De fato, se for inconsciente, é automática e repetitiva; uma vivência que está em mim e se move apesar de mim. Se, ao contrário, for consciente, é uma vivência que está em mim, mas se move comigo e diante de mim. É a diferença entre o ser induzido e ser livre. Se, por exemplo, não me dou conta de minha passividade e, talvez, a mascaro como disponibilidade, será difícil que eu mude; se, por outro lado, a vejo como é, será mais fácil perguntar-me se a quero, se me convém, quando e como me ajuda a ser disponível.

Isso se dá porque o engano do inconsciente é aquele de fazer-me crer como vitais exigências que não o são e que, ao contrário, colocam na sombra as verdadeiras; e fazer-me acreditar que, se satisfaço as primeiras, também as segundas ficarão satisfeitas. Vamos dar um exemplo. Suponhamos que minha verdadeira exigência diga respeito a minha identidade ("Quem eu sou? O que quero ser? A meu ver, sou amável?"), mas que, por várias razões, não consiga emergir à minha consciência ou não "quero" que emirja. O inconsciente, então, transforma-a em outro tipo de exigência, por exemplo, relacional ("Sou amado pelos outros? Para eles, quem eu sou?"). A essa altura, o que acontecerá? Pensando (falsamente) que a resposta dos outros seja para mim resolutória, os alvejaria com perguntas (falsas): "Vocês me amam? Por favor, amem-me! Suplico-lhes: amem-me! Digam-me que me amam!". Haverá quem diga que sim e quem diga que não. Contudo, visto que se trata de uma pergunta camuflada, transformada, que oculta a verdadeira (em nosso caso, de natureza atinente à identidade), ser amado, ou não, não é a resposta que quero saber, e, qualquer que seja, não me dará paz. Ainda que me respondam: "Sim, nós o amamos", não ficarei satisfeito. E insistirei: "Sim, mas quanto vocês me amam?". Mas tampouco isto basta, quando então perguntarei: "Vocês me amam de verdade?". Em seguida: "Demonstrem-no!", e ainda, depois: "Então, vou submetê-los à prova...", depois, depois... em uma insatisfação sem fim. Tornar consciente a verdadeira pergunta ajuda a saber a quem dirigi-la e a compreender a resposta que importa.

Favorece o dom de si. Este é o ancoradouro do acompanhamento, o ponto de chegada que justifica tudo o que se fez anteriormente. É o momento resolutório que indica a passagem do conhecer a si mesmo para o dispor de si mesmo, porque conhecer-se poderia também significar resignar-se a ser simplesmente humano. Conhecer-se e aceitar-se, como objetivos em si, são pouca coisa. De que serve reconhecer o lugar onde já se estava desde o início? Que sentido há em levar em consideração que a dialética entre grande coração e pequeno coração não acaba jamais? Se este é o final, é melhor – sendo extremo – nem sequer se conhecer e conservar a ilusão de ser como nos apraz pensá-lo. O conhecimento de si não comporta necessariamente a realização de si. Saber (mais ou menos) como (mais ou menos) somos feitos nada acrescenta e nada tira do ponto de partida, a não ser a vantagem e a desvantagem de sabê-lo.

"E agora?": eis a pergunta central, há muito tempo preparada e que deveria vir à tona. "E agora, que faço?", "Que faço com este conhecimento de mim mesmo?", "Em que direção me jogo?".[4] A consciência de si, a esta altura diante da gestão do próprio futuro, joga a nosso favor como energia que faz viver.

A fórmula "fazer da própria vida um dom" significa que o ser humano encontra o cumprimento de si fora de si, em um movimento de dom para fora. "Não é possível escapar à obrigação de abandonar-se a algo. Querendo ou não, cada um de nós deve renunciar a uma autonomia radical. Só podemos encontrar nosso centro fora de nós."[5] O resultado do dom de si é uma exigência psíquica e não uma tarefa adicional dada pelo cristianismo. A diferença cristã estará na identificação daquilo a que vale a pena doar-se e o grau de garantia oferecido. Mas o movimento de autotranscendência vale para todos. Em psicologia, foi formulado de diversas maneiras: a realização de si é o efeito não intencional da transcendência de si; a porta da felicidade se abre apenas para fora; o homem não consegue compreender-se senão seguindo percursos indiretos; ele chega a uma ideia diferente de si somente através do confronto com outras figuras diversas da sua; a pessoa humana é um ser relacional e, em tal relação, constrói a própria compreensão; nosso aparato psíquico não pode dar a si mesmo, sozinho, aquilo que deseja; o homem é uma singularidade insatisfeita, incapaz de, sozinho, chegar ao fim daquilo que ele começa; até mesmo o inconsciente tem uma

---

[4] Em *VI/2*, esta hora marcada é chamada de hora do desencanto, a hora em que – no itinerário rumo ao sentido total – se faz racionalmente uma escolha de coração, na passagem da responsabilidade ao dom de si": 109-131 ("Rumo ao sentido total").

[5] *VI/1*, 138.

estrutura relacional; nossa identidade é de natureza intersubjetiva". Em resumo, também a psicologia reconhece que, no final das contas, é preciso doar-se, ou seja, ligar-se a algo em um pacto recíproco.

Dar um dom de si mesmo é mais do que escolher com responsabilidade. Acrescenta-se à escolha que se faz o vínculo de obrigação para com ela. De fato, escolher e sentir-se vinculado a tal escolha não são a mesma coisa. Sob a ótica cristã, a cláusula do dom de si é autoevidente porque, aquele a quem nos doamos, é uma pessoa, Jesus Cristo. Sob a ótica somente humana, o elemento de dom e de vínculo é menos evidente porque é menos compreensível doar-se a uma ideologia ou a um valor abstrato.

Quem perde sua vida, encontra-a, ao passo que quem a quer conservar para si, perde-a, é uma regra que vale para todos. "Por bem ou por mal, o homem deve abandonar a pretensão de bastar a si mesmo, de ser dono absoluto da própria vida. Se não aceita fundamentar-se em algum 'para além de si', detém-se demasiadamente rápido e a dependência se reapresentará sempre; porém, neste caso, já não como solução desejada, mas como vingança da vida."[6]

---

[6] *VI/1*, 137. "Que o homem se venda, é uma necessidade; a quem vender-se pode ser uma escolha livre; em todo caso, já não se pode viver sem um patrão; cabe a nós decidir se escolhemos um ou somos constrangidos a aceitar outro. A pergunta correta sobre o homem não é se este tem necessidade de um fundamento, mas o que é que ele escolhe ou suporta como fundamento. A alternativa não é Deus-ateísmo, mas Deus-idolatria, ou seja, entre religião explícita e implícita. A liberdade pode eliminar Deus, mas seu lugar será assumido por um ídolo que destruirá a liberdade": *VI/1*, 139. Este fundamento de si mesmo acompanha até mesmo o caminho da fé cristã, mas com características próprias: *VI/1*, 140-141 ("O momento crítico da fé"), razão por que a

Contudo, a validade desta regra não pode ser demonstrada *a priori*. Vale o princípio "experimentar para crer". Somente quem o experimentou sabe que funciona. Durante a descoberta, sofre-se, mas *depois* de haver tentado descentralizar-se, descobre-se que a dialética do coração humano é mais fácil de gerir, e que aceitar ser simplesmente humano é uma grande coisa. E, no final, não se sabe nem mesmo por que é assim. Nenhum acompanhamento pode forçar essa descentralização; no máximo, chega a colocar a pessoa na possibilidade de fazê-lo.

Distinguir os tipos de tensão

Se a tensão é parte integrante da dialética do coração humano, como distinguir aquela que deve ser evitada da que deve ser aceita?

• *A tensão que faz crescer.* Indica a perda de correspondência entre a definição de si atingida até agora (mas que permanece tranquilizadora) e as exigências da realidade (e/ou do ideal de vida), as quais pedem ao "eu" que se reexamine e que perscrute melhor a realidade (e/ou ideal de vida). Essa exigência de atualização aumenta o sentido de realidade. Apesar da tensão do momento, o sujeito sabe reagir à dificuldade, até mesmo quando é frustrante, sem negá-la magicamente, nem tampouco agredi-la cegamente. Até mesmo o "eu" se redefine melhor: toma consciência dos próprios limites e do próprio potencial, e sintoniza-se em um nível realista de aspirações.

As escolhas tornam-se mais personalizadas e convictas. As experiências psicologicamente desestabilizadoras

---

decisão cristã é semelhante, mas também diferente de todas as outras: VI/1, 207-213 ("A decisão: experiência de estorvo").

que fazem parte do processo de crescimento são aceitas sem sofrimentos suplementares. A luta permanece, mas como atrativo estimulante.

• *A tensão que bloqueia* (além de condicionar). Indica a tensão entre estados interiores do "eu", contraditórios entre si e que a pessoa não consegue harmonizar. Expressa uma dificuldade de autogestão. É um sofrimento marcado por um senso de passividade impotente e se apresenta na maioria das vezes sob forma de experiência subjetiva de perigo e de fragmentação, que o surgimento de sintomas tenta conter, reduzindo o nível de angústia percebido e garantindo, assim, a sobrevivência psicológica, mas também certo controle sobre o próprio sofrimento. A derivação sintomática é o mal menor: "Faz-me sofrer, mas me salva!".

As escolhas tenderão a ter a função de proteger e de compensar os defeitos da estrutura de identidade, adaptadas e modificadas para tal fim (na medida proporcional ao grau de distúrbio do sujeito). Conseguirão circunscrever e silenciar os sinais de sofrimento até quando assegurarem a margem necessária de apoio, segurança e estrutura que uma identidade fraca não consegue garantir-se por si mesma.

* *A tensão que condiciona* (mas não bloqueia). Expressa que o "eu" se está definindo de modo pobre e limitado, e que igualmente redutivo é seu modo de interpretar o real e de traduzi-lo em experiência. É o efeito de uma resposta pobre ao "por quê" e "para quê" viver; o resultado de "palavras" não expressas ou ausentes, mas agora vitais; o sinal de que uma porção de vida é negligenciada (por exemplo, quando alguém começa a perceber que está exageradamente fundamentado sobre o reconhecimento da parte dos outros). Frequentemente se trata de uma tensão latente, porque a porção de vida deixada fora da própria experiência está também fora do próprio conhecimento, e o uso de mecanismos de defesa tem essa tensão fora do âmbito da consciência.

Com o tempo, leva a uma convivência resignada com a vida. As escolhas, uma vez diminuído o entusiasmo dos começos, adaptam-se a posições tranquilizadoras e repetitivas, e a paixão transforma-se em buscas de atalhos que garantam gratificação imediata a perguntas de importância bem diferente. Lentamente se abdica da busca.[7]

REFERÊNCIAS BIBLIOGRÁFICAS

✓ *Como falar de si no contexto formativo*

"Per un'efficace pedagogia: i colloqui di crescita vocazionale" (R. Roveran), in *3D* 2(2004), 172-181 (o acompanhamento é uma relação particular de ajuda, diferente da psicoterapia e da direção espiritual).

"L'ascolto di sè: equivoci e obiettivi" (S. Guarinelli), in *3D* 3(2005), 261-275.

"Ma cos'è l'insight?" (G. Vittigni), in *3D* 3(2010), 279-285.

"Il racconto della vita" (M. Bottura), in *3D* 1(2007), 32-41.

"Raccontare e raccontarsi (I-II); dalla scoperta del senso all'attribuzione di senso" (A. Cencini), in *3D* 3(2007), 249-255; 1(2008), 20-33.

---

[7] G. Terenghi, "Soffrire non fa sempre male", in *3D* 1(2006), 64-74.

"Formazione permanente del presbiterio; la potenza operativa del raccontare la propria fede" (G. Zanon), in *3D* 2(2007), 193-203 (como fazer o relato da própria vida na partilha presbiteral).

✓ *Visão realista de si*

"Come capire che il problema c'è?" (V. Percassi), in *3D* 3(2004), 314-324.

"Come far accettare che il problema c'è" (V. Percassi), in *3D* 1(2005), 81-92.

✓ *Como captar o pedido de vida que se oculta dentro de um problema; alguns casos e algumas dinâmicas comuns*

"Come capire che il problema c'è?" (V. Percassi), in *3D* 3(2004), 314-324.

"Convivere con le tensioni" (H. Zollner), in *3D* 3(2008), 313-322.

"Saper leggere oltre il problema" (S. Rigon), in *3D* 2(2006), 159-165.

✓ *Como compreender se a pessoa se encontra em um processo de mudança que durará também no futuro*

"Ma domani... come sarò? Restare in stato di crescita" (V. Percassi), in *3D* 1(2009), 8-16.

✓ *Como ler e tratar os conflitos*

O conceito de dialética básica e sua gestão comportam certo modo de explicar a existência dos conflitos: chamo-o de modelo dialético (ou do coração ambivalente), diferente do irênico (ou da paz originária) e do trágico (ou do conflito inevitável). Comporta também uma classificação dos conflitos em um duplo nível: conflitos ontológicos – expressão da ambivalência natural do coração humano e, portanto, componentes do viver e que devem ser aceitos – e conflitos caracterológicos, que são as dificuldades de funcionamento que, a certa altura, se inserem em nossa história e que, sendo limitações do viver, devem ser resolvidos. A gestão da dialética como dom de si implica também um recurso a mais no tratamento: à força do saber/introspecção e da estima/cuidado de si acrescenta a da invocação/confiança. Assim, também, introduz recursos suplementares, como o da denúncia e do testemunho. Para estes aspectos:

"Come leggere i conflitti" (A. MANENTI), in *3D* 2(2009), 162-174.

"Possibili rimedi ai conflitti" (A. MANENTI), in *3D* 1(2010), 75-84.

4

ENTRAR NA INTERIORIDADE. O CASO DA AVENTURA DE SOBREVIVÊNCIA

IDENTIFICAÇÃO

Filipe tem 27 anos. Vive sozinho. Trabalha como agrimensor em uma empresa de construção. No tempo livre, exerce a função de treinador de futebol de um time de adolescentes da igreja paroquial. Pede espontaneamente para falar de um problema pessoal. Chega pontualmente para o encontro; parece um rapaz discreto e tímido, às vezes carrancudo. Contribui com afinco durante todo o encontro, demorando-se, inclusive, em detalhes secundários. No final, sai bastante pensativo, pede para voltar e me reafirma a vontade de continuar buscando algo melhor para sua vida. Veste-se de acordo com a moda dos jovens e pode-se perceber seu asseio e ordem. Em um dos braços (mas na parte interna), tem uma pequena tatuagem representando um escorpião com a cauda erguida em sinal de ameaça; no outro, traz uma pulseira de couro negro, sobre a qual estão incrustadas diversas tachas pontiagudas, de metal.

REAÇÃO EMOTIVA DO FORMADOR

Filipe, apesar da aparência, inspira-me ternura e me sinto disposto a ajudá-lo. No entanto, não sinto empatia particular devido a sua busca de perfeição e de grandiosidade, que sinto excessiva: quando, com ele, aludo vagamente a estes traços, vejo que fica contrariado e sinto ameaçada nossa aliança. Sinto que, com ele, é preciso muita discrição.

Percebo que Filipe é disponível, mas distante. Não será conquistado pelo afeto, mas pelo respeito. Durante o colóquio, vem-me um acesso de tosse, e, vendo que se prolongava, Filipe oferece-me uma bala, que tira do fundo do bolso. Recebo-a de bom grado e peço-lhe que também pegue uma, ao que me responde: "Jamais chupo balas!". Foi significativo também um episódio precedente, no Natal: logo depois de termos terminado o encontro e nos cumprimentado, o porteiro me liga pelo interfone dizendo que há um pacote para mim. Desço e vejo que é de Filipe. É estranho – penso – que não me tenha entregado pessoalmente. Abro-o e vejo que é um manual de exercícios sobre artes marciais. Em um pedaço de papel, com letra apressada, está escrito: "Obrigado, F.". Intuo que seja Filipe.

ACOLHER O PROBLEMA APRESENTADO

Há alguns meses, Filipe manifesta no trabalho vários fenômenos físicos: palpitações, rubor na face, sudorese abundante, ardor no estômago que se espalha depois por todo o corpo. Ultimamente, esses fenômenos se ampliam também fora do trabalho, quando, por exemplo, está sozinho no restaurante com amigos. Quando ele manifesta esses fenômenos, por um lado se agita como um leão na jaula e, por outro, sente-se como um gatinho sob a chuva. O primeiro sentimento agrada-lhe, o segundo, intuo-o, a partir de sua maneira de falar dos sintomas. Quando está mal, começa a chorar, mas sempre escondido, porque não quer ser visto por ninguém "naquele estado de ternura". Admiro-me de que use o termo ternura em vez de fraqueza ou fragilidade: será que, para ele, a ternura é sintoma de fragilidade?

Devido a tais distúrbios e com a esperança de livrar-se deles, há uma semana pediu demissão do trabalho e, efetivamente, a partir daí os sintomas diminuíram. "Agora estou à procura de outro trabalho, porque, onde estava antes, a situação era muito violenta para mim e já não conseguia continuar". Pela maneira com que me fala de seu desconforto, fica claro para nós dois que, para ele, sentir uma inquietação significa sentir-se sob a violência de alguma coisa externa que se impõe sobre ele e o sufoca, razão por que deve ser derrotada com prepotência.

EXPLICAÇÃO DO PROBLEMA DADA PELO CLIENTE

1. *O ambiente de trabalho é competitivo.* "Agrada-me ter relações de amizade com as pessoas com quem trabalho; gosto de estar em harmonia com todos os meus colegas de trabalho. Em vez disso, percebi que muitos procedem mal em relação aos outros e são violentos; cada um pensa em defender-se dos outros". Para ele, ao contrário, não é importante nem a carreira nem o salário; tanto é verdade que sempre aceitou trabalhos esporádicos e abaixo de sua capacidade: "Mais que o dinheiro ou a carreira, busco uma união de ideais e de colaboração com os colegas". Por isso, no passado recente, havia sempre escolhido trabalhos relacionados à assistência: deficientes, idosos, serviços em domicílio e, agora – depois da demissão da empresa de construção –, pediu para ser admitido em uma cooperativa social para a assistência de jovens com dificuldades psíquicas. Esses seus

ideais de colaboração são motivo de desentendimento com sua mãe; para ela, o emprego e o salário são muito importantes, mesmo que não exista satisfação; para ele, é exatamente o contrário: primeiro a satisfação pessoal; depois, o ganho. "Dou mais importância aos relacionamentos do que às coisas materiais: dos colegas, espero aquilo que também dou: afeto, disponibilidade além do que se deve. Odeio injustiça: se dou 50, é justo que receba 50 de volta". Como se vê, Filipe está misturando afeto com respeito, colaboração com reconhecimento de si, oferta com presunção.

À minha objeção de que, a respeito do trabalho, as relações são necessariamente profissionais e não forçosamente de amizade, reage escandalizado. Eu insisto em dizer-lhe que, de fato, é assim: o trabalho não se fundamenta a amizade recíproca, mas sobre o rendimento, e esta é a regra (mesmo se discutível) da vida. Por isso, digo-lhe que me parece estranha toda a insistência sobre a amizade. Ele me dá uma resposta importante: "O que conta para mim não é a amizade, mas provar a mim mesmo que sou capaz de viver e sobreviver, apesar das violências sofridas no passado. Para mim, o trabalho com os jovens carentes é como uma carta de crédito para demonstrar que não sou como meus pais".

2. *Minhas aspirações permanecem frustradas.* "Na vida, gostaria de realizar algo que me desse orgulho de fazer"; "Sempre busquei fazer as coisas com o máximo empenho, mas (sorri!)... não se pode ser sempre o primeiro em tudo, embora o quisesse. Se, pois, não alcanço aquilo a que aspiro, se encontro tantos obstáculos, então me enraiveço, deixo tudo e mudo de caminho". A respeito deste tema, no qual Filipe confunde a busca por sentido com superioridade pessoal, ele prolonga-se muito. Filipe não aceita rotina,

repetitividade; busca sempre as coisas muito evidentes, as sensações fortes, os desafios, e comenta com sinceridade e honestidade absolutas: "Talvez eu queira a grandeza...".

COMO O CLIENTE SE DEFINE

"Os outros dizem que sou uma pessoa fria, cínica. Não creio que o seja, mas faço parecê-lo, porque não demonstro tão facilmente meus sentimentos. Considero-me uma pessoa rebelde: se uma coisa me é solicitada, avalio o pedido e levo em consideração a opinião dos outros; mas, se me for imposta, ainda que fosse da mesma opinião, passo para o lado oposto e digo não". O bordão é sempre o mesmo: "Não suporto essas violências".

ESTILO HABITUAL DE VIDA

Visto que não compreende a que me refiro com a expressão "estilo de vida", explico-lhe que cada um de nós tem um modo costumeiro de reagir à vida, e isso pode ser visto principalmente quando existem dificuldades.

Essa explicação não o ajuda muito, e procuro inseri-la em seu contexto de vida: "Como você faz para não sucumbir à violência? Encontrou fórmulas pessoais de resistir às imposições?".

Conta-me, então, a respeito de sua atividade preferida, a que ele chama de "sobrevivência de aventura" (este título revelar-se-á como sua lógica de vida). Filipe aventura-se em muitas atividades a fim de medir seu nível físico e sua capacidade de resistir ao esforço. Ele me faz uma descrição de tais atividades: tapa o nariz e a boca, e conta quantos segundos consegue resistir sem respirar; faz flexões e, a cada vez, aumenta-lhes o número; agradam-lhe as artes marciais; fantasia estar em um deserto, em situações de guerra ou de inundação, e imagina o que poderia inventar para sobreviver... E diz que gosta dos cabelos curtos porque o tornam mais ágil. Observo sua pulseira com as tachas e somente agora percebo que suas calças jeans se assemelham ao macacão adaptado dos fuzileiros navais americanos. Pergunto-lhe como esses exercícios podem ser tão importantes para ele: Filipe acha que, se conseguir fortalecer seus músculos, pode encontrar melhor seu lugar na vida e, uma vez tendo certeza de não ser humilhado, mostrar seu lado afetuoso.

Percebendo que não o julgo, prossegue e revela-me, inclusive, um segredo: quando está sozinho, coloca-se diante do espelho em posturas ameaçadoras e de guerrilha, a fim de ver que sensação experimenta. À medida que me descreve todos esses exercícios, foca sempre mais o aspecto de certa teatralidade deles, tanto que – com a mesma sinceridade e honestidade já demonstradas antes, quando me dizia "talvez eu queira a grandeza" – agora comenta: "Eu devo admitir que tenho medo do desconhecido e do futuro... Não sei se tenho as armas para...".

ALGUNS EPISÓDIOS SIGNIFICATIVOS

Os pais separaram-se quando ele tinha 13 anos. Peço-lhe que me fale de sua reação àquele acontecimento. "Eles pensavam somente em brigar, não se davam conta de mim; eu procurava aproximar-me deles, mas eles não tinham tempo para mim; não me retribuíam a atenção, e isto me causava repulsa em relação a eles, desprezo. Quando meu pai saiu de casa para ficar com outra mulher, não levou em conta que tinha três filhos: não se importou com nós três! Foi embora e pronto; aliás, de mim, que era o mais velho, queria aprovação". Expresso em palavras sua reação: "Vejo que para você foi uma grande afronta". "Exatamente: eles se separaram justamente quando eu me encontrava às voltas com as provas da escola; podiam ao menos ter esperado! Justamente quando eu mais precisava de cuidado e de atenção, precisamente então me deixaram sozinho!". Vê-se que está com raiva.

Descreve o pai como um tipo violento, autoritário, que quer sempre ter razão. "Frequentemente temos discussões, e ele jamais leva em conta meu ponto de vista; eu, no entanto, não sou estúpido e não me deixo atemorizar: rebato suas ideias, resisto, crio polêmica...". Quando Filipe se mostra assim, forte e reativo, o pai fica em silêncio.

Com a mãe, ao contrário, Filipe é resignado: sabe que ela, agora, gostaria de falar com ele, mas ele se cala e a ignora. Coloca-a a par apenas de decisões tomadas.

Depois da separação dos pais, Filipe havia optado por passar quase todo o tempo com o avô. Voltava para casa somente para dormir. O avô é que o ajudava nas tarefas escolares e era "o único que vinha ver-me quando jogava bola no campinho da paróquia". O avô, um ano depois, morre inesperadamente, depois de apenas três semanas de uma doença claramente reconhecida (tumor). Filipe fala longamente a respeito, e aqui, muda o tom de voz: é mais triste, calmo, desnorteado. "Meu avô gostava muito de mim, tínhamos muitos interesses comuns, ele tinha tempo para mim (conta muitas lembranças de relação positiva), e eu também era muito ligado a ele... E depois, subitamente, você vê uma relação rompida". Filipe sente dor e ceticismo: dor pela morte, ceticismo pela relação despedaçada. Quis despedir-se do avô ficando sozinho no necrotério e ali se esforçou para não chorar. Durante o funeral, ao contrário, permaneceu impassível, e, diante de tanta imperturbabilidade, seu pai congratulou-o por essa sua "reação de adulto".

RELAÇÕES DE AFETO

Teve várias namoradas que ele mesmo deixou de lado, depois, por diversos motivos. Contudo, antes de entrar neste capítulo, faz questão de esclarecer que se considera um cara afetuoso (até aquele momento não me parecia assim). Suas histórias foram um pouco turbulentas. Há dois anos tem uma namorada com quem gostaria de casar-se: "Sinto-me muito bem e temos os mesmos interesses. Ela está bastante apaixonada e satisfaz meus desejos. Com prazer, faz tudo o que amo: montanhismo, motociclismo, busca de cogumelos. Talvez esteja mais apaixonada do que eu". Ultimamente, o relacionamento é menos idílico, porque ele – sentindo-a assim ligada – tende a descarregar sobre ela suas tensões e diminui os contatos porque se sente como se tivesse uma coleira.

Para dar-me uma ideia do tipo de relacionamento entre eles, conta-me um fato significativo: há dois meses, quando ela estava se aproximando mais dele, com mais afeto, justamente então ele se afastou mais. Em seguida, para não perdê-la, reaproximou-se, e ela apressou as coisas para irem viver juntos. Mas ele não estava disposto e voltou a desacelerar o relacionamento. "Contudo, no começo você me disse que era você quem queria casar-se com ela", "É verdade, mas a ideia da convivência ou do matrimônio me faz ter palpitações, não tanto pela vida cotidiana que o casamento comporta, mas pelas emoções que ele implica!". Esse estilo de aproximação-afastamento caracteriza também os gestos de amor entre eles: se ela se aproxima demais, ele sente-se violentado; se ela se afasta demais, ele sente-se abandonado e se reaproxima dela. Relata um exemplo típico desse movimento oscilante: ele havia compreendido que devia dar o primeiro passo, mas ficou imperturbável e esperou que fosse ela a aproximar-se; quando esteve certo da disponibilidade dela, em vez de responder com gentileza, descarregou sobre ela o próprio descontentamento.

COMPREENDER

O MUNDO DO "EU" IDEAL

Leiam-se as informações biográficas até agora reunidas com as questões a seguir:

- Qual é a grande aspiração de vida de Filipe, ou seja, de acordo com ele, onde está a felicidade (valores finais)?
- Quais são os meios (valores instrumentais) que Filipe usa para realizar sua meta de felicidade?
- Quais são os traços que caracterizam seu grande coração?
- Dentre esses traços, quais são os que devem ser reforçados e encorajados (porque são garantia de bem-estar) e quais, ao contrário, são enganadores?

Uma hipótese possível:[8] as grandes aspirações de Filipe são as de fazer algo grande que lhe dê orgulho de haver realizado, de viver as dificuldades, de poder reconhecer-se como válido e ser reconhecido como tal também pelos outros. Nesse

---

[8] Falo de "hipótese possível" porque as compreensões que temos da interioridade dos outros jamais são verdadeiras no sentido de verdades inapeláveis, mas verdadeiras no sentido de leituras coerentes e úteis, que tornam inteligível o que acontece.

projeto, não entra a importância da materialidade, mas das relações. Se encontra boas relações, doa-se com alegria. Filipe tem índole generosa e sente vontade de colocar-se à disposição. Seu agudo senso de respeito faz dele um jovem honesto. No entanto, é também uma idealidade um pouco inflada e às vezes irrealista, caracterizada por uma perfeição de si e por expectativas em relação aos outros difíceis de alcançar.

O MUNDO DO "EU" ATUAL

Leiam-se as informações biográficas até agora reunidas com as questões a seguir:

- Qual é o núcleo central da sensibilidade interior de Filipe ("eu" atual)?
- Quais são os sofrimentos que têm o poder de bloquear suas buscas?
- Que sentimentos as dificuldades da vida suscitam nele?
- Qual é seu modo atual de organizar a própria existência?

Uma hipótese possível: Filipe tem uma ojeriza espontânea à violência. Violência é uma palavra que ele mesmo usa com frequência e que, para ele, indica o conjunto de dificuldades que a vida pode reservar e que imediatamente percebe como algo que enlameia ou obstaculiza sua honra. A violência (as dificuldades) o paralisa, prejudicando-o até mesmo fisicamente; é como se ele já não existisse, porque se sente humilhado, nem tampouco os outros, porque o fizeram ficar com raiva. Nesse vazio, nada mais lhe resta senão sentir-se frágil e despreparado para o perigo. Contudo, a fim de não chegar a sentir-se um perdedor, constrói artificialmente para si uma imagem guerrilheira de si mesmo, a qual alimenta sua fantasia de desejos que dificilmente se realizarão, mas que o fazem sacar a arma da vingança e do desaforo. Agindo assim, cai ele próprio na cultura da violência que tanto o aborrece. Seu lado afetuoso não pode certamente manifestar-se.

O MUNDO DO SENTIR

Filipe – pelo modo como fala das próprias experiências e pelas emoções que me transmite – dá a impressão de ser um lutador tenaz, mas destinado a ser um perdedor. De fato:

- Diz que age em defesa dos próprios objetivos, mas tem um "corpo" ferido que lhe atesta a possibilidade de não ter êxito. Tenacidade (praticada) – dúvida (inconfessa).
- Com satisfação, faz questão de dizer que "sempre procurou fazer as coisas com o máximo empenho" e demonstra-o com vários exemplos. Mas quando, sorrindo, diz que "não se pode ser sempre o primeiro em tudo", o faz com um sorriso amargo. Vitória (buscada) – derrota (constatada).
- Quando seus relatos o impelem à tristeza, ele, com genial inspiração, corrige imediatamente a rota, explicando que, "se não alcanço aquilo a que aspiro, deixo de lado e mudo", dando a entender que se trata de uma superioridade desdenhosa em relação aos outros e não de uma fuga. Tristeza (evitada) – orgulho (defendido).
- Descreve os exercícios de "aventura de sobrevivência" com muita satisfação própria e agrada-lhe mostrar-se a mim assim obstinado, mas depois muda de humor quando me mostra que sua vida transcorre sobre outros trilhos. Coragem (ostentada) – desorientação (velada).
- Revive a experiência do divórcio dos pais com raiva e indignação por não ter sido respeitado em seus direitos

de filho; entretanto, continua a acreditar no verdadeiro amor, experimentado por ele com o avô e inabilmente buscado com sua namorada. Perseverança (mantida) – raiva (sofrida).

Nessa polifonia de sentimentos estão emergindo lentamente as polaridades de sua dialética básica: amar/competir, enfrentar/fugir, buscar/sobreviver, vencer/sucumbir... Não são essas ambivalências que a virtude da esperança pretende socorrer? Para Filipe, parece ter chegado justamente o momento de encontrar-se/embater-se com essa virtude.

CAPTAR O ESTILO DE VIDA

- Para Filipe, em seu mundo ideal, as relações são mais importantes do que a materialidade, e, para demonstrá-lo, está disposto a envolver-se, disponível, inclusive, para dar além do que é devido e com a máxima dedicação. O sucesso é também um ideal de plenitude que o atrai: quer fazer bem as coisas que realiza, experimenta outras novas, e, se não alcança o objetivo, em vez de resignar-se, o abandona e o muda. Para ele, o importante é viver melhor e enfrentar o futuro com menos medo e mais decisão. Ele faz isso bem, muito bem, mas apenas por breve tempo.
- Em sua vida prática, nem tudo transcorre tranquilamente. Em um mundo que frustra (e que ele chama de violento), a necessidade de relações cede lugar à raiva, e o projeto da "aventura de sobrevivência", de exercício de vida, transforma-se em desafio contra os adversários. Na vida, sente-se perdedor; nas fantasias, onipotente. Quando se sente perdedor, recorre à fantasia. Quando está na fantasia, fica decepcionado com a realidade.

- A discrepância entre a idealidade e a atualidade vivida leva-o agora a sérios momentos de desequilíbrio psicofísico que se estão ampliando desmesuradamente, inclusive, para além do âmbito do trabalho. O próprio corpo de Filipe está assumindo a tarefa de adverti-lo de que é preciso outras respostas diferentes daquelas dadas até agora.
- A pergunta que Filipe está apresentando poderia ser: como se faz para viver e sobreviver com as dificuldades da vida?
- Ele tenta várias respostas: às vezes foge; às vezes faz exercícios; às vezes dá vazão a sua angústia com quem sabe que lhe quer bem, tanto bem a ponto de suportar sua raiva (a namorada); às vezes se finge de impassível e vitorioso. No entanto, para o hoje de sua vida, estas já não são respostas às dificuldades, mas um protesto contra a existência delas. E já não funcionam. Que as respostas sejam de despeito e não de confronto com a realidade, demonstra-o o fato de que Filipe não foge somente quando se cria flagrantemente um conflito (por exemplo, com os colegas), mas também quando o relacionamento se torna mais profundo (por exemplo, com a namorada), para que não aconteça de sofrer novamente, quando, afeiçoado ao avô, teve de padecer o sofrimento da perda.
- Filipe ainda deixa aberta sua dialética básica: até o momento, encontra-se no estado de oscilação. Aproximar-se ou distanciar-se? Abrir-se ou fechar-se? Esperar ou declarar guerra? Construir ou combater? Se tivesse fechado a dialética e "dogmatizado" suas respostas atuais, teria (infelizmente) colocado o coração em paz. Em vez disso, ainda está vivo: até então e felizmente, não assumiu um posição categórica: oscila entre sentir-se um pombinho molhado no meio da neve e um guerreiro solitário e orgulhoso.

O que ainda o mantém vivo não é – como ele supõe – a raiva ou sua onipotência: estas são o rosto de sua fraqueza. Ao contrário, o que o mantém vivo são seus sentimentos afetuosos, em relação aos quais, porém, ele é muito cauteloso e relutante. Ao contrário, justamente deles é que virá a solução quando ele tiver a força de satisfazê-los. Em chave espiritual, poderíamos qualificá-los como o presente mais belo e personalizado que Deus lhe deu, mas que ele não sabe desfrutar. Seus sentimentos afetuosos são sua força, mas, não sabendo lidar com eles, tornam-se sua fraqueza. Por um lado, mantêm-no aberto à esperança, conservam-no sensível aos outros, a ponto de nutrir ideais (embora irrealistas), como o de imaginar as relações de trabalho à maneira de relações fraternas. Por outro, abrem-no a uma exposição sentimental que ele não sabe controlar: quando tais sentimentos são humilhados (como é real que isso aconteça), ele ativa outro registro.

Perante a realidade que o frustra, seu pequeno coração lhe diz para defender-se com a técnica da fuga e da fantasia. Mas seu grande coração lhe obstrui a fuga porque não para de recordar sua necessidade de ser reconhecido e de encontrar um lugar na vida. Não sabendo o que fazer, com os outros faz um pacto de não beligerância: se você me der, eu lhe darei ainda mais; se você não me satisfizer, não o satisfaço. Mas a felicidade e a duração do encontro serão incertas, porque, com a carência de afeto que Filipe tem, é-lhe difícil estabelecer quando já recebeu o bastante, quando é que já igualou a quanto ele deu, bem como quando evitar a tentação de subjugar a quem o ama.

- A forma que a dialética básica assume nesse jovem, devido a sua vivência personalíssima, poderia ser expressa com a seguinte hipótese: por um lado, dar e receber colaboração segundo um estilo de viva participação altruísta; por outro, a raiva por causa de um mundo que o ignora ou que até mesmo lhe arranca o que tem. Por um lado, ter confiança nos outros, mas com um conjunto de recordações lembrando que se trata de uma *aventura* aberta à desilusão; e, por outro, preocupar-se com a própria *sobrevivência* em uma alternativa de luta e de solidão. Muitos são os sentimentos que essa dialética básica aciona: de abandono e de busca, de raiva por males recebidos, de falta de confiança em si mesmo, de recuperação, na fantasia, da própria grandeza.

ANÁLISE E INTERVENÇÕES EM SETORES: DO GLOBAL AO PARTICULAR

A esta altura, tendo alcançado certo contato com o funcionamento global de Filipe, pode-se trabalhar em uma ou outra área de sua vida, mas na ótica da equifinalidade: qualquer que seja a área escolhida, será trabalhada em prol do melhoramento do estilo de vida total e da melhor gestão da ambivalência de seu coração.

QUE HIPÓTESE FORMULAR A RESPEITO DA RELAÇÃO ENTRE SINTOMAS FÍSICOS, TRABALHO E VIOLÊNCIA?

Ao enfrentar o mundo do trabalho, Filipe é favorecido pelo fato de senti-lo como um meio para a realização dos valores mais elevados da partilha e do bem comum. Ou seja, preserva-o de descer a concessões que o tornariam um vendido.

Entretanto, quando o ambiente não lhe oferece imediatamente essa possibilidade (como é o caso do ambiente competitivo profissional, diferente do colaborativo do voluntariado), sua idealidade transforma-se em perfeccionismo, em razão do qual sua dificuldade normal se transforma em impossibilidade, que o leva a fugir.

No contraste entre real e ideal, não sabe encontrar mediações mais úteis.

Mudar de trabalho, certamente, não resolve o problema, porque, aonde quer que vá, nada do que é real jamais será o berço do ideal. Por outro lado, para inventar melhores soluções, é preciso interrogar a si mesmo, e, quando Filipe o faz, depara-se com um torvelinho de sentimentos que vão da humilhação à raiva, da sensação de insucesso à pretensão de superioridade.

O sintoma físico indica-lhe, portanto, que aí está em jogo um problema vocacional, no sentido de que corre o risco de pôr em perigo a própria vida, e até Filipe o percebe, porque pediu ajuda a um formador, e não a um psiquiatra.

O QUE PENSAR DO FATO DE SE CONSIDERAR REBELDE?

Sentir-se um rebelde confere a Filipe uma aura de desforra. Faz papel de rebelde, mas não o é. É alguém que busca orientar-se no redemoinho da vida.

Seria um erro se o formador começasse por remover-lhe essa crosta rebelde, ainda que com o apelo para ser mais paciente, humilde, tolerante.

Sentir-se um rebelde e deixar que Filipe se sinta assim é uma força da qual o formador deve servir-se a fim de estimular o processo de crescimento, porque exprime a determinação de quem não quer resignar-se. Criticar a revolta como arrogância, orgulho, impaciência... seria grave erro. Seria como quebrar as pernas de Filipe. Sobre essa capacidade de reagir, o formador pode, desde o início, estabelecer uma aliança de desafio partilhada ("Você tem garra para obter o que lhe é importante"). Pode recorrer a ela para levar Filipe ao seu "eu" mais autêntico ("Com a garra de que você dispõe, pode deixar de esconder seus problemas"). Pode recordá-la como incentivo nos momentos futuros de aviltamento ("Vamos conseguir também desta vez"). É verdade que, na situação atual, é uma revolta rancorosa que coloca Filipe na categoria dos perdedores, na realidade, e na dos prepotentes, na fantasia; contudo, se for ajudado a viver tal rebeldia com competência, estará mais propenso a desfazer-se dos elementos derrotistas e a conservar os propositivos.

SEPARAÇÃO DOS PAIS: DO QUE OS ACUSA?

Filipe não reclama de não ter sido amado, mas de não ter sido reconhecido em seus direitos, e hoje não vive em busca do afeto que não teve, mas de respeito. Faz disso uma questão de direitos vilipendiados. De fato, vive a separação dos pais como uma ofensa ao reconhecimento de si mesmo, razão por que, mais do que sentir-se abandonado (não lhe é difícil ficar sozinho), sente-se vítima da violência dos outros, que se revelaram pessoas desumanas e que não merecem nenhuma compaixão. Ainda hoje exprime esse lamento contra a injustiça sofrida com o pai, de forma ativa (cara a cara) e com a mãe, de forma passiva (frio e cínico). Consolá-lo pelo amor não recebido seria responder a uma situação que não é a de Filipe.

MORTE DO AVÔ: POR QUE DEMONSTROU CETICISMO E SUFOCOU AS LÁGRIMAS? NO ENTANTO, ELE O AMAVA!

A relação com o avô era uma área protegida. Nele tinha encontrado uma pessoa de referência que lhe havia dado tempo e permissão para viver. Perdendo-o, perdeu a parte afetuosa de si mesmo. Sua reação não é ceticismo frio. Ao contrário, é a expressão mais extrema da dor, uma dor que é tanta que já não há lágrimas. Comportando-se nos funerais como imperturbável (ou considerando hoje ter-se comportado assim), não quis renegar uma experiência bela e anulá-la da memória, mas, longe disso, reconhecer que uma experiência assim lhe é tão importante e vital que sua ausência o deixa aturdido e incrédulo. Hoje também, por trás do ser cético e carrancudo, há um coração que busca e que, secretamente, lhe deixa um presente.

COMO É POSSÍVEL DEFINIR-SE COMO AFETUOSO? COM BASE EM SUA FALA, NÃO PARECE DAR ESSA IMPRESSÃO

Filipe tem vontade de ser afetuoso, mas não se pode permitir isso, a não ser fazendo-o às escondidas. Não busca amor, mas respeito. Sem o respeito, fecha-se. Para ele, buscar o amor é um caminho muito elevado e traiçoeiro: a vida indicou-lhe que não está ao alcance da mão e tampouco tem um final feliz. E em sua fantasia, infla-o como se fosse um caminho de entendimento sem obstáculo.

Entretanto, não fechou seu coração: quer chegar ao amor gradativamente; embora com todas as cautelas do caso, está disponível a querer bem. É como se dissesse: "Se você quiser demonstrar-me amor, estou de acordo; mas não me ameace com seus abraços; em primeiro lugar, pelo menos, não comece você também a prejudicar-me".

Seria um grande erro se o educador abraçasse esse jovem com gestos e palavras de consolação, consternação, ternura, proximidade calorosa em vez de respeitosa: tocá-lo desse modo o tornaria cauteloso e/ou dominante no relacionamento. Um abraço assim seria rejeitado. Filipe busca o vínculo em um nível mais protegido. É preciso que o educador esteja atento a amar Filipe do modo segundo o qual Filipe precisa ser amado, e não segundo a própria espontaneidade. Igualmente deletério e repetitivo do estilo do cliente seria irritar-se quando dá sinais de desafio e de provocação: reagir assim, quando ele "dá socos", seria reforçar a mesma reação dele aos socos que recebe da vida.

Quando a sensibilidade foi seriamente ferida pela vida, só pode ser expressa cobrindo-a com um véu, e, para socorrê-la, é preciso respeitar esse véu. O afeto de que Filipe tem necessidade é uma presença respeitosa, que mantém distância, que se exprime com a disponibilidade em comprometer-se com ele de modo delimitado e sistemático, que usa um jeito de falar de quem sabe – sem verbalizá-lo demasiadamente – que se encontra diante de uma pessoa séria, determinada. Filipe precisa de um modo de amar sem tocar, não expresso, que transmite amor. O nexo que o educador deve buscar com esse jovem não é com o menino que está nele, magoado ou enraivecido, que faz birras, mas com o homem que gostaria de conseguir algo, poderia conseguir algo, mas não sabe como agir.

QUE TIPO DE RELAÇÃO MANTÉM COM A NAMORADA?

Filipe sabe do benefício que traz ter relações íntimas, seja porque não as teve (pais), seja porque lhes experimentou uma amostra (avô). Mas também aprendeu que o mundo da intimidade faz sofrer. Teme e deseja amar. Esse movimento tortuoso é, com sua namorada, imediatamente evidente. Quando um se aproxima, o outro se afasta. Filipe faz como o leão que, depois de ter devorado uma gazela, vê outra ao lado mas não se importa, enquanto não voltar a ter fome. Deve-se observar que ele jamais nos descreve os sentimentos e desejos de sua namorada.

Esse aproximar-se e afastar-se é devido ao fato de que Filipe não consegue desmitificar a suspeita de que permanecer implica o sofrimento da perda. Mas pode também indicar a incerteza de ambos a respeito da consistência do relacionamento deles: se o amor os aproxima, as rusgas os distanciam porque ambos antecipam – sem sabê-lo – que, no futuro, elas serão os verdadeiros venenos para o amor. O que engana atualmente é que o movimento pendular atual produz certa passionalidade, a qual confere ao relacionamento deles uma aparência de verdadeiro amor: quando se separam, lamentam o lado bonito de seu amor, e, quando se reencontram, surge o lado feio. Nesse vaivém, tanto ele quanto ela não sabem unir o contato e a distância que toda relação de amor comporta, não sabem quando é o momento de aproximar-se e quando é o de distanciar-se; daí um dos dois sempre falta ao encontro. Há elementos suficientes para o caos diante de um projeto de matrimônio, como honestamente o admitiu Filipe.

No final da investigação, se nos perguntamos com que nos deparamos, podemos responder que, em cena, vimos três representações entrelaçadas: alguns problemas psicológicos muito personalizados; certas questões antropológicas que a existência como seres humanos comporta; e as vicissitudes da esperança, quando se desce à vida concreta.

REFERÊNCIAS BIBLIOGRÁFICAS

✓ *Os filhos do divórcio: no caso apresentado, aparece a influência do divórcio dos pais sobre as vivências afetivas subsequentes dos filhos. Podem-se reduzir os danos? Alguns conselhos práticos*

"I genitori si separano: che fare con i bambini?" (Redação), in *3D* 2(2004), 204-208.

"Figli del divorzio: che fare con i figli adolescenti?" (A. Manenti), in *3D* 1(2009), 99-103.

✓ *O passado para um futuro que dure*

"Cosa ne facciamo del nostro passato?" (A. Peruffo), in *3D* 2(2007), 182-192.

"Di madre in figlio? Cure parentali e sviluppo della personalità" (E. Brena), in *3D* 1(2005), 50-61.

✓ *Como acolher e restituir a vivência dos outros*

"Os cristãos, especialmente os pregadores, muitas vezes creem que devem sempre 'oferecer' alguma coisa ao outro, quando se encontram com ele; e o consideram como sua única missão. Esquecem-se de que escutar pode ser um serviço bem maior do que falar. Muitas pessoas buscam um ouvido pronto para escutá-las, mas não o encontram entre os cristãos, porque estes falam até mesmo quando deveriam escutar" (D. Bonhoeffer).

"L'ascolto come decentramento da sì" (R. Roveran), in *3D* 1(2007), 42-50. 2007), 42-50.

"La relazione di aiuto", in *VI/1*, 221-232 (identificação projetiva, esclarecer as expectativas, não é uma relação de amizade, a autocrítica do orientador e a verificação de suas projeções).

"L'inquietudine dell'altro; a proposito di empatia e identificazione proiettiva" (S. GUARINELLI), in *3D* 1(2007), 8-18.

"Con empatia" (R. CAPITANIO), in *3D* 1(2010), 8-16.

"Con empatia, oltre l'empatia" (Id.), in *3D* 2(2010), 166-175 (a empatia é a capacidade de não somente colocar-se no lugar do outro como também de manter distância. Sem uma distância ideal, pode-se, inclusive, enganar).

5

DEFINIÇÃO DE INTEGRAÇÃO PSICOESPIRITUAL E DE *WILLINGNESS*

A integração é o processo que me consente organizar e reorganizar continuamente minhas energias psíquicas (de mente, coração e vontade) em torno de um centro vital, segundo um movimento de adaptação recíproca, jamais completado definitivamente. O centro é vital porque o escolhi deliberadamente, desejo-o afetivamente e considero-o central para minha idealidade, ao qual, por isso, quero confiar-me e sobre o qual faço depender minha honra e minha amabilidade; e é em referência a ele que posso conferir ordem e unidade às partes de minha vida. O movimento de adaptação recíproca entre o centro vital e minhas energias psíquicas é o de "assimilação", em mim, desse centro e de "acomodação", de minha parte, a esse centro de aprendizagem e de seguimento.[1]

CENTRO VITAL: EXIGÊNCIA UNIVERSAL E PSÍQUICA

Encontrar um centro vital não é tarefa reservada a quem explicitamente acredita em Deus, mas é uma exigência

---

[1] Esta definição retoma os elementos que constituem a autoestima como experiência sensível da própria identidade composta pelo "Eu atual" e pelo "Eu ideal" (cf. *PeF*, 141-152: "A autoestima") e retoma o tema dos valores como realidade autodefinitória (cf. *VI*/1, 15-16; 60-63).

psíquica válida para a personalidade humana *na condição de ser humano*. De fato, para a consecução de um bom funcionamento humano, há a exigência psíquica de:

1. Ter um centro vital que confira unidade a si mesmo – apesar da diversidade –, continuidade de mudança, projeção mais forte dos condicionamentos, orientações para planejar o próprio caminho.
2. Fazer evoluir o autodesenvolvimento até um estágio de confiança de si mesmo a um centro externo a si mesmo. O momento do confiar-se (ou seja, da fé como dinâmica psicológica) chega, cedo ou tarde, para todos, sejam crentes ou não crentes. Ninguém basta a si mesmo e ninguém pode viver sem confiar ou confiar-se a pessoas, ideais, sonhos, apostas, ídolos, deuses, patrões, parceiros...;
3. Viver a dinâmica do confiar-se sobre bases predominantemente afetivas, que não são irracionais, mas super-racionais. Individuar o tesouro da própria vida, considerando-o objetivamente como tal, é uma questão de coração[2].

INTEGRAÇÃO COMO PROCESSO E NÃO COMO ESTADO FINAL

Integração não é sinônimo de perfeição. Não é uma meta que aparece somente quando acaba o acompanhamento. É sempre algo penoso, fatigante, de renegociação à medida que a vida acontece. O coração integrado não é jamais inteiramente integrado, nem consigo mesmo nem com seu centro vital, e não é garantido que se mantenha assim pelo resto da vida. Inclusive, nos momentos de interrupção, as

---

[2] Cf. *VI/1*, 59-71 ("O desejo") e 165-178 ("As ilusões da autogestão").

transgressões, os desvios não desativam – *ipso facto* – o processo de integração.

Ao acompanhamento não interessa a completude/perfeição do resultado ("Vá tranquilo... agora você está bem"), mas sim ativar um processo de crescimento que continue, inclusive, quando o acompanhamento tiver sido concluído. Isso porque ele não quer mudar as pessoas, mas acionar ou manter vivo um movimento de mudança que prossiga também no futuro.

Para exprimir esse conceito, quando falo aos formadores vocacionais, gosto de usar a metáfora do cavalo de corrida e do burro de carga. Ingenuamente, os formadores gostam de ter rapazes ou moças que se tornem cavalos de corrida e sonham que eles mesmos são capazes de ajudá-los/las a tornar-se como tais (isso é tão verdadeiro que, ao primeiro obstáculo, ele os dirigem, apavorados, ao psicólogo!). Contudo, o cavalo de corrida, depois das arrancadas iniciais, ou terminada a corrida, detém-se esgotado, e cedo ou tarde retira-se das corridas. O burro de carga, no entanto, avança lentamente pela trilha, às vezes à beira do precipício, tanto que parece quase precipitar-se; às vezes empaca e não se move de onde está, mas, no final, chega ao seu destino. Queremos pessoas transformadas ou que permaneçam em estado de mudança progressiva? Cavalos de corrida ou burros de carga? Pode-se falar de integração também para o padre que não respeita o celibato, porque existem várias maneiras de não respeitá-lo, tal como há vários modos de trair a própria mulher.

O que decide se as transgressões estão ou não dentro de um processo integrativo é o modo pelo qual se realizam: de inclusão ou de exclusão. A modalidade de exclusão é quando a transgressão em curso é vivida como "a" solução que denuncia a inverdade da escolha precedente; a modalidade de inclusão diz que a novidade não é exatamente a própria "casa" finalmente encontrada, mas indica a exigência de reparos a serem feitos na velha com a qual ainda continua a identificar-se.[3]

INTEGRAÇÃO COMO EXPANSÃO E VERSATILIDADE DAS EXPERIÊNCIAS AFETIVAS

Erroneamente se pensa também que o coração integrado esteja em uma espécie de enlevo extático, veleje no mundo sublime das alturas, em incontaminada harmonia com seu centro vital ("Só penso em você", "Em meu coração só existe você", "Jamais o/a deixarei..."). Isto, para dizer a verdade, é um coração monótono, que não sabe ritmar-se com os tons do pequeno coração, que sinaliza um aumento de desconforto justamente quando se realiza um aumento de aproximação ao centro vital.

A integração é dilatação de todas as experiências afetivas, e não seleção das "positivas" e apagamento das outras. Paradoxalmente, quem é mais integrado é também quem sente mais viva a voz de seu pequeno coração e sua dialética básica.

O coração integrado é dilatado para o alto, mas também para baixo, mais sensível ao fulgor, inclusive, quando não é tão vistoso, mas também às mesquinhezes igualmente sutis, até mesmo dentro de si. Vai "mais alto", mas também "mais baixo". Para quem organiza sua vida em torno de um centro vital, aumentam as alegrias, mas também as dores; as virtudes, mas também os pecados; os ganhos e as perdas.

---

[3] VI/2, 67-91 ("A transgressão").

Somente uma pessoa ingênua pode pensar que viver centrado seja uma estrada com música ao fundo. Não hesito em dizer: quanto mais você é integrado, mais arranja problemas. O que é desconcertante é que um pai de família consciente de ser pai sofrerá mais do que seu amigo que se sente um bom pai somente porque responde a todo pedido do filho. O industrial que se lembra de que cada um de seus empregados tem sobre os ombros uma família para sustentar dorme sonos menos tranquilos do que seu colega para o qual o empregado é somente uma força de trabalho a ser usada quando dele se necessita. A expansão torna mais sensível ao bem e ao mal, à verdade e à mentira, à luz e às sombras. E isto vale também para o cristão: o que é desconcertante é o fato de que, quanto mais nos abrimos à graça, mais este caminho nos parece impossível.

A expansão é o contrário da rigidez. Em psicologia, diz-se que um sinal eloquente de patologia é a rigidez. A rigidez nos faz raciocinar em termos de "sempre foi assim e será sempre assim", "É somente assim", "Outra coisa não é senão..."; enquanto a normalidade deixa aberta a alternativa, a multiplicidade. A pessoa integrada é simplesmente não patológica, ou seja, é versátil, não reduzindo a vida a um único som. Nessa versatilidade, o que o impede de não sair dos trilhos é justamente o fato de ter como referência um centro vital que governa as variações. Sendo esse centro a gerar e a governar o ritmo, não há necessidade de atenuar a versatilidade a fim de manter a estabilidade. Quando o "centrado" se sente pecador, sabe que é também santo; que, quando se sente santo, sabe que é também pecador. Por isso, jamais se desespera nem se ufana, mas permanece no estado de peregrino vigilante.

A expansão é a desvantagem que o acompanhamento promete e a versatilidade, sua oferta promissora. Infelizmente, o sentir do cliente aumentará "para cima" e "para baixo", mas a versatilidade o ajudará a não permanecer aprisionado nem em uma nem em outra das duas posições. Quando uma está em primeiro plano, saberá que a outra está no fundo da cena, e que as duas partes podem inverter-se. Essa é uma oferta totalmente conveniente: o resgate e a queda permanecem sempre possíveis, razão por que desesperos ou bem-aventuranças definitivas não existem. Como já dissemos, essa é a agradável liberdade de sermos simplesmente humanos.

Desafortunadamente, o acompanhamento não satisfaz expectativas perfeccionistas nem proporciona a paz dos sentidos, mas oferece uma relação passional com o próprio tesouro da vida. Na fase inicial, o cliente lamenta-se dos altos e baixos de seu coração, mas, se tudo correr bem, deverá concluir com o desejo de que a vida permaneça assim, altibaixa; que o belo jamais se acabe e – é estranho dizer – que também o feio não desapareça; que a realidade permaneça bela e também feia, temendo que possa estreitar-se e não evocar mais nada.

O respeito pela amplitude da vida

A vida humana é um contínuo subir e descer. Ricocheteia-nos de um plano a outro. Tocando o finito, faz a experiência do infinito, e vice-versa: para tocar o infinito, devo permanecer ligado ao finito. É o paradoxo da vida humana, feita de transcendência e imanência, tão caro à antropologia cristã. Desses altibaixos paradoxais, estão livres os animais e os anjos. Os primeiros, bloqueados dentro do finito. Os segundos, livres no além do infinito. Diferentemente da vida deles, a nossa é feita de subida e descida, jamais estreitada pelo bom êxito garantido. Tornamo-la assim, mas não foi feita para ser assim. Reduzimo-la a uma única desembocadura, ao grito do animal ou ao canto do anjo. O sentir humano é mais variado: alterna sons diversos, que se elevam e se rebaixam. Um anjo não pode experimentar o desespero por haver perdido dinheiro no jogo nem a alegria da sabedoria que essa estupidez pode gerar. O animal pode apenas chorar a morte de seu filhote e, em seguida, esquecer. Somente a nós é concedido chorar o pecado e alegrar-nos com o perdão; enraivecer-nos contra Deus e continuar a amá-lo; humilhar-nos continuando a crer. A nós, unicamente, é dado o prazer de viver nesse espaço intermédio, com a liberdade de subir e de descer. Por essa razão, somente nós, não os animais nem os anjos, podemos ser artistas.

Que sorte que seja assim! Felizmente, para nós, não existem situações de sentido único. Não nos é dado experimentar o belo e o feio em versão exclusiva. Ninguém pode ser unicamente bom e unicamente mau. As interpretações exatas do tipo "é assim e pronto", no âmbito da vida, não valem. Cada reação afetiva e cada novo aprendizado devem ser deixados em sua relatividade e provisoriedade, salvaguardando sempre um espaço de confusão onde possam nascer novas maravilhas e espantos mais fortes. Cria-se, assim, um relacionamento passional com a vida, que é aquele tipo de sentir que deriva do ritmo integrado e, certamente, nada caótico dos altos e baixos. Dever-se-ia desejar que a vida permanecesse assim, com altos e baixos!

O medíocre, ao contrário, procura conservar a vida em parâmetros altos, em que são admitidos somente afetos

> maníacos, ou nos baixos, reduzindo-a ao seu tom depressivo; ou então ele busca estabilizar-se em um nível médio entre alto e baixo, sem infâmia e sem louvor: viaja mais tranquilo, mas está também mais exposto ao perigo de patologias, porque, sendo menos versátil, é mais fácil que encalhe no alto ou no baixo.

O LUGAR DA INTEGRAÇÃO É A "PREDISPOSIÇÃO INTERIOR À RESPOSTA"

"Predisposição interior à resposta": assim podemos traduzir o termo inglês, muito expressivo, mas igualmente intraduzível, *willingness* (substantivo do verbo "querer": *to will*). Cencini chamaria de *docibilitas*.[4]

Estamos no âmbito do querer, mas daquela vontade que nasce de um coração agradecido, desejoso, participativo. A *willingness* não é a vontade como capacidade de tomar decisões (ou seja, de tencionar e querer); tampouco a vontade de pôr em prática decisões (ou seja, de fazer ou não fazer). É a vontade como estado interior de prontidão para uma decisão, para cuja realização não há necessidade de que alguém nos persuada, incentive, convença ou pressione, porque somos nós mesmos que nos sentimos prontos, interiormente, para aquela decisão. Quando é assim, não apenas colocamos em prática uma decisão qualquer, mas estaremos, inclusive, dispostos a vivê-la de bom grado, ou seja, a segurá-la sempre mais por meio da inteligência, a motivar-nos sempre mais

---

[4] A. Cencini, "Formazione permanente e modello dell'integrazione", in *3D* 3(2005), 276-286.

por meio da reflexão e a vivê-la sempre mais por meio de decisões sucessivas.[5]

Mas deixemos os fatos falar:

• Certa noite do ano santo 2000, apresentou-se à portaria do meu seminário um pretenso peregrino que pedia hospitalidade à noite; porém, em vez de peregrino, parecia não ser nada confiável. Na cozinha do seminário trabalhava uma freira (80 anos) havia quarenta anos, sempre e somente nessa função: creio que jamais tenha visitado a cidade; sua única distração era sair, jamais sozinha, naturalmente, aos domingos à tarde, para ir ver as coirmãs que trabalhavam no hospital da cidade. Naquela noite, com os seminaristas, estávamos ajudando a enxugar os pratos e discutíamos a respeito daquele estranho homem e sobre a conveniência ou não de hospedá-lo: "Diz que é um peregrino, mas, do jeito como se apresenta, parece que se insinua no seminário para roubar...", e assim por diante. De repente a irmã, que havia escutado em silêncio, intervém: "E se fosse Jesus, que veio nos visitar?". Risada geral dos seminaristas e minha. Ela, no entanto, de maneira inteiramente pessoal e talvez discutível, estava exprimindo sua *willingness*, sua predisposição interior à resposta: estava falando de seu centro vital, da paixão que a movia havia tantos anos, de seu desejo de servir Jesus, a ponto de querer vê-lo nos olhos e não somente na Eucaristia.

---

[5] Pode-se ter a vontade como capacidade de tomar decisões e a vontade como capacidade de colocá-las em prática e, apesar disso, faltar a prontidão interior para fazê-lo. O fumante é capaz de ter a intenção e de querer, é capaz de tomar decisões; no entanto, não está disposto a deixar de fumar. É dotado de uma liberdade "essencial", mas é carente de liberdade "efetiva": está menos predisposto a decidir não fumar mais, sem por isso privar-se de sua capacidade essencial de tomar decisões. Cf. *AVC/1*, 159.

Em Reggio, ainda se lembram de mim porque um ano é ainda pouco tempo, mas, cedo ou tarde, minha lembrança [eu lhe havia escrito que aqui, entre nós, sua lembrança ainda é grande] "relaxará" um pouco, não é? Por outro lado, é normal e deve ser assim. Já se passou um ano desde minha chegada aqui. Como definir este lugar? Um deserto, diria, e segundo todas as acepções geológicas – climáticas – literárias – metafóricas – bíblicas – espirituais que a ele se possam aplicar! É, de fato, outro mundo! A dificuldade maior, para mim, foi e continua sendo a inculturação *ad intra* (três irmãs: eu, italiana, e duas brasileiras que nunca tinha visto antes) e *ad extra* (índios e seus mil dialetos). As agruras dos inícios! Depois de um início que defino, sem meios-termos, trágico, começo a experimentar também um pouco de segurança e de consolação em minha mixórdia interior. Tudo fruto principalmente de um conhecimento mais objetivo e profundo do que me rodeia, *ad intra* e *ad extra*, e com uma ideia mais realista do tipo de fraternidade que posso criar, espero, com as irmãs brasileiras.

A respeito de minha atitude missionária, não posso dizer-lhe nada de certo; estou descobrindo-a, e o senhor sabe quanto é complexo e escorregadio o campo da evangelização, até que alguém possa sentir-se estável e seguro. Por exemplo, agora estou fazendo visitas e conversando com as famílias, mas não tenho experiência e me falta um ponto de referência a respeito. Quase todos os casais não são casados e fogem do matrimônio como o diabo da cruz... Como compreender quais são as verdadeiras motivações, como compreender se existe a possibilidade de fazer um caminho de fé com esses casais, como apresentar a sacramentalização das pessoas de modo que seja fruto de um caminho, e não uma coisa que se deve fazer... como se faz para evangelizar os adultos, as famílias? Quais são os sinais de que algo se está movendo na pessoa, no casal etc.? Como recuperar mulheres que, aos 20 anos, aparentam 50, homens que são viciados em álcool, vidas sem cultura, divisões entre tribos e inveja de quem tem mais (inclusive as irmãs). A Carta aos Gála-

inveja de quem tem mais (inclusive as irmãs). A Carta aos Gálatas fala de uma liberdade que aqui não toca nem os jovens nem os adultos. Não pretendo absolutamente nenhuma resposta a esta rajada de perguntas, que são, mais do que outra coisa, um desabafo/resmungo, como me é habitual.

Contudo, estou bastante bem, ainda que sinta tanta falta do sadio espírito italiano! Não acreditava que, apesar deste deserto e de toda esta pobreza humana (que se me evidencia tanto, principalmente porque tive a sorte de viver relações verdadeiramente ricas e belas), estou certa de que Cristo está aqui e me chama para algo que ainda não compreendo, não vejo, não intuo plenamente. Há um fascínio imenso em todo este despojamento que vivo e sempre penso nas sandálias de Moisés. Rebelde??!! Sou, e como sou, mas, infelizmente, não tão santamente como deveria. Diria que agora sou fraca [nota do autor: não diz pobre, pecadora]. Tudo é frágil: mente (que não aprende o idioma e amiúde não me sugere o melhor, acima de tudo na gestão das relações), coração (tragicamente carente de afeto e que não sabe ser grande, maduro), e o espírito...? Sei lá?! Busco a Jesus e estou aqui por causa dele. Se estou aqui por Deus, ele deverá também *estar escondido* em algum lugar por aqui! Desejo-o sinceramente, inclusive por causa destas pessoas. No entanto, sofro muitíssimo seu distanciamento e não compreendo por que se esconde.

Esta calorama terá também ressecado minha alma?!

Não é exatamente uma carta da missionária modelo, mas sei que certas coisas se podem dizer ao senhor...

Com toda minha imutável estima e sempre crescente gratidão,
Ir. Rafaela.

INTEGRAÇÃO EM SENTIDO CRISTÃO

Se a tarefa de ter um centro vital é uma necessidade para cada pessoa, o específico cristão da integração é o nome dado a esse centro vital: Jesus. Cristo morto e ressuscitado por nossa salvação. A integração cristã está relacionada à pessoa e à mensagem de Jesus, e não somente aos objetivos ou aos valores. A *willingness* cristã, portanto, pode ser especificada melhor como *predisposição interior a fazer da própria vida um dom agradável a Deus.*

Alguma coisa muda. Fazer da própria vida um dom permanece válido como afirmação psicológica para todos, mas muda quem é aquele a quem nos doamos: Jesus Cristo, que, por sua vez, já está presente em nós e nos ajuda a fazê-lo.

Entre integração psicológica e integração cristã há continuidade, mas a segunda vai além. Do ponto de vista psicológico, integração quer dizer que, para viver bem, é preciso ter um centro vital, mas deixa ao interessado a liberdade de defini-lo. Quem é integrado de um ponto de vista psicológico permanece fundamentalmente só ao decidir seu destino. A integração cristã é mais intersubjetiva, no sentido de que o centro vital não é somente algo que espera passivamente ser encontrado, mas contribui para fazer-se encontrar (falamos, de fato, de chamado, vocação, diálogo, escuta...), de modo que o coração cristão integrado é também um coração que – além de dar a si um centro vital – sabe "acomodar-se" a esse centro que se coloca como colaborador da busca. É um coração menos solitário diante de seu destino. Ademais, o centro vital identificado com o mistério pascal não expressa apenas a meta final (fazer da própria vida um dom agradável a Deus), mas trata também do caminho e de como percorrê-lo (amar como Cristo amou, descobrindo em nós sua presença operante). A *willingness* cristã permanece – para todos – uma predisposição interior à resposta, mas especifica melhor como deve ser essa predisposição: à luz de "como Cristo". Decidir-se de bom coração se define como decidir-se *com prontidão incondicional, obedecer radicalmente por amor.* O coração integrado cristão é aquele que, com prontidão, diz: "Se Cristo o fez, em minha pequenez posso fazê-lo também"; "Em vista dele, também sou"; "Já que aconteceu, portanto, acontecerá de novo"; "Uma vez que foi possível, consequentemente é possível"...

ESTRATÉGIAS OPERANTES

√ A meta central do acompanhamento é formar para a mentalidade cristã, para a lógica do seguimento de Cristo. Não é salvar os matrimônios da praga do divórcio, nem é ajudar a freira a não mais discutir com a superiora, tampouco curar a ansiedade, tirar os jovens da droga, curar os padres pedófilos... Pode-se também partir daí, mas não se pode ficar bloqueado aí. As questões que as pessoas apresentam ao formador podem também ser desse tipo, mas devemos fazê-las evoluir, não porque nos desviamos delas, mas porque as tratamos como ponto de partida para favorecer o crescimento da *willingness*.

Será preciso chegar ao ponto de explicitar as questões fundamentais: como você está construindo seu centro vital? Como você age para decidir-se, querer decidir-se ou haver decidido? Seu centro é vital porque você o descobriu assim ou porque os superiores, o grupo, os amigos, a experiência penosa disseram que é assim ...? Você se predispõe à vida com estilo defensivo, padronizado, arriscando-se à responsabilidade? Na tentativa de salvar da dispersão seu patrimônio psíquico, você leva em conta que, justamente por isso, Cristo morreu e ressuscitou por você? Os problemas de partida são o aquecimento para o emergir de questões fundamentais que, vindo de baixo, não serão certamente intelectuais fundamentais que, vindo de baixo, não serão certamente intelectuais ou de cunho devocional. O cliente mesmo perceberá que seu problema de partida, uma vez analisado, não é apenas técnico e que a solução não depende somente de manobras psicológicas.

√ Formar, em uma sessão de acompanhamento, assume o significado de educar a consciência para formar-se, mais do que exercitar-se.[6] Não se limita a ajudar a pessoa a conhecer a si mesma, mas também a autoapropriar-se. Não se restringe a assegurar que o sujeito aja segundo princípios sadios. Visa ajudá-lo a tornar-se consciente de qual seja o horizonte a partir do qual ele interpreta a si mesmo e o seu agir.[7] O acompanhamento age no nível da formação da consciência, e não apenas no nível sucessivo de sua execução. Não se contenta em ver se a pessoa tem comportamentos cristãos, mas procura ver se estes subentendem boa vontade (*willingness*) para a lógica que inspirou a vida de Jesus. Trabalha-se no que precede, na forma que a pessoa está dando a sua consciência, em vez de como dela faz uso (de fato, o discernimento psicoespiritual não é o discernimento moral).

O que fazemos diante de uma jovem de nossa paróquia que se relaciona com um homem casado, ou com um jovem que usa drogas em casas noturnas ou que frequenta a universidade de modo despreocupado, sem fazer as provas? O educador deve escolher uma estratégia de intervenção: ou

---

[6] A formação compreendida como autoapropriação dos processos da consciência é um aspecto central em nossa AVC, com referências explícitas ao pensamento de B. Lonergan.

[7] P. Triani, "La struttura dinamica della formazione', in *3D* 3(2005), 236-248; Idem, *Il dinamismo della coscienza e la formazione*, Vita e Pensiero, Milão 1998, 106-110.

ajudá-los a "entrar de novo na linha", reconduzindo-os aos valores, ou ajudá-los a explicitar a trama permeada de vida que, com esses comportamentos, estão tecendo, a fim de que possam verificar-lhes a funcionalidade e a conveniência. O acompanhamento escolhe o segundo caminho (é, de fato, diferente do conselho), pelo qual o mal funcionamento é existencial antes de se tornar ético, e um apelo demasiado imediato aos valores cairia no vazio.[8] Explicitar a forma que a consciência assumiu, antes mesmo de seu exercício, ajuda a pessoa a perceber se e quão livre ela é, vivendo como vive: escolhi realmente esse modo? Verdadeiramente me agrada agir assim, ou fui constrangida por muitas pressões? Agir dessa maneira é um bom investimento para meu bem-estar? Com quais critérios estou pondo as bases para meu futuro, para afirmar minha identidade? No que faço, o que está em jogo?... Convida-se, então, o sujeito a exprimir um juízo não sobre seu comportamento, mas sobre o que o inspira, ajudando-o não só a conhecer a si mesmo como também a se autoapropriar.

"Sou freira e quero obedecer. Para mim, o querer obedecer é justamente o desejo de livrar-me um pouco do peso decisório, confiando-me a uma família religiosa que pode decidir por mim, porque sou insignificante e não possuo essa segurança": o educador não entra no mérito de se obedecer desse modo está certo ou não, mas quer que quem obedece desse modo parta de uma prontidão de fazer da própria vida um dom agradável a Deus (e possivelmente também agradável à freira).

---

[8] I. Seghedoni, "Dare buoni consigli non basta: formare la coscienza", in *3D* 2(2007), 144-153; M. Cavani, "Il buonismo e le sue insidie", in *3D* 1(2008), 67-74.

√ A fim de favorecer a autoapropriação, vale o princípio "do particular ao global", muito semelhante àquele que diz respeito à qualidade de falar de si mesmo ("melhor pouco, mas em profundidade, do que muito, mas genericamente").[9] Às vezes, no diálogo, perdemo-nos nos detalhes, seja da psique, seja da mensagem cristã, perdendo de vista também o núcleo do estilo de vida do cliente, o núcleo da mensagem cristã. Visto que o objetivo é incrementar o desejo do contato entre a própria pessoa e a pessoa de Cristo, a peça-chave para chegar a isso não é a investigação pormenorizada das duas vertentes (psicológica e espiritual), mas manter aberta a relação entre as duas, consideradas em seu conjunto e não somente em sua decomposição em aspectos particulares.

√ Pode-se escolher um ponto de partida psicológico. Assim se exprime uma jovem a respeito de sua vida afetiva: "Tento conhecer os jovens que se apresentam, procuro não deixar evidente a impressão que tive deles, mas sinto que dentro de mim não brota nada e, portanto, é inútil retardar a fim". Essa dificuldade de conexão pode ter muitas explicações dentro e/ou fora de quem a tem. Joana talvez diga que seja assim por sua culpa: "Tenho medo de deparar-me com situações com as quais não sei como lidar depois". Maria, quiçá, dirá que é assim porque é pretensiosa: "Um jovem que conheço me convidou para ir a sua casa para tocar flauta. O julgamento, para mim, já está claro: não me agrada fisicamente, não é sequer alto... sou seletiva, eu sei, mas o olhar também quer satisfazer-se". Talvez Cláudia coloque a culpa nos outros: "Estávamos juntos e ambos buscávamos a mesma coisa; agora ele preferiu outra". E assim por diante... Será conveniente explicitar essa dificuldade de conexão

---

[9] Cf. c. 3.

relacionando-a a uma ou outra razão que a explique. Porque, ainda que explicada, essa dificuldade relacional é somente um aspecto particular da personalidade global de quem a tem; e, como aspecto particular, é um "detalhe" a melhorar, o qual, uma vez analisado, será preciso enquadrá-lo no funcionamento global da jovem, em sua habitual "filosofia de vida" (neste caso: em sua filosofia de amor). Sem fazer essa passagem do particular ao global, o medo da intimidade – ainda que analisado em detalhes – não se desbloqueia, porque não é a maçã podre entre as boas, mas está alinhada e em harmonia com a filosofia de vida da pessoa. Com efeito, nossa jovem chega ao ponto: "Deve ser porque sou tímida. Deve ser também porque falo pouco, pois muitas vezes não sei o que dizer e, portanto, deixo as coisas como estão. Deve ser também porque sou pretensiosa. Deve ser também porque os outros podem decepcionar a gente. Mas o fato é que eu tenho menos dificuldade em estar sozinha do que com uma pessoa que não me agrada: 'Melhor só do que mal acompanhado' – essa é minha filosofia de vida!".

√ Pode-se escolher um ponto de partida espiritual. Os conselhos evangélicos de pobreza, castidade, obediência entram na categoria dos valores "instrumentais", e não na dos valores "terminais", constituídos pelo desejo (*willingness*) de querer imitar Jesus *mediante* esses conselhos. Com efeito, caso se prescinda dos valores terminais ou se coloquem outros no lugar, os valores instrumentais dos conselhos evangélicos – por consequência indireta – perdem o sentido. Consequentemente, antes de entrar nas cláusulas do seguimento, é preciso educar à lógica que ele comporta, ou seja, falar das cláusulas, mas dentro da globalidade do seguimento. É, portanto, batalha perdida convencer um seminarista da importância de ser casto, ou pobre, ou obediente, se seus valores terminais *de fato* (os que são seguidos, e não os proclamados) lhe dizem que o máximo da vida é "tornar-se o que você é" (como dinâmica narcisista), "ser luz de referência para os outros" (como dinâmica de poder), "amar todos e cada um sem preferência" (como dinâmica esquiva), "colocar-se a serviço" (como dinâmica dependente), e assim por diante. Com tal disposição interior à resposta (*willingness*), os conselhos evangélicos não podem encontrar espaço; ao contrário, aparecerão como impedimento, inclusive, se alguém tem vontade de querer praticá-los. Isolar a atenção sobre eles ou sobre a dificuldade de vivê-los seria obstinar-se em detalhes que permanecerão sempre alheios em relação a uma compreensão global de si mesmo que não os prevê; talvez se chegue até mesmo a praticá-los, mas com escassa consciência do que significam. A atenção deve voltar-se para a compreensão global de si mesmo e para a proposta global da lógica cristã; do contrário, é como ler o último capítulo de um livro sem ter lido os anteriores: pode-se lê-lo e até resumi-lo, mas de modo isolado da trama do livro. A lei do particular ao global vale para toda escolha de vida. Se um jovem absorveu a cultura segundo a qual o que faz sua vida funcionar é a agilidade em saber reciclar-se, a versatilidade nos contatos ou o acúmulo de oportunidades sempre novas... quando quiser casar-se na igreja e ouvir falar da fidelidade para sempre, vai assimilá-la como laço ao redor do pescoço, e não como meio que confere plenitude a sua escolha.

√ Para além do ponto de partida da escolha, o elemento *teológico* útil para plasmar a boa vontade (*willingness*) não é encontrado nos detalhes da mensagem cristã, mas na sua globalidade; não em suas propostas de comportamento, mas em sua mentalidade de vida; não no "que coisa se deve fazer", mas no "como nos é proposto viver". Antes de adentrar em cada um dos capítulos, o livro do Evangelho deve ser tomado como um livro que propõe um horizonte global de sentido. Ficando-se nos particulares, corre-se o risco de não conhecer o ABC do catecismo e de confrontar-se com espiritualidades setoriais sem ter atingido o núcleo da verdadeira espiritualidade cristã.

O elemento *psicológico* útil para plasmar a boa vontade (*willingness*) não é encontrado nos detalhes, mas na sua globalidade. Toda análise detalhada das nossas virtudes e defeitos é boa e necessária, mas não é a análise que suscita a mudança. O momento global do conhecimento de si mesmo é quando, para além da situação em que nos encontramos, damo-nos conta de que temos energias úteis de que dispor, que podemos viver, que podemos ainda escolher como queremos viver. Essa disponibilidade global para o investimento energético justifica a análise das energias particulares. Do contrário, perdemo-nos no pormenor dos meandros emotivos: "Sou inseguro", "Não fui amado suficientemente", "A violência dos outros me paralisou", "De mim, devo eliminar isto, mas aquilo não", "Isto eu aceito, mas aquilo não"... A análise do detalhe torna-se frustrante (e também aborrecida à força de repeti-la) se não desperta uma sensação fundamental: eu tenho apenas uma vida e posso desfrutá-la; existo e quero sentir isso; eu também posso construir meu próprio caminho... Essa aposta em si mesmo deve aparecer fugazmente, senão se fica "mexendo sempre a mesma sopa".

REFERÊNCIAS BIBLIOGRÁFICAS

✓ *Para munir-se de um método de autodiscernimento*

"La formazione dei seminaristi e la strutturazione della coscienza morale" (D. Pavone), in *3D* 2(2011), 138-146 (três critérios: conseguir ficar diante do dado tal como se apresenta + aprender que a representação sentida da própria identidade não diz tudo + dar-se conta das próprias motivações).

✓ *Quando posso dizer que vivo um valor e como fazer para reconhecer quais são os operativos (e não apenas afirmados), ou seja, efetivamente vividos em minhas escolhas cotidianas?*

"Processi di appropriazione dei valori (I): conoscere, apprezzare, scegliere" (V. Percassi), in *3D* 2(2007), 135-143.

✓ *Como saber se o valor no qual acredito é valor somente para mim, simples preferência subjetiva, ou também uma validade objetiva? 7 critérios*

"Processi di appropriazione dei valori (II): preferenze soggettive validità oggettive" (V. Percassi), in *3D* 3(2007), 256-265.

✓ *O que fazer quando o formador pertence a uma cultura diferente da do jovem em formação? Respeitar a diferença cultural ou nivelá-las? Os instrumentos formativos adquiridos em determinada cultura são aplicáveis a outra?*

"Formazione e culture. Come tutti, come qualcuno, come nessuno" (G. Trapani), in *3D* 2(2008), 183-196.

"Formazione e culture" (F. Cagnasso), in *3D* 2(2009), 202-209.

6

MATURIDADE PSICOLÓGICA E MATURIDADE ESPIRITUAL

Com a introdução da psicologia no currículo de formação para a vida cristã, além da vocacional – algo que já não é assim tão excepcional como parecia há alguns decênios –, não se descobriu o elixir da longa vida. Tampouco a psicologia faz milagres. Se é um instrumento apto às exigências da pessoa concreta que temos diante de nós, é útil; do contrário, está fora de contexto: levamo-la a investigar o lugar que para ela não é o mais importante. É válido o que me disse um psicólogo de vasta experiência: "Se, na primeira tentativa, as pessoas compreendessem o Evangelho, nós, psicólogos, já não teríamos emprego; o fato é que na primeira tentativa compreendem pouco e na segunda, ainda menos, e assim conservamos nosso emprego". Isto para dizer que a maturidade psicológica é mediação para a espiritual. Mas mediação em que sentido?

O polo psicológico e o espiritual são diferentes entre si; em alguns aspectos são autônomos, em outros, estão entretecidos; entre eles, na ordem lógico-mental, o primado cabe ao polo espiritual; na ordem cronológico-estratégica, ao polo psíquico; qualquer que seja o polo de partida e de atenção privilegiado, o importante é captar o tipo de funcionamento básico que o encontro produz.

POLOS DIFERENTES

É problemática a tese de que maturidade psicológica e maturidade espiritual se fundem e se confundem. As duas maturidades não podem ser sobrepostas, intercambiadas. "Sãos, portanto, santos", "Santos, portanto, sãos" são ditos a muito custo defensáveis. Abandonar o Deus de minhas projeções neuróticas não implica escolher o Deus verdadeiro. Superar a própria desconfiança de caráter favorece a relação social, mas não necessariamente a oblação. Sem levar em conta essa diversidade, caímos no reducionismo psicológico e/ou espiritual, como afirma uma contribuição de Imoda para nossa Antropologia da Vocação Cristã.

O reducionismo psicológico supõe que, graças a um caminho de conhecimento de si, o cliente, chegando a sentir-se mais unido e pleno consigo mesmo, viva *por isso* até mesmo melhor sua vida de fé. Em muitos casos, ao contrário, abandona-a.

O reducionismo espiritual supõe que o recurso aos meios ascéticos seja suficiente para superar as dificuldades psicológicas ou para (re)começar um percurso de conhecimento de si. Em muitos casos, o uso de meios ascéticos não desbloqueia nada.

Na práxis educativa eclesial (mas também nos círculos de teologia e de espiritualidade), dá-se um fato curioso: os psicólogos estão bastante dispostos a corrigir o próprio eventual reducionismo, dado que a práxis terapêutica os coloca muito cedo diante da evidência de que a psicologia analisa, mas sozinha não resolve, e os faz admitir, às vezes, inclusive, contra a própria crença teórica, que para mudar é necessário motivações superiores. Por outro lado, os fervorosos defensores da ação da graça divina, quando também descobrem que o Evangelho não abre o coração humano ao primeiro golpe, nem tampouco no segundo, em vez de corrigir seu elevado reducionismo originário, cedem e, passando ao extremo oposto, confiam-se à psicologia mais do que o faz o próprio psicólogo. E aí está o duvidoso conselho: "Você precisa de um psicólogo". Conselho sábio quando, para abrir o coração, é preciso desbloqueá-lo antes. Conselho dúbio quando, para abrir o coração, cabe ao formador intuir onde a graça está ali se insinuando.

É verdade que a pessoa funciona de modo unitário, mas é igualmente verdadeiro que os campos de batalha nos quais a cada vez se encontra são qualitativamente diferentes, razão pela qual também os instrumentos de auxílio deverão ser diversos, apropriados à batalha em andamento. Consequentemente, caso se recorra à psicologia para enfrentar uma batalha que não é psicológica, o auxílio não será muito eficaz (assim como não o será a ajuda espiritual se o problema real não é desse tipo). Às vezes, no itinerário de formação vocacional, voltar-se para a psicologia não é o instrumento válido ao qual recorrer, e servir-se dele se torna desencaminhador, porque age no nível de sua competência, ao passo que pode acontecer de o nível no qual a pessoa esteja funcionando (ou disfuncionando) seja outro.

Este ponto pode ser mais bem esclarecido com algumas referências a práticas que me parecem um tanto discutíveis.

Tão logo o formador percebe que um seminarista tem um problema, aconselha-o imediatamente a procurar a ajuda de um psicólogo em vez de gastar tempo (e muito tempo!) para falar com ele, fazê-lo falar, dar-se conta, elaborar e acompanhar um projeto de vida personalizado e objetivos graduais partilhados: talvez aquilo que para o formador seja um problema a ser tratado com um psicólogo é, ao contrário, um desejo sadio, ainda em estado embrionário, do seminarista de compreender melhor onde se encontra e o que está escolhendo.

Outro exemplo pode ser enviar ao psicólogo todos os seminaristas, por dever do regimento e como prática habitual, para um vistoria clínica: em benefício deles ou para proteger os superiores de casuais surpresas desagradáveis futuras?

É também reducionismo psicológico pôr em jogo temas educativos importantes, confiando-se em técnicas psicológicas e negligenciando o significado antropológico e teológico desses temas; por exemplo, educar para a vida comunitária se torna aprender as técnicas de comunicação ou fazer exercícios de *role playing* retirados da dinâmica de grupo, desconsiderando que a cordialidade cristã não é exatamente igual à cordialidade humana; ou delegar o tema do celibato ao psicólogo que vem para falar ao grupo de seminaristas de maturidade afetiva, identidade de gênero, homossexualismo, pedofilia... Às vezes acontece que justamente quem é contra a psicologia serve-se dela (sem o saber) de maneira intensa, enviando, assim, a silenciosa mensagem de que a partida vocacional se joga em termos humanos, e não no confronto pessoal e silencioso com Deus.

Em nós, nem tudo é psicológico, e é preciso estar atentos para não nivelar a saúde de nossa psique com a saúde de nossa vocação.

Diversidade de problemas e diversidade de ajudas

Simplificando um pouco, podemos dizer que os problemas com os quais nos podemos deparar na vida são reagrupáveis em quatro tipos:
• Problemas psicopatológicos (caracterizados por sintomas e inadaptação neurótica ou psicótica): salvo

o primado e a proveniência insubstituível da graça divina, as forças conscientes e inconscientes obstaculizam fortemente a liberdade de autogestão e de autotranscendência (a pessoa não pode querer, mesmo que o quisesse).

• Problemas evolutivos (pensemos, por exemplo, na crise da adolescência): dizem respeito à dificuldade de passar de um estágio a outro de maturidade. A pessoa ainda não chegou a um nível evolutivo de maturação tal que lhe permita certos rendimentos superiores para os quais, no entanto, começa a inclinar-se; um menino de 12-13 anos não deve tomar decisões definitivas na vida que poderia tomar mais tarde; contudo, com sua idade, já pode ir criando condições para tomar tais decisões no futuro (a pessoa tem dificuldade de preparar-se para querer).[1]

• Problemas de fé e de moral (pensemos, por exemplo, nos casos de consciência acerca do bem a ser feito "aqui e agora", nos erros de decisão ou na própria situação de pecado): a pessoa tem dúvidas sobre seus ideais de vida, ainda não compreendeu o significado objetivo de determinados valores, pensa em deixá-los, oscila entre coerência e transgressão... e tudo isso não por motivos psicológicos, mas por uma consciência incerta e/ou irregular (a pessoa não sabe se quer nem como querer).

• Problemas de integração entre fé e vida (pensemos, por exemplo, nas dificuldades que alguém enfrenta

---

[1] A. Manenti, "Il ruolo dei formatori nel discernimento vocazionale all'interno del seminario minore", in *Seminarium* 3(2011), 725-750.

para ter fé nos próprios valores – ainda que queridos e cridos –, em algumas situações que desorientam porque são fonte de demasiada ansiedade, medo, dor...): a pessoa é sadia, age coerentemente com seu nível evolutivo, tem convicções sadias; porém, às vezes e com arrependimento, em vez de seguir o bem real, vai à busca de um bem aparente (a pessoa quereria, se pudesse).

A intervenção psicológica não diz respeito à área dos problemas de fé e de moral (dado que o psicólogo não é nem o diretor espiritual nem o confessor). A intervenção psicológica que diz respeito à área dos problemas psicopatológicos se dá em termos terapêuticos e diagnósticos, portanto, muito longe dos interesses da integração psicoespiritual. A intervenção que diz respeito aos problemas evolutivos oferece uma ajuda de orientação e de prevenção, a qual é um passo atrás em relação à formação das consciências. Tem muito a ver com a integração psicoespiritual a intervenção psicológica que oferece elementos para um melhor conhecimento de si, com o fito de harmonizar melhor o que se é ("eu" atual) com o que se deseja tornar-se ("eu" ideal). Esse tipo de intervenção toca inevitavelmente os problemas de integração entre fé e vida, ainda que, da parte da vertente da vida, seja justamente esse tipo de intervenção que pode ajudar o formador, o qual (à parte o primeiro grupo de problemas psicopatológicos) tem competência sobre os outros (evidentemente, sob a condição de haver recebido séria preparação prévia) mais classificáveis sob a categoria de "patologia da transcendência" do que de patologia clínica.

Enfatizo que o reducionismo psicológico atinge mais os padres espirituais do que os psicólogos, resultando em um processo muito claro de se "tirar proveito" da psicologia em seminários (muitas vezes, sem saber o que é a psicologia, sendo verbalmente contestada em sua inteireza). Isso ocorre por uma série de razões, e a primeira delas, em minha opinião, é quando os educadores, que deveriam ir além das afirmações principais sobre temas de fé e de moral, para harmonizá-las com a realidade de seus interlocutores, já não sabem o que fazer, porque essa realidade parece não oferecer muitos pontos de apoio para tais conexões. Esse problema cultural hodierno de distância entre a objetividade e a subjetividade aparece frequentemente na sessão de colóquios. Os jovens que se apresentam em nossos seminários (mas também os que pedem os sacramentos) têm um conhecimento setorial ou bastante vago do núcleo cristão, conhecendo dele os aspectos "decorativos" em detrimento dos "arquitetônicos", e frequentemente não sabem, inclusive, que existe o *Catecismo da Igreja Católica*.

Essa assimilação genérica de conteúdos pode dar origem a sucessivos problemas psicológicos que, no entanto, não nasceram assim, mas são, originalmente, de ordem antropológica. Quanto ao jovem que hoje tem dificuldade para viver os ideais vocacionais (ou para suster seu matrimônio), não é garantido que seja mais egoísta (critério moral) ou mais fraco (critério psicológico) que o jovem do passado; provém de uma cultura que lhe transmitiu (muitas vezes silenciosamente) uma antropologia não imediatamente compatível com as exigências da vocação que escolheu e, portanto, é lógico e normal que, cedo ou tarde, apresente dificuldades. Essa logicidade do distúrbio pode ser logo interpretada pelos formadores como ilogicidade de funcionamento. Não! O jovem funciona bem, mas a seu modo, carente em relação à *willingness* cristã; daí por que, se o vemos hesitante, não é por ter conflitos irresolutos, e enviá-lo ao psicólogo é uma operação humilhante que o fragilizará ainda mais.

Outra razão do reducionismo psicológico é a dificuldade de os formadores reconhecerem as novas versões dos problemas de fé e moral. Hoje, é difícil que haja alguém que ponha em dúvida seriamente a trindade de Deus ou a questão do que seja o pecado e a virtude. É mais fácil que surja a pergunta sobre a praticabilidade desses temas, sobre seu uso prático, sobre sua capacidade de dar resultados, sobre a conveniência ou não de fazer um dom de si no que diz respeito a eles. É uma crise de fé e de moral mais radical, porque não é a definição dos princípios que causa problemas, mas a utilidade deles. É a crise de fé e de moral que atinge também o jovem clero, quando se desencanta com tantas coisas que o seminário lhe havia ensinado: não porque se lhe tenham revelado falsas, mas porque as sente demasiado distantes de seu contexto e, portanto, inúteis.

Nestes últimos anos, parece que os problemas afetivos (inclusive em âmbito matrimonial) têm sido superados por essa nova versão de problemas de fé e de moral, na hipótese de terem sido convertidos indevidamente nos mais importantes. Tudo isso para advertir que, no íntimo dos contemporâneos, os problemas de fé e de moral não são de maneira nenhuma incomuns, e é preciso prestar atenção para não reconduzi-los imediatamente a eventuais problemas psicológicos. Visto que o discernimento é complicado, também a psicologia pode ajudar, mas é preciso que o formador não delegue: ele deve ter em mãos o fio da meada.

O sentido da consulta psicológica: envio que tem em vista um retorno

Nas casas de formação, a hipótese de se recorrer a um psicólogo deveria nascer de um contexto de aliança entre o acompanhador e o discípulo, a fim de evitar que o discípulo acolha a proposta com suspeita e alarmismo, ou como mensagem de abandono da parte de quem o acompanhou até agora ("Eu não sou capaz, vá em busca de outra pessoa..."). Deve ser um encaminhamento que preveja o retorno, quando então haverá um compromisso ainda maior por parte do educador ("Alguém pode me ajudar a ajudar você melhor").

O resultado da consulta vai auxiliar o formador a melhorar seu procedimento. Também entendendo melhor a psicodinâmica do jovem, ele pode iniciar mais acertadamente com aquilo que existe no jovem, discernir sobre quais valores insistir em primeiro lugar (normalmente, os mais acessíveis ao formando), sobre quais aspectos do caráter começar a trabalhar (habitualmente, os mais modificáveis e mais atuais), que tipo de atividade pastoral propor, que espiritualidade favorecer, quando é melhor confrontar em vez de assegurar, observar ou exigir, intervir ou esperar...[2]

Exemplo de bom uso do recurso ao psicólogo. Mário foi enviado ao psicólogo devido a seu caráter arrogante, até agora imune aos apelos à humildade e à obediência da parte de seu formador, que aí enxerga futuros problemas de obediência. A análise psicológica revela

---

[2] A. Manenti, "Forme di collaborazione dei responsabili della formazione con gli esperti nelle scienze psicologiche", in *Seminarium* 2-3 (2009), 353-372.

que Mário não é arrogante, mas, ao contrário, alguém humilhado, que reage à baixa autoestima com uma arrogância defensiva. Se Mário, no mais íntimo de si, é verdadeiramente assim, o formador deverá mudar de estratégia: continuar a repreender-lhe a arrogância ou apelar aos valores da obediência fará com que Mário se sinta ainda mais humilhado, com o efeito inevitável de que se torne ainda mais arrogante, agravando ulteriormente o verdadeiro problema da baixa autoestima. Mário, em vez disso, precisa fortalecer em si um orgulho sadio e orientar-se pelas páginas evangélicas que tratam do orgulho e não da humildade, o que ele distorceria como apelo a tornar-se ainda mais humilhado.

Seu amigo Lucas, ao contrário, é um tipo muito dócil e gregário, e o formador receia que, uma vez ordenado sacerdote, deixe-se condicionar perigosamente por quem fala mais grosso. Da análise psicológica, resulta que Lucas é assim não porque propenda à dependência dos outros (problema relacional), mas porque tem muito medo da raiva que traz dentro de si (problema intrapsíquico), a ponto de atenuá-la completamente indo ao extremo oposto da submissão. Se Lucas é assim no mais íntimo de si, o educador deverá evitar de propor-lhe a espiritualidade da solidão sacerdotal, mas ajudá-lo a ligar-se melhor aos outros, fazendo com que nele brote uma sã raiva evangélica. Conselhos que, evidentemente, não dará a seu amigo Mário.

Se o formador enviasse esses dois jovens ao psicólogo, a fim de que um aprenda a obedecer e o outro a viver a solidão sacerdotal, cedo ou tarde eles lhe farão sofrer as consequências.

O envio, portanto, prevê um retorno que enriqueça o caminho anterior com elementos melhoradores, projetados para que continue de maneira mais próxima às questões centrais – e muitas vezes submersas – que o sujeito traz consigo. Caso ele se afaste dessas questões, também a assimilação dos valores (sobretudo em seu aspecto de atração e sublimidade) se torna mais problemática, e maior é o perigo do subjetivismo.

Compreendido desse modo, o envio aparece imediatamente como oferta de uma oportunidade a mais que, paradoxalmente, deveria ser aconselhada aos melhores!

POLOS PARCIALMENTE AUTÔNOMOS

O crescimento espiritual – especialmente em seu desenvolvimento mais maduro – tem percursos característicos não partilhados pelo crescimento psicológico: há uma "loucura da cruz" que até mesmo para uma psique normal continuará a causar problema e pode criar uma situação de vida que psicologicamente seja um desastre, mas se mostre espiritualmente fecunda.

Um exemplo dessa autonomia é o crescimento da liberdade que caracteriza certamente ambos os caminhos, mas que, em cada um deles, se dá de maneira diferente. O crescimento psicológico é uma experiência de liberdade "de", enquanto o crescimento espiritual é liberdade "para". Quem está suficientemente livre de condicionamentos de diversos tipos, não é previsível que use essa liberdade "de" "para" doar-se. Por outro lado, a liberdade "para" não exige uma libertação completa: para fazer de si um dom basta a liberdade atualmente disponível, que talvez seja a mínima necessária para uma maturidade psicológica, mas suficiente para a espiritual, a qual não iguala qualidade com quantidade, mas qualidade com intensidade. É com o exercício da liberdade "para" que se entra na maturidade da vocação cristã, e, em seus extremos desenvolvimentos, a liberdade desempenhada "para" Deus é, em termos psicológicos, autoalienação.

POLOS PARCIALMENTE ENTRETECIDOS

Visto que o problema se complica, convém partir de um exemplo.

João era um seminarista que demonstrava estar qualificado para ser um bom sacerdote. Além de fortes conteúdos de valores, tinha a seu favor também um caráter que o inclinava a ter relações sinceras e não apenas cordiais com as pessoas. Percebia-se bem isso quando ele ia à paróquia nos fins de semana: tinha iniciativa e nenhuma dificuldade em envolver os jovens, tendo-se tornado logo para eles uma referência. Podia-se prever que seria um bom sacerdote de oratória. Com efeito, tornou-se um. Em poucos anos, seu bispo lhe confiou o oratório da cidade, depois a pastoral universitária e, em seguida, também a pastoral vocacional. Durante alguns anos, tudo procedeu sem dificuldade.
Se quisermos ser exatamente detalhistas, durante os anos de seminário haviam surgido algumas dificuldades, então subestimadas porque realmente secundárias. Animador eficaz da oração comunitária, era um pouco mais lento para a oração pessoal; com uma agenda cheia de compromissos, era difícil encontrá-lo sozinho no quarto; raramente havia transposto a porta da biblioteca do seminário, mas, se era para cortar a grama, ele era sempre o primeiro (e o único) a fazê-lo com uma disponibilidade um pouco excessiva, dado que depois se via a enfrentar outras obrigações importantes somente no último minuto... Mas o diretor espiritual o havia encorajado: dissera-lhe

que se trata da espiritualidade do sacerdote diocesano, que é diferente daquela do contemplativo e, aconselhando-o a ler o livro de Teilhard de Chardin, *A missa sobre o mundo*, havia-lhe explicado que se pode encontrar Deus na Eucaristia, mas também no universo criado, como justamente fez Teilhard de Chardin, quando, privado de poder celebrar a missa, celebrava-lhe o conteúdo substituindo a patena e o cálice pelo "círculo infinito das coisas".
Passam-se os anos. Como uma cortina que se abre repentinamente, uma reação espontânea de sua parte o fez sobressaltar-se. Ao seminarista que fazia estágio com ele e lhe pediu: "Vamos rezar juntos", ele – de chofre – respondeu: "Ei, rapazinho, acorde: aqui não é o seminário!". Escutando a si mesmo ao dizer isso, naquele momento, como nunca, João percebeu que estava se tornando um administrador funcional e também um tanto cético. Em seguida, um revés fez que o novo bispo lhe mudasse todas as funções: enviou-o a administrar o centro cultural de estudos históricos da diocese, no antigo seminário de verão, meio perdido entre as montanhas, onde os frequentadores mais jovens não tinham menos de 50 anos.
Depois de alguns meses, escreveu-me: "Aqui estou eu fazendo um balanço. Pois bem, sim, depois destes primeiros três meses do início do novo encargo, encontro-me em dificuldades. Poder-se-ia dizer que tudo vai bem, mas o problema é que eu não consigo ficar aqui. Não consigo encontrar um sentido real: das 7h da manhã às 12h, organizo a chegada dos novos participantes; em seguida, ajudo a servir a mesa para aqueles que já se encontram aqui; depois, verifico os esboços do encontro concluído e preparo os cartazes para o próximo; em geral, sempre sobre temas históricos, dos tempos que se foram, sobre personagens todas mortas. Se eu quisesse, eventualmente, à noite, haveria o arquivo diocesano para reorganizar. Dizem que aqui perto há um pequeno lago tranquilo, mas não o vi. Não sei, talvez seja por toda aquela movimentação de antes com os jovens: na última festa que eu organizei em minha paróquia, mais de cem participaram da procissão, e mais de oitenta do tríduo de

preparação. Desculpe o arredondamento dos números, mas é para que tenha uma ideia de como não existia nada lá antes de mim. Contudo, independentemente de onde estou e de onde estava, o fato é que já não me sinto sacerdote. Percebo que não resolveria o problema retornando para lá. Tenho a impressão de que posso encontrar meu modo de exercer o sacerdócio também aqui, mas o problema é que, junto com as coisas antigas, também está indo embora minha alma, e venho tendo pensamentos estranhos de ir embora, e não somente daqui...".
Encontramo-nos: nossa, que estado deplorável! Vestido com roupas que habitualmente as pessoas doam à caridade diocesana para os pobres, tufos de barba sobre uma pele não propriamente lavada recentemente, mais caspa do que cabelos... para não falar das unhas. Lembrava-me dele como um jovem de bela aparência.
Repassamos o que aconteceu, elaboramos o luto das desilusões recentes, partilhamos o dano emotivo sofrido. Voltam-lhe à mente as dificuldades insignificantes do tempo do seminário e, em retrospectiva, não as vê assim tão secundárias: o torpor na oração pessoal, a improbabilidade de não encontrá-lo no quarto, o afã pela agenda sempre cheia, a grama do campo... Começa a suspeitar que seu elevado e belo caráter contivesse também certa dose de protagonismo-presencialismo que, vindo a faltar hoje, arrasta consigo também a vontade de ser padre. As dificuldades insignificantes de antigamente hoje se estão tornando verdadeiras ameaças.
Suponhamos que já nos tempos de seminário ele tivesse percebido seu protagonismo como algo que devia ser purificado, mesmo que, na ocasião, favorecesse a vocação. Por exemplo, imaginemos que o reitor lhe tivesse feito dar-se conta de que jamais estava sozinho no quarto e o tivesse levado a pensar que talvez houvesse certa fuga em tudo aquilo; ou então, para incentivá-lo a maior interioridade, lhe tivesse proposto passar um mês, durante o verão, com os doentes terminais, em vez de com um grupo de jovens; imaginemos também um formador ainda mais "perverso", tão perverso a ponto de impedi-lo de ir

à paróquia durante um mês e obrigá-lo a ficar no seminário, inclusive nos fins de semana, e assim por diante. O protagonismo de João não demoraria muito a revelar-se em seu aspecto de bem aparente, juntamente com uma forte – e, nesse caso, providencial – reação de raiva ou perda de motivação. Se, depois, João tivesse sido ajudado a compreender que tudo isso não fora pensado como punição, mas como exercício para que ele aprendesse a servir-se de seu protagonismo, em vez de servi--lo, João teria aprendido a ser bom sacerdote, extraindo de si mesmo também outras energias; teria aprendido a recorrer a fontes motivacionais mais numerosas, a já não ser escravo de uma necessidade, mas a fazer um discernimento à luz dos valores. Em resumo, teria saído do seminário com mais recursos à disposição e teria superado mais facilmente o problema de hoje como problema de função, em vez de problema de vocação. Certamente, tudo isso pode ser recuperado, inclusive depois, mas com muito mais esforço, mais tempo e com quantas desilusões a mais nesse percurso!

O exemplo pretende mostrar que o polo psicológico e o espiritual, posto que autônomos, estão entretecidos. Visto que, inclusive, autônomos, o entretecimento deles não é pensável em termos de causa e efeito.[3] Como, então, pensá-lo?[4] Para a

---

[3] A exclusão da hipótese causal é uma tese importante em nossa AVC e é compartilhada também por outras reconhecidas escolas de pensamento. Cf., por exemplo, W. W. Meissner, *Life and faith; psychological perspective on religious experience*, Georgetown University Press, Washington D.C. 1987, ou D. S. Browning – T. D. Cooper, *Il pensiero religioso e le psicologie moderne*, EDB, Bologna 2007, ou ainda A. M. Rizzuto, "Believing and personal and religious beliefs: psychoanalytic considerations", in *Psychoanalysis and Contemporary Thought* 25(2002), 433-463.

[4] A respeito da relação entre maturidade psicológica e maturidade espiritual, há mais de trinta anos o Instituto de Psicologia da Pontifícia

resposta, é preciso levar em conta que a maturidade espiritual diz respeito à eficácia com a qual a pessoa responde à graça divina; não está relacionada, portanto, à presença da graça – fruto da ação gratuita de Deus – na pessoa.

√ *Entre maturidade psicológica (ou seja, predisposição à resposta) e maturidade espiritual (ou seja, resposta à graça de Deus) não existe relação direta.* Se assim não fosse, deveríamos dizer que, quanto mais sou maduro em minha dimensão humana, tanto mais o serei também na cristã. Ao contrário, a presença da graça em nós não tem relação com nossa perfeição, e uma vida convertida não é o efeito de uma vida psicologicamente normal. O dito segundo o qual "os imaturos também podem ser santos", ou que "para haver sacerdotes santos a psicologia não é necessária", tem sua verdade, desde que não legitime as imaturidades da pessoa e que sublinhe que o importante é sua disponibilidade em usar para Deus aquilo que ela é, tal como é, independentemente do estado de saúde de ser assim como é: a oferta da viúva do Evangelho nos lembra, de fato, que o que conta é usar para Deus aquilo de que a pessoa dispõe atualmente, independentemente de quanto dispõe. À parte alguns casos bem específicos de psicopatologia severa (ou seja, aqueles nos quais estão comprometidas as próprias operações crítico-reflexivas, e não

---

Universidade Gregoriana de Roma realiza pesquisas empíricas no campo dos candidatos à vida sacerdotal e religiosa, visando indagar quais podem ser as consequências da maturidade/imaturidade psíquica sobre a resposta vocacional. Entre os mais importantes: L. M. Rulla – F. Imoda – J. Ridik, *Antropologia della vocazione cristiana, 2: Conferme esistenziali*, EDB, Bologna 2001; C. O' Dwyer, *Imagining One's Future. A Projective Approach to Christian Maturity*, Pontificia Università Gregoriana, Roma 2000; B. Dolphin, *The Values of the Gospel: a study in Thematic perception*, Pontificia Università Gregoriana, Roma 1991.

somente o raio e a amplitude de suas atuações, como, por exemplo, o caso da esquizofrenia), permanecem em cada um de nós áreas mais ou menos amplas de liberdade, que podemos usar "para" fazermos de nós mesmos um dom. Dizer que não existe relação direta entre maturidade psicológica e maturidade espiritual não quer dizer que não haja nenhuma relação, ou que "tanto faz". Ser mais ou menos maduros psicologicamente não é irrelevante. A autonomia dos dois polos diz que também os loucos vão para o céu, mas o entrelaçamento diz que, se não tivessem sido loucos, estariam livres de tantas dificuldades adicionais, ou teriam partido sem, inclusive, enlouquecer os outros.

√ *Os vários elementos psíquicos reguladores de nossa maturidade/imaturidade psicológica são predisposições (mais ou menos favoráveis) à resposta vocacional.* Predispor não quer dizer "causa", mas tampouco se resume em dizer "é irrelevante". Se um seminarista tem vocação, é por iniciativa gratuita de Deus, que chama quem quer, como quer e quando quer, e não pelo caráter do candidato, tampouco se é belo ou feio. O mérito do chamado deve ser atribuído a Deus, e não à maturidade psicológica do candidato (do contrário, Deus deveria obrigar-se a chamar somente os belos!). Igualmente, a resposta ao chamado não é causada pela maturidade psicológica, mas por sua liberdade, pelo menos mínima ou residual, de arriscá-la "por" Deus. Se, porém, as características psíquicas do candidato não causam nem a presença da vocação nem a resposta a ela – que dependem, ao contrário, do uso que o chamado faz da liberdade efetivamente à sua disposição (a segunda) e da ação da graça em seu coração (a primeira) –, essas características vão favorecer mais ou menos positivamente a eficácia da resposta vocacional, ou seja, predispõem o sujeito a maior ou menor capacidade de internalizar em sua inteira subjetividade os conteúdos de tal chamado e, portanto, a respeitá-los e – algo não desprezível – a alegrar-se com eles e a ajudar os outros que se encontram no mesmo caminho.

√ *Entre maturidade psicológica e resposta vocacional há uma relação indireta que, normalmente, aparecerá visivelmente com o passar do tempo.* Com efeito, a psicologia profunda recorda-nos que as imaturidades psicológicas deixadas por conta própria, com o passar do tempo, saem de sua área originária de pertença e vão comprometer outras áreas do "eu", principalmente quando essas imaturidades têm uma raiz inconsciente (portanto, não estão sob o controle da pessoa). O inconsciente a que nos estamos referindo não é aquele que é fonte de patologia (de memória freudiana), ou seja, o que vai alterar a intencionalidade consciente, transformando-a em uma mentira (razão por que, inconscientemente, um marido não busca uma esposa, mas uma segunda mãe). As forças inconscientes normais de que estamos falando não são assim condicionantes, ou seja, não são elas que criam as motivações (razão por que o marido sabe bem que sua mulher não é sua mãe, mas, às vezes, age com ela como se fosse filho), mas vão acrescentar às motivações pretendidas pelo sujeito significados distorcidos e desencaminhadores que enfraquecem a boa qualidade das motivações escolhidas por ele. A partir daí, seu subsequente funcionamento tem a capacidade reduzida, ou seja, funciona abaixo de suas potencialidades. Alguns exemplos desse estreitamento: interpretações empobrecidas ou seletivas das normas e dos valores, expectativas irrealistas acerca do próprio futuro, dificuldades de relacionamento, aposentadoria precoce, tendência de tornar o próprio papel que desempenha um refúgio, descuido, moleza, cansaço excessivo, repetitividade... As imaturidades de personalidade, quando negligenciadas, aos poucos vão afetando o que o sujeito poderia ser ou dar de si, levando-o a um encolhimento progressivo que ele poderia ter evitado, caso tivesse se preocupado em libertar-se dos empecilhos de suas imaturidades, bem como se contentado, de modo louvável, em usar apenas as capacidades que, por si só, são e já lhe eram gratuitas. Estaria, assim, mais predisposto a uma progressão. Ao não realizar essa experiência do "mais", é bem provável que seu nível atual de desempenho possa, com o tempo, diminuir em vez de aumentar, visto que as imaturidades não se dissolvem espontaneamente, mas tendem a tornar-se irremediáveis. Se, portanto, a psicologia não serve para preparar bons padres e boas freiras, ou cristãos santos, pode servir para que sejam melhores hoje, a fim de que continuem a sê-lo, inclusive, amanhã, e para que não façam com que os outros paguem o preço das próprias imaturidades. Deve-se observar que isso não é perfeccionismo, mas salvaguardar o respeito a uma regra elementar da ascese cristã, segundo a qual o sujeito deve permanecer aberto a uma descoberta sempre mais profunda e radiante de sua vocação (para não falar da obrigação deontológica de respeitar a dignidade inerente à própria profissão).

√ *Entre maturidade psicológica e resposta vocacional, a relação indireta é mediada pela liberdade.* Oferecer e aproveitar oportunidades de cura psicológica não produz êxitos espirituais garantidos. Referindo-nos ao exemplo anterior, ainda que João tivesse recebido já no tempo do seminário os auxílios necessários para reconhecer seu protagonismo como potencial de predisposição positiva, mas também negativa na pastoral, não se exclui que João, no futuro, não tivesse sofrido uma crise qualquer, inclusive vocacional. Apesar dos auxílios recebidos, pode-se igualmente regredir (mas é mais fácil dar-se conta disso a tempo). As predisposições, mesmo se conhecidas, purificadas, libertadas... permanecem predisposições, e o que é libertado não é necessariamente usado para Deus. Resta o passo sucessivo do uso da própria liberdade liberada em favor de uma decisão "por" Deus, que é feita – caso se queira – na solidão com ele, onde nenhum educador nem psicólogo pode entrar. Mas conduzir ao limiar desse doce encontro seria um grande sinal de amor às pessoas.

√ *As duas maturidades têm uma relação circular:* o movimento de uma estimula o movimento da outra, na dupla direção *de reforço mútuo* (mais consciente como homem e como cristão; mais fiel a Deus e mais incentivado a ser verdadeiro comigo mesmo), mas também de *ameaça recíproca* (mais consciente como cristão e mais vulnerável como homem; mais autônomo em minha identidade de homem e menos necessitado de Deus). É a conclusão que, como já vimos, pertence à dialética básica (cap. 2).

QUAL DELAS TEM A PRIMAZIA?

Na ordem lógico-mental, a primazia cabe à maturidade espiritual. Isto significa que a superação de todo problema psicológico não depende de tê-lo analisado, mas da presença em nós de uma motivação espiritual (pelo menos no sentido amplo) que forneça a possibilidade de não continuar a repetir o problema. Para mudar, não basta a introspecção. Com introspecção, posso compreender que sou demasiado dependente de algumas pessoas, e também que se trata de uma dependência infantil e humilhante para mim, que não me convém... Mas, depois de saber tudo isso, de onde tiro força para não me comportar mais como criança? E por que não continuar a fazê-lo, pelo menos um pouco? Ou continuar a fazê-lo, mas de maneira diferente: uma vez desmascarado nessa dependência das pessoas reais, passo à dependência das pessoas na fantasia, ou das coisas em vez das pessoas...? Ou então posso trocar o próprio mecanismo da dependência por outro, novo mas substancialmente velho, passando – por exemplo – da dependência à dominação, à evitação ou ao narcisismo). E depois, por que tudo isso é errado?... Se não possuo um sistema de valores interno nem um centro vital, é difícil responder. A maturidade espiritual revela-se naquilo que é quando se apresenta o tempo de mudar.

Por outro lado, na ordem cronológico-estratégica, a primazia cabe ao polo psicológico, pelo menos segundo o método de acompanhamento aqui proposto, que é do tipo indutivo, o qual começa a trabalhar sobre temas psicológicos sob a ótica de que os detalhes da vida, uma vez analisados, levem a um confronto mais concreto e efetivamente impregnado dos conteúdos objetivos da fé cristã. Se "perdermos tempo" para percorrer novamente os detalhes da vida é porque esperamos que, nesses detalhes psicológicos, cedo ou tarde surja também uma demanda espiritual ou que ela, embora já presente, se torne mais vivificante (do contrário, faríamos simplesmente higiene mental).

OBSERVAR O FUNCIONAMENTO BÁSICO

Parte-se da psicologia ou da espiritualidade? Não existe uma regra válida para todos. Parte-se de onde a pessoa se encontra. Se partirmos do polo psicológico, podemos estar certos de que a pessoa seguramente está ali e certamente não de modo inoperante. Contudo, qualquer que seja o polo de partida e de atenção, o importante é que os dois polos se cruzem, e que percebamos o tipo de funcionamento básico que o encontro produz.

De fato, funcionamento em níveis que são diferentes, mas no quadro de um único funcionamento básico.

Podemos ser muito dotados intelectualmente, mas pobres nos afetos; homens de grande fé, mas ignorantes do ponto de vista teológico; psicologicamente sadios, mas confusos na vida; santos, mas pesados para os outros. Cada um de nós funciona em níveis diversos, inclusive contraditórios e com ritmos e tempos de desenvolvimento diversificados. No entanto, são níveis que se entrelaçam em um único funcionamento básico, e a própria linguagem comum nos propõe ter uma noção de como a pessoa "gira" em seu conjunto.

Seria necessário que um formador de seminário se fizesse mil perguntas sobre o funcionamento básico de seu seminarista como resultado circular de espírito e psique: os símbolos que esse seminarista usa para exprimir sua interioridade são de que tipo? Está iludindo-se ao pensar que pode mudar miraculosamente a vida, desvencilhando-se de todo seu passado, ou começou um caminho gradual de busca de Cristo, incluindo aí também tudo que lhe aconteceu no passado? Seu estilo de vida atual exprime a disponibilidade ao dom total de si ou, mesmo se correto, é limitado, pobre, autoprotetor, padronizado? É disponível para aprender progressivamente o horizonte de vida "segundo Deus" ou, ao contrário, tende a englobar (e, portanto, a reduzir) esse horizonte em seu horizonte prévio, centrado em seu "eu"? Como usará o poder quando se tornar padre? Qual parece ser o seu "hoje de Deus": o tempo da busca ou da decisão, da pergunta ou da resposta, da ação ou do silêncio? Até que ponto é capaz de discernir as questões profundas de seu coração? Entre as perguntas que faz a si mesmo, quais são as mais centrais e quais as mais periféricas? De quais perguntas fundamentais tem medo e de quais foge? De quais perguntas fundamentais se esqueceu? Como suas perguntas estão ligadas a sua história, aos múltiplos encontros acontecidos, às experiências vividas? É seu amor por Deus que mede os outros amores, ou vice-versa?...

As perguntas, porém, também dizem respeito ao funcionamento básico do próprio educador: qual é o sistema simbólico que brota do meu modo de formar? A que tipo de futuro preparo os meus seminaristas? Que competências considero que devem ser necessariamente pretendidas? Incentivo à conversão do coração ou consinto em apoiar identidades defensivas? Minhas intervenções veiculam o primado dos processos emotivos ou dos reflexivos: levam a pensar ou limitam-se a soar bem aos ouvidos? Que tipo de relação propõem comigo? Os critérios de avaliação que uso ficaram estagnados naqueles que funcionavam quando eu era jovem ou respondem às exigências dos jovens e da Igreja de hoje?

Mesmo que o formador privilegie o polo espiritual, não pode fugir à obrigação de compreender onde se encontra o jovem (esse jovem e não outro! Sua mentalidade e não a mentalidade dos jovens!), onde se encontrava no primeiro ano da universidade e onde se encontra no terceiro, no quarto... compreender quais são as perguntas e buscas fundamentais desse jovem, verificar se no decurso de sua formação ele as aprofundou, paralisou, empobreceu, esquivou-se delas (ou até mesmo as traiu). Se o educador se limita a indicar o ápice, mas não toma o jovem pela mão ali onde ele se encontra, iluda-se se pensa que o leva ao topo: esse jovem olhará para o cume, mas sempre de longe, e continuará a avaliar emotivamente e a comportar-se como sempre, sem mover-se de onde se encontra. Se o educador não compreende onde o jovem se encontra, por trás de sua presença, mesmo amorosa e constante, pode ocultar-se um tipo de abandono: ele não se encontra onde o jovem luta, se questiona, se alegra, combate..., porque está situado em relação a ele em um nível diferente; então, a pessoa fica sozinha, embora estejamos ali para ela.

REFERÊNCIAS BIBLIOGRÁFICAS

✓ *A psicologia nos seminários*

CONGREGAZIONE PER L'EDUCAZIONE CATTOLICA, *Orientamenti per l'utilizzo delle competenze psicologiche nell'ammissione e nella formazione dei candidati al sacerdozio* (29 de junho de 2008) (também in *3D* 3[2009], 308-323). Todo o número de *Seminarium* 2-3 (2009) é dedicado ao documento.

✓ *Diversidade de problemas, critérios para distingui-los*

COMMISSIONE EPISCOPALE PER IL CLERO DELLA CONFERENZA EPISCOPALE ITALIANA, *Linee comuni per la vita dei nostri seminari*, 25 aprile 1999 (cap. 1: descrição dos sinais de patologias relevantes, de patologias leves, de crescimento).

✓ *Maturidade psicológica e vocacional da instituição formativa (diagnóstico institucional)*

No itinerário formativo, não é apenas o sujeito que deve ser colocado em discussão, mas também a instituição formativa; esta também deve submeter-se à verificação a fim de ver se e até que ponto é capaz de transmitir mensagens corretas e coerentes.

"Michele tra speranza e rabbia; quando l'istituzione formativa intralcia la crescita" (I. SEGHEDONI), in *3D* 3(2006),

295-306 (análise de um caso em chave de diagnóstico institucional).

"Il problema della formazione: un punto di vista ecclesiologico" (M. Nardello), in *3D* 1(2007), 19-31 (a maneira pela qual a Igreja compreende a si mesma e sua missão influencia, a maior ou menor importância que ela confere à formação personalizada, aos modos de realizá-la e aos recursos a serem investidos).

"La leadership nella Chiesa tra tutela dell'istituzione e servizio alle persone" (M. Nardello), in *3D* 2(2008), 166-174 (o modelo de Igreja no qual uma comunidade se inspira está na origem de muitas dinâmicas que influenciam no estilo e na qualidade de seu líder).

"Il silenzio nell'organizzazione" (F. Rinaldi), in *3D* 1(2008), 95-104 (os efeitos deletérios da omissão de informações importantes, atinentes à gestão de uma organização).

"Ricerca vocazionale: le nozze d'argento" (Editoriale), in *3D* 1(2012), 4-8.

"A proposito di proposta vocazionale" (A. Manenti), in *3D* 3(2009), 290-299 (alguns critérios para avaliar o tipo e a qualidade da animação e da proposta vocacional).

✓ *Ocasiões de diminuição das duas maturidades*

O problema do papel do padre

"Reggere la conflittualità; il prete e l'istituzione" (E. Parolari), in *3D* 3(2006), 307-315.

"Quando si diventa parroci:... cose che capitano" (E. Parolari), in 3D 2(2008), 197-205.

"I preti: da guardiani dei granai a compagni di viaggio" (Editoriale), in *3D* 2(2007), 116-121.

"Quando si aprono gli occhi: dal seminario alla vita" (F. RINALDI), in *3D* 2(2006), 196-206.

A meia-idade e nova integração psicoespiritual

"50 anni e dintorni: il prete ad un bivio" (I. SEGHEDONI), in *3D* 3(2011), 287-296.

"La crisi dell'et. di mezzo: il periodo della menopausa nella Donna" (P. MAGNA – A. PAZZAGLI), in *3D* 2(2007), 162-173.

"Decidere come e per chi morire. La questione dell'et. di mezzo" (E. PAROLARI), in *3D* 3(2010), 286-296.

✓ *Situações extremas*

"I casi tragici: quando vivere il valore sembra impossibile" (A. MANENTI), in *3D* 1(2005), 27-38.

"In caso di incendio, non estinguere la fiamma" (G. RONZONI), in *3D* 2(2009), 187-194 (sintomas e tratamento do *burnout* nos padres).

"L'accompagnamento psicologico e spirituale dei confratelli in gravi difficoltà" (A. PARTINI), in *3D* 3(2010), 315-325.

7

COMO LEVAR À ESCUTA DE SI: COMEÇO DOS COLÓQUIOS E CONTRATO DE TRABALHO

Johnny, um jovem de 22 anos, telefona a padre Carlos, educador do seminário, dizendo que gostaria de falar-lhe de si e de uma eventual perspectiva vocacional: uma conversa simples e nada mais. Trata-se, portanto, de um primeiro contato de conhecimento sem compromisso. Talvez o encontro de João com padre Carlos tenha continuação, ou talvez não: por disponibilidade do jovem, mas também por capacidade de o padre Carlos dar o tom adequado ao início do encontro.

Johnny começa logo dizendo que o momento vocacional decisivo em sua vida foi uma jornada pela paz, em Assis. O tema da paz, da concórdia e, portanto, do Senhor Jesus que dá a paz, e, mais ainda, o padre como ministro da paz... em resumo, tudo é construído em torno do tema da paz. Johnny fala de modo convicto e sincero. Dedicam bastante tempo a esse aspecto do projeto.

Na segunda parte do colóquio, padre Carlos, a fim de ter uma ideia da realidade de Johnny, pegando um ou outro ponto de sua biografia, passa a perguntar-lhe algo a respeito de como transcorre seu dia, sobre como usa seu tempo livre, a propósito daquilo que, em sua opinião, é seu caráter, sobre suas leituras preferidas... Daí resulta o quadro de um jovem que ele próprio define como "impetuoso": amante do conflito, interessado em romances e filmes violentos, brusco com os outros, pronto a explodir com irascibilidade e a praguejar consigo mesmo, quando, por exemplo, se vê bloqueado com sua moto no tráfego nos horários de pico.[1]

CONSERVAR O TEMA DO IDEAL AO REAL

Por que essa virada de atenção do projeto ideal para a vida prática?

Não para insinuar uma sombra de suspeita sobre a autenticidade do projeto, mas para melhor fundamentá-lo, se existe. Se Johnny não se escuta por inteiro, não apenas em sua parte ideal, mas inclusive na atual, talvez mais "inferior" e prosaica (escuta não espontânea para quem está em fase de elaboração de um projeto), começa com o pé esquerdo.

Em primeiro lugar, porque, se a vocação é um dom total de si, não pode consistir somente na tentativa de concretizar o mundo dos desejos "elevados" (ou considerados tais), como se os outros não existissem: seria dar somente parte de si.

Em segundo lugar, porque cada projeto de futuro se insere, em todo caso, em um estilo de personalidade prévio, graças ao qual tal projeto será providencialmente personalizado, mas também, desafortunadamente, condicionado, empobrecido, quando não até mesmo distorcido.

Em terceiro lugar, porque o projeto, a fim de desenvolver-se no futuro e para ser fonte também de compreensão da

---

[1] Texto retomado e ampliado por A. Manenti, "Come avviare all'ascolto di se: un metodo e un esempio", in *3D* 3(2005), 303-316; em conexão com este artigo, cf. também S. Guarinelli, "L'ascolto di se: equivoci e obiettivi", in *3D* 3(2005), 261-275.

vivência dos outros, deve ser levado adiante por um sujeito que, de alguma maneira, tenha tido contato com (pelo menos) alguns temas universais e básicos da vida (dialética básica): da vida como conquista, mas também como perda; da harmonia, mas também da agressividade; do aspecto triunfante e do frustrante do viver; da alegria e da dor...

Esse intercâmbio entre ideal e real influenciará sobre o resultado mais ou menos maduro da própria vocação. Se o Johnny amante da paz tem, em algum lugar do se "eu", vontade de fazer a guerra, essa vontade, de alguma maneira, cruza-se com seu desejo de paz, não porque Deus o chama a fazer a guerra, mas porque o projeto vai ao encontro de todo o tipo de personalidade de Johnny, incluindo a agressividade.

ESCUTAR A SI MESMO ENQUANTO ESCUTA O OUTRO

Essa disponibilidade para ter acesso inteiramente ao próprio coração não depende somente de Johnny, mas também da disponibilidade de padre Carlos para escutar todas as vertentes desse coração, e não somente a vertente edificante que gostaria de sentir, bloqueando (basta um olhar ou um pequeno gesto!) os temas que o deixariam desconfortável.

Você ajuda o outro a escutar-se inteiramente (parte menos nobre incluída) se for capaz de escutar tudo o que o outro provoca em você (parte menos nobre incluída).

O encontro com um jovem generoso em perspectiva vocacional consola e inflama a mim, animador vocacional, nos meus ideais, em minha consolação ao ver que o Evangelho ainda é atuante, na beleza de partilhar coisas espirituais..., mas também... somente Deus sabe em quantas outras coisas:

meu medo de que não volte mais se lhe faço alguma objeção; medo de perder mais uma vez um seguidor e ficar com minha esterilidade; as expectativas da instituição a meu respeito; os projetos institucionais que permaneceriam utopias sem jovens recrutas; a inveja de seu entusiasmo; a confirmação de minha capacidade pastoral; a revanche sobre os confrades; o desejo de um filho; troféu a ser exibido; seguro para minha velhice; o pesadelo do número decrescente dos que entram no seminário; ocasião de fascinação; pacto de camaradagem; modo de obter afeto sem levantar suspeitas... (estamos falando do jogo da transferência e contratransferência que sempre se dá nos diálogos presenciais). Se o educador não se escuta por inteiro (parte menos nobre incluída), torna infecundas suas palavras, independentemente de serem de consolação ou de confronto. Terá um discurso genérico que espiritualiza ou, ao contrário, banaliza, mas, seja como for, considera a pergunta de Johnny um estereótipo e dá uma resposta genérica.

Esse convite à escuta total de si (igualmente válido para Johnny e para padre Carlos) é óbvio em teoria, mas na prática evapora-se frouxamente. "Reconduzir Johnny ao real?... Mas como?... Atualmente, onde se encontra um jovem tão bom? Por que desfazer-lhe os entusiasmos, justamente no primeiro dia que vem falar com você no seminário? Por que romper o doce encanto do primeiro tímido enlevo com um apelo à feia realidade?... O amanhã cuidará de fazê-lo pôr os pés no chão! Ademais, quem se escuta demasiado, problematiza-se e desencoraja-se... Tem-se medo de que a vida rompa o encanto e, em última análise, não se leva a sério a seriedade de um projeto.

Feito esse esclarecimento a respeito do modo de colocar-se de padre Carlos, imaginemos, agora, o diálogo ainda inconclusivo, mas suficiente o bastante para começar mal (hipótese de diálogo incorreto) ou bem (hipótese de diálogo correto) o futurível caminho de Johnny. Apresentamos as duas hipóteses em versão escandalosamente breve e resumida: somente poucas frases. Com a advertência, porém, de que cada uma delas é o concentrado de um diálogo que comportou muitas palavras, digressões, exemplos, perguntas de esclarecimento... Um diálogo de duração total de uma hora e meia. Essa capacidade de sintetizar um encontro em seus dados mais relevantes é uma arte refinada do educador: a de encontrar o fio da meada em meio a uma miríade de informações mais ou menos importantes, de determinar os pontos relevantes e reconhecer os temas fundamentais, de modo a evitar um falar dispersivo e inconcludente. Esse reconduzir ao núcleo não é fazer uma análise ampla, mas determinar precisamente as linhas gerais da análise.

EXEMPLO DE UM PRIMEIRO ENCONTRO ERRADO

Feitas as apresentações de praxe e lembrado o porquê do encontro, Johnny começa imediatamente a falar de sua aspiração, com entusiasmo, mas também com certa distância, porque já sabemos, a partir de seu telefonema, que ele quis esclarecer tratar-se apenas de um encontro provisório, sem compromisso. Diz logo que a mudança decisiva de sua vida em sentido vocacional foi uma jornada pela paz até Assis. Seu ideal gravita em torno do conteúdo "paz": o Senhor que dá a paz, o padre como ministro da paz, paz universal, em família e paz interior. Vê-se que, para ele, esse valor é importante porque dele fala de maneira ampla, com entusiasmo e serenidade.

E aí está o ponto:

Johnny: Enfim, em tempos como os nossos, de guerras conhecidas e menos conhecidas, é belo que haja alguém que, como o nosso papa, se oponha à tendência dominante e tenha a coragem de dizer não. Ademais, seria belo que também nós todos nos tornássemos menos complicados, com menos paranoias: viver, como diz o Senhor em algum lugar, como os lírios do campo e os pássaros do céu, mesmo que eu, no entanto, não possa dizer que o consiga.
Pe. Carlos: Bem! É claro que ninguém é perfeito, mas o Senhor nos chama a ser fazedores da paz, e bem-aventurado quem se torna um deles.
Johnny: [com tom ligeiramente frio] Certo! Todos somos chamados à santidade.
Pe. Carlos: Além do mais, você também deve ter visto, durante a jornada pela paz, quantos jovens pensam como você! Nem todos querem o caos das casas noturnas. E, na Igreja, quantos testemunhos existem ainda hoje... Portanto [entre intrigante e sedutor], por que não você também ser um deles? Você gostaria?
Johnny: [também sorrindo] E quem não gostaria de ficar fora do caos?
Pe. Carlos: Então, posso ajudá-lo de algum modo?
Johnny: Sim, o senhor poderia, por exemplo, sugerir-me algumas passagens da Escritura, e isso me ajudaria, ou então algum outro modo de rezar, porque a oração não é exatamente meu forte.
Pe. Carlos: Você poderia começar com a leitura de Jeremias, quando recebe o chamado do Senhor [e indica-lhe o capítulo], ou ler a passagem da última ceia, no Evangelho de João, quando Jesus fala do sacerdócio. Há outros textos a que você gostaria de recorrer?
Johnny: Não. Estes bastam.
Silêncio embaraçoso. Pe. Carlos já não sabe como seguir adiante.

O QUE ACONTECEU?

√ *Como Johnny se descreveu.* Johnny descreveu-se a partir de seu ideal. Disse como gostaria de ser (de verdade! Como hipótese de vida e não como utopia). De si, soube escutar e contar a pe. Carlos as forças propulsoras das quais brota a hipótese de fazer de sua vida um dom: paz, testemunho corajoso, simplicidade, concórdia em vez de caos, recolhimento na oração. Pe. Carlos restituiu-lhe, de modo explícito, essa mesma imagem ideal de si que Johnny lhe passou, e nela Johnny logo se reconheceu, mas, precisamente, em nível ideal. Com efeito, o colóquio, depois de algum tempo, corre o risco de estancar.

Johnny também abriu janelas esporádicas sobre seu mundo real: vê-se distante da meta ansiada, com desejos que permanecem no ar, pouco à vontade com vida de oração, às voltas com as "paranoias" da vida prática. Contudo, falou disso superficialmente, como de coisas não muito interessantes, que existem, mas não as descreve. Padre Carlos também não levou em consideração. Se lhe tivesse restituído esse outro aspecto de si (aquele que – saberemos mais adiante – assume a forma de encolerizar-se e praguejar em meio ao tráfico urbano), provavelmente Johnny teria respondido que sim, que às vezes fica com raiva, mas que é uma interferência indesejada, a qual acontecesse com todos, sendo normal, enfim; algo que não expressa tanto sua personalidade.

√ *Como padre Carlos respondeu.* Aceitou inserir-se no nível da idealidade, certamente representativo do "eu" de Johnny, mas parcial, abraçando imediatamente a configuração do retrato que Johnny faz de si mesmo. Acolheu (de modo correto, mas parcial) a pergunta de Johnny e a respondeu nos termos em que Johnny a formulou. Respondeu à pergunta e o colóquio estancou.

√ *Reação de Johnny.* Resposta "exata" ("Certo! Todos são chamados à santidade". Mas não disse: "Eu também quero ousar"), resposta "impessoal" ("E quem não gostaria de ficar fora do caos?". Mas não disse: "Eu gostaria"), resposta "moral" (O senhor poderia sugerir-me algumas passagens da Escritura?". Mas não disse qual é o tema bíblico vital para ele). À complacência de padre Carlos por achar-se diante de um jovem tão bom, este responde de modo igualmente complacente. Faltam as respostas "personalizadas", aquelas que, depois da análise do hoje, apresentam um pequeno passo a mais ao amanhã por parte de uma pessoa envolvida em primeira pessoa: "Eis-me aqui, envia-me!". "Levantar-me-ei e retornarei à casa de meu Pai", as quais, para Johnny, nesse primeiro encontro inconclusivo, bastava personalizar com: "Não havia pensado nisso, mas agora poderia começar a pensar...".

√ *Resultado desta exagerada sintonia:* o diálogo dissolve-se no nada.

"Johnny, mais alguma coisa?", "Não, é o bastante". Fim.
Johnny: "Seria belo que também nós todos nos tornássemos menos complicados"; *pe. Carlos:* "Ninguém é perfeito". Fim.
Johnny: "Pouca oração"; *pe. Carlos:* "Dou-lhe a solução". Fim.
Johnny: "Estou no caos da vida"; *pe. Carlos:* "Pode-se sair daí". Fim.

Voltará ou desaparecerá? O que leva para casa? Mudará alguma coisa em sua vida prática? Saiu interessado em algo novo ou apenas no que já sabia? A resposta de pe. Carlos fez a pergunta progredir, mas extinguiu-a. Johnny, talvez, recomece do zero com outro padre e com a mesma pergunta.

No entrelaçamento pergunta-resposta, é evidente que a pergunta condiciona a resposta. Mas vale também o contrário. O tipo de resposta condiciona a perguntar de modo mais correto, ou pode aprisionar a pergunta e excluir a possibilidade de perguntas posteriores.[2]

O tipo de pergunta que as pessoas nos dirigem depende também do tipo de resposta que damos: simplesmente imediatas para determinada situação ou capazes também de evocar desejos novos e mais profundos? Talvez a nova evangelização também não exigisse uma análise séria das respostas que damos atualmente? Quem sabe as pessoas respondem pouco porque perguntamos pouco.

A fim de colocar bem as premissas do caminho, já desde o primeiro encontro é preciso destruir o circuito pergunta-resposta; do contrário, a "resposta certa" corre o risco de extinguir os desejos em vez de elaborá-los, fazendo-os evoluir. A resposta educativa é a que desperta a curiosidade para perscrutar profundamente a pergunta de partida, em termos de *provocação* (conecta a pergunta aos problemas reais da vida), de *aposta* (a resposta abre horizontes mais amplos) e de *futuro próximo* (faz entrever um passo posterior, provavelmente não imaginado antes, mas sentido como mais resolutório).

O segredo não está em adivinhar a resposta exata a ser dada, mas em ajudar quem se interroga a assumir a pergunta: perceber-lhe a seriedade, percorre-a

---

[2] A respeito deste tema em nossa AVC, cf. *SvU*, 156-161 ("Pedagogia e parametri dello sviluppo"), 440-449 ("Le domande come punto di partenza e occasione educative").

> profundamente, mostrar-se disponível a dar respostas que não sejam impulsivas, passivas, convencionais, já conhecidas... mas livres e convictas.

√ *O que não foi confrontado?* Não foi confrontado o ponto de contato entre o ideal (viver na paz) e o real (vive-se na paranoia). Johnny acenou a isso, mas como algo não central, banal, sobre o qual sobrevoou rapidamente.

Deixando o real na sombra, Johnny terá dificuldade de conferir conotações verdadeiras a seu projeto embrionário e a passar do atual "Talvez sim, mas vamos ver" ao "Eis-me aqui!". Talvez comece a esperar por alguma intervenção misteriosa que lhe dê o providencial golpe de graça para desviar-se (que é diferente de enfrentar) desse seu momento de investigação. Talvez aconteça – e esperamos que sim – a decisiva "queda do cavalo". Mas o que desagrada é que, também neste caso, esse aspecto de si desconsiderado e sinteticamente fechado na palavra "paranoia" foi omitido e, portanto, permanecerá fora do projeto; com o tempo, entrará nele como elemento rival ou até mesmo corrosivo. A exploração das paranoias e o motivo para tê-las podia ser, em vez disso, uma boa porta de acesso, a fim de unir mais evangelicamente a relação entre imanência (vivemos no caos) e transcendência (quero a paz).

Se Johnny quer tornar-se um bom padre (mas também um bom pai), o que lhe convém melhor dizer? "Queria a paz, mas, infelizmente, estou na guerra", e, enquanto espera o milagre, continuar a fazer guerra e procurar vários consultores para saber como se faz para sonhar com a paz? Ou admitir "Quero a paz, mas quero também a guerra. Quer me agrade, quer não, sei que este é meu desejo", e, consequentemente, perguntar-se se aceita o desafio de ser cordeiro em meio aos lobos, sem esperar nem pretender que os lobos, caindo eles também do cavalo, tornem-se cordeiros, ou sem que ele, por sua vez, devore os lobos?

Em outro contexto, mas de significado semelhante, suponhamos que João diga: "Gostaria de estar com as meninas louras, *mas infelizmente* gosto das morenas", e que ouça: "Não dê importância a isso; o importante é que você olhe para sua namorada": como será capaz de prometer fidelidade a sua futura mulher, tanto faz se loura ou morena? Seria diferente, e melhor, se dissesse: "Gosto das louras e *também* das morenas, mas tenho minha noiva, escolho-a e deixo que as mulheres de cabelos com cor diferente continuem a existir, sem pretender uma conversão que me torne cego à cor do cabelo delas". Do mesmo jeito no caso de Johnny: é melhor afastar as "paranoias" da vida para viver na paz, ou viver na paz com as "paranoias"? Eliminar o que não nos agrada, ou mudar o contexto, ou seja, ampliar o modo de escutar-nos?

EXEMPLO DE UM PRIMEIRO ENCONTRO CORRETO

Feitas as apresentações de praxe e lembrando o porquê do encontro, Johnny começa imediatamente a falar de sua aspiração, com entusiasmo, mas também com certa distância, porque já sabemos, a partir de seu telefonema, que ele quis esclarecer tratar-se apenas de um encontro provisório, sem compromisso. Diz logo que a mudança decisiva de sua vida em sentido vocacional foi uma jornada pela paz até Assis. Seu ideal gravita em torno do conteúdo "paz": o Senhor que dá a paz, o padre como ministro da paz, paz universal, em família e paz interior. Vê-se que, para ele, este valor é importante porque dele fala de maneira ampla, com entusiasmo e serenidade.

Até aqui, tudo como antes, mas eis o ponto de mudança decisivo:

> *Johnny:* Enfim, em tempos como os nossos, de guerras conhecidas e menos conhecidas, é belo que haja alguém que, como o nosso papa, se oponha à tendência dominante e tenha a coragem de dizer não. Ademais, seria belo que também nós todos nos tornássemos menos complicados, com menos paranoias: viver, como diz o Senhor em algum lugar, como os lírios do campo e os pássaros do céu, mesmo que eu, no entanto, não possa dizer que o consiga.
> *Pe. Carlos:* Visto que estamos aqui para falar de seu futuro e, possivelmente, fundamentá-lo bem, o tema da paz do qual falamos até aqui é importante, mas também o das paranoias. Vamos tentar aprofundá-lo?[3]
> *Johnny:* [em tom simpático] Mas, nããão..., elas não contam. Falei por falar. Sabe-se que hoje a vida é mais complicada do que antigamente...

---

[3] "Qualquer vocação cristã dirige-se à pessoa por inteiro e, justamente por isso, tem a ver com o todo da personalidade de modo dinâmico, ou seja, sempre em movimento e jamais de maneira conclusiva. Caso se limitasse a envolver alguns processos da personalidade, pouco se diferenciaria de uma escolha profissional ou da aquisição de um conjunto de atitudes religiosas. A vocação deve estar relacionada *também* às profundidades da personalidade, e não apenas a alguns de seus níveis, talvez os mais superficiais. Não é uma profissão nem um modo de fazer. Não podemos ter bons padres ou bons esposos ensinando a alguns jovens como se *comportarem* como bons padres ou bons maridos, se eles não *são* padres ou maridos. Desnaturamos a essência do ministério ou do matrimônio, inclusive, quando nos contentamos em ter administradores do negócio religioso ou maridos que podem estar em casa às sete da noite e aos domingos levam os filhos ao lago" (os sublinhados constam do original): Guarinelli, "L'ascolto di se: equivoci e obiettivi", 272-273.

Pe. Carlos: Em minha opinião, as paranoias têm a ver com seu futuro, porque, quem sabe viver, tem os olhos voltados para o alto, mas também sente que os pés tocam no chão: as paranoias, precisamente.

Johnny: Estava querendo dizer que, às vezes, minha vida é um grande caos; então, como posso pretender tornar-me padre ou colocar filhos no mundo?

Pe. Carlos: Por exemplo?

Johnny: Por exemplo, quando me enraiveço por causa da dose cotidiana de atentados, bombas, tiroteios e tantas mortes com que os telejornais nos brindam toda noite. Sou um pouco parecido com meu pai, que, mal começa o telejornal, fica bravo com todo mundo. Eu não; sinto-me mal com isso, queria um mundo diferente e, quando muito, enfureço-me somente por dentro, como hoje, que eu estava atrasado para vir para cá. Em comparação com meu pai, sou pacifista.

Pe. Carlos: Por quê? O que aconteceu enquanto você vinha para cá?

Johnny: Sim, irrito-me com o velhote que me atravessa a rua quando estou com pressa. Mas depois, quando a irritação passa, sou o primeiro a deter-me se sei que ele precisa de ajuda. Preciso de três minutos de calma para ficar bem! Como lhe dizia antes: seria belo viver como os lírios do campo e – caramba! –, o Senhor nos disse que é possível... Então, por que eu complico a vida?

UMA PERSPECTIVA MAIS AMPLA

√ *Uma mudança em relação à versão anterior do diálogo* é que padre Carlos, depois de haver gasto um período adequado de tempo sobre o tema do ideal, a certa altura se afasta do nível ideal no qual Johnny estava se descrevendo e, tão logo teve oportunidade, passa para o nível da existência real. Não para mudar de assunto, mas para ampliá-lo. Põe em jogo uma terceira personagem: Johnny o bom, Johnny que quer a paz e Johnny o raivoso. Agindo assim, envia a mensagem de que a vocação é o encontro com *todos os três* Johnnys e que colocar em campo o Johnny raivoso não implica a saída dos outros dois e da vocação (mas assim deve sentir o acompanhador!). Trata-se de uma dilatação (e não de uma mudança) de perspectiva que Johnny não havia levado em conta e que nem mesmo podia fazê-lo, visto que, para ele, o Johnny bravo é um detalhe insignificante que não deve ser levado em consideração. Padre Carlos leva-o a compreender que essa janela divagadora, pela qual – Johnny teme – entram apenas correntezas de ar nocivas, pode, ao contrário, ser também um portão para uma acolhida mais total da vocação. Johnny não suspeitava que também essas notícias biográficas sobre as próprias "paranoias" pudessem servir, e jamais teria imaginado vir certa manhã ao seminário para falar sobre elas em vez de sobre sua conversão durante a jornada de Assis.

√ *Reação à ampliação de perspectiva.* Johnny mostra-se interessado em seguir a pista aberta por padre Carlos (bom sinal! É muito provável que voltará a falar com ele). Tem a intuição de que é mais libertador (e também vantajoso) levar tão a sério sua necessidade de agressividade quanto de paz, que ele considera um valor. Está escutando-se melhor: diante de seu futuro de sucesso, há a paz e a agressividade, igualmente reais e dignas; não mais um Johnny contra o outro, ou que vença o mais prepotente ou o mais devoto!

> Quando uma pergunta é colocada em uma perspectiva mais ampla em relação àquela na qual o interessado a colocou até o momento, a reação deste pode ser ambivalente. Por um lado, ver sua pergunta atual ser colocada em um contexto mais amplo pode dar-lhe a impressão de que a pergunta, não recebendo uma

> resposta pronta e imediata, é negligenciada e encoberta. Por outro lado, percebe que esse contexto mais amplo pode tornar mais interessante e fecunda sua própria pergunta e, portanto, sente-se soerguido e interessado em deixar-se guiar por esse caminho imprevisto. A presença desta segunda reação é de importância capital para saber se o caminho vocacional acabará ou prosseguirá. Se a disponibilidade para explorar novas hipóteses existe, quer dizer que – de fato e não somente em teoria – o sujeito aceita fazer um caminho de transcendência. Se não existe, é muito provável que o apego a seu contexto, às suas ideias e ao seu mundo habitual predominará, e que a pergunta vocacional, mais do que de transcendência, seja pergunta de confirmação de si mesmo.

Ampliada a perspectiva, é preciso entrar nela. Retomemos, então, o diálogo:

Johnny: Sim, irrito-me com o velhote que me atravessa a rua quando estou com pressa. Mas depois, quando a irritação passa, sou o primeiro a deter-me se sei que ele precisa de ajuda. Preciso de três minutos de calma para ficar bem! Como lhe dizia antes: seria belo viver como os lírios do campo e – caramba! –, o Senhor nos disse que é possível... Então, por que eu complico a vida?
Pe. Carlos: Um momento! Detenhamo-nos porque apareceu uma coisa muito importante. [NF: quando se realiza uma conquista, uma ampliação de horizonte, uma introspecção nova... não se deve prosseguir como se nada tivesse acontecido. É melhor explicitá-la, enfatizá-la, conscientizá-la bem]. O que estamos dizendo é que seu desejo de consagrar-se ao Senhor se entrecruza com sua raiva contra o caos. Há o Johnny que vem aqui para

falar de seu projeto e o Johnny que, vindo para cá, enfurece-se contra o tráfego e o atraso. Se os dois lados lutam entre si, você caminha na incerteza. Se conseguirmos juntá-los melhor, emergirá um Johnny capaz de viver em paz no tráfego, com garra e sem perder-se. Tentemos, pois, imaginar o resultado da paz no tráfego. Você me falava que quer ser homem de paz: o que você quer dizer com isso?

Johnny: Sim! Paz, está claro..., ou não?

Pe. Carlos: Para mim, não. Paz é somente um nome que diz tudo e nada. Tente imaginar: qual é, para você, a imagem que mais lhe fala de paz, aquela que mais lhe agrada, que a descreve melhor [NF: está-se entrando nas representações interiores].

Johnny: A natureza. A visão da primavera me acalma, faz-me sentir vivo: sabe aqueles prados das montanhas...? Ou um bosque no outono, depois do calor do verão, com as folhas que estão amarelando, com aquelas árvores... – como se chamam? – altíssimas, enormes, e a gente se sente pequenino, pequenino... Mas não no sentido açucarado, como de filme meloso, de romance sentimental. Não, uma paz que você lutou para consegui-la. Ah, sim, como no filme *O Repouso do Guerreiro*, ou como em outros que têm a ver com o tema "cara, quantos golpes, mas agora está tudo bem!..." [e continua, interessado, com outras imagens semelhantes].

Pe. Carlos: E de que modo a natureza lhe fala de Deus?

Johnny: Óbvio, o Deus da paz.

Pe. Carlos: Deus da paz?

Johnny: Sim! Longe das preocupações do mundo, do trabalho, do futuro. Sem necessidade de ter que fazer a barba toda manhã. Em paz. Como quando termino uma jornada com muitas preocupações: dou uma volta e me pacifico de novo com o mundo... [continua, interessado, com outras imagens que parecem não acabar].

Pe. Carlos: [sorrindo] Mas, Johnny, tinha pedido para você falar de Deus, não de você!

Johnny: [alegre] Minha mãe tem razão quando diz que tenho a cabeça nas nuvens!
Os dois riem.
Pe. Carlos: Não. Você não é um sonhador. Você fixou bem o núcleo da vida cristã, que não é a paz das florezinhas, mesmo que lhe agradem, mas a de manter unidas a luta e a esperança; um belo desafio...
Johnny: Diria atraente...

CURIOSIDADES PARA UMA EXPLORAÇÃO

Colocado no caminho rumo a seu "eu" total, Johnny percorre-o veloz (bom sinal! É um jovem disponível a "emigrar"). Emerge com toda evidência que a paz, tal como a compreende, não é a do Evangelho. Para ele, é a alternativa à guerra e o êxito feliz de uma luta travada. Talvez não busque a paz, mas a guerra é que lhe causa problema. Ou quem sabe esteja procurando a paz perfeita para bloquear, de uma vez por todas, a oportunidade de sua agressividade despertar. Talvez, ainda, Johnny não seja tão agressivo e "impetuoso" como pareceu no primeiro contato, mas se tornou assim porque ainda não descobriu como conjugar as ovelhas com os lobos, sem cair em uma ignominiosa concessão.

Por enquanto, pouco importa entrar nessas dinâmicas psicológicas. O que interessa agora é abrir a porta para uma escuta pessoal mais totalizante. Johnny está percebendo (melhor seria dizer "farejando", porque não é uma conclusão do raciocínio, mas uma sensação afetiva) uma porção de coisas: que em seu ideal de paz existe algo bizarro (não alarmante!), do qual agora pode até mesmo rir; que ele se sente mal com a agressividade, fora e dentro de si; que pode haver um modo melhor de conjugar o binômio paz/guerra; que sua busca de Deus descamba facilmente para a busca de si. Tudo isso não como humilhante constatação, mas como perspectiva de um modo melhor de ser. Por enquanto, são fragmentos dispersos a serem verificados e compostos em outros encontros. Contudo, emergiram naquele momento. Estamos no primeiro encontro; há muito jogo pela frente. Por agora, basta que as cartas sejam colocadas em movimento. A conclusão do encontro será a proposta para que Johnny conserve o movimento entre o real e o ideal começado no colóquio de hoje.

Provocar as defesas

É uma tática que consiste em pegar de surpresa o próprio interlocutor com respostas que ele não esperava, que evidenciam a discrepância entre seu modo de descrever-se e as forças reais não verbais que estão em jogo. Com tal tática, colocam-se à prova os esquemas vazios ou as fórmulas estáticas e costumeiras com as quais são enfrentados os problemas da vida.[4]

Atento a todo indício, o formador instiga as defesas para sondar as disponibilidades reais do interessado em colocar-se em discussão; vale dizer, olhar-se a partir de uma perspectiva diferente da costumeira e relacionar-se com modos de comunicação mais flexíveis e significativos. Esse convite para abandonar momentaneamente a própria posição para assumir a do outro é o oposto do tenaz apego ao próprio modo de ver e de sentir.

Não se trata de desacreditar (desqualificar, banalizar, ridicularizar) as opiniões dos outros, mas de sondar-lhes os componentes de banalidade e/ou de

---

[4] A técnica é de N. W. Acker an, *Patologia e terapia della vita familiare*, Feltrinelli, Milano 1976, 105.

obstinação, e recolocá-las em seu lugar de opiniões em vez de dogmas.

Pode-se provocar de duas maneiras:

- *Reformular:* respeita-se a narração do cliente, mas com a introdução de alguma pequena variável que sugere alguma conclusão adjunta. "Tudo o que você disse demonstra realmente uma grande generosidade de espírito, embora me pareça que, às vezes, é uma generosidade um pouco excessiva, quase como se você fizesse questão de ver-se como uma pessoa generosa". Se a reação a essa ampliação de leitura é de forte rejeição e se há uma resposta que reafirma a posição de partida, é provável que se esteja diante de uma indisponibilidade prejudicial que provavelmente voltará, inclusive, quando se enfrentar outro assunto.

- *Distorcer:* inverte-se completamente a impostação dada pelo cliente. "O que você diz tem tudo a ver com generosidade, mas você não percebe que faz qualquer coisa para exibir suas belas virtudes?". Este tipo de distorção é feito na negativa, mas pode ser também de modo positivo: "Você se lamenta tanto de sua insegurança, mas asseguro-lhe que é raro encontrar uma pessoa tão honesta quanto você". Esses exageros forçados – quando não até mesmo mentiras piedosas – são licenças a que, nesta fase inicial, pode-se recorrer, porque o que se quer sondar aí é a disponibilidade à abertura pessoal, e não a análise de um conteúdo. Não se trata ainda de analisar o que alguém diz, pois esta é a fase prévia de sondar a potencial acolhida do que será dito depois, e a sondagem pode ser feita, inclusive, à custa de exagerar a positividade (ou negatividade) de um conteúdo, porque o confronto atual não versa sobre ele.

CONCLUSÃO DO ENCONTRO: ESTABELECER O CONTRATO

Pe. Carlos: Vou tentar chegar a algumas conclusões. Em minha opinião, Johnny, você tem boa capacidade de intuir o que acontece na vida e boa noção de valores. Acabamos de constatar: o mundo no caos e o Deus da paz, suas paranoias e a busca de plenitude, o nervosismo e a mansidão de coração... Este é justamente um dos aspectos mais importantes da espiritualidade cristã: coração ao alto e pés no chão. Contudo, deve-se dizer também que você pode deter-se na paz e não passar ao encontro com o Deus da paz, ou também que você receie que a guerra possa romper-lhe os tímpanos. Ademais, nosso Deus é também o Deus da guerra: uma espada de dois gumes que entra e dilacera, um fogo descido sobre a terra que não vê a hora de inflamar-se. Se você quer somente a paz e foge da guerra, será difícil decidir-se: talvez aqui esteja uma razão de sua perplexidade atual em lançar-se em uma escolha definitiva. Mas será preciso falar longamente sobre isso. Minha ajuda, portanto, consiste nisto: ver, com você, como viver na realidade caótica, mas como testemunha de Cristo, como um místico realista. Se você quiser, faremos isso falando dos fatos concretos que lhe acontecem no dia a dia e que você considere significativos para captar seu modo habitual de assumir a vida. Pense também sobre isso e me dê uma resposta dentro de dez dias; portanto, na quarta-feira, dia 19.

No final do primeiro encontro, estabelece-se um contrato, porque antes de começar outro assunto, é necessário saber por que fazê-lo, como fazê-lo e se se tem vontade de fazê-lo. Não convém partir às cegas, começar a abrir o livro da própria vida, para em seguida dar-se conta, depois de tantas horas de colóquio, que não era aquilo que se queria fazer. O contrato – como aparece da conclusão tirada por padre Carlos – deveria conter estes pontos:

a) Reconhecimento das conquistas e perspectivas de outras descobertas imediatamente sucessivas (uma lei do desenvolvimento reza: no desenvolvimento por etapas, os sujeitos não podem compreender a proposta que está dois ou mais estágios superiores ao seu, mas são atraídos por aquela proposta que é uma unidade superior a seu nível predominante de operação).

b) Definição da primeira área sobre a qual será preciso trabalhar, porque se está revelando carente (uma lei do desenvolvimento reza: no desenvolvimento por etapas, o movimento de uma para outra acontece quando se cria um desequilíbrio cognitivo, ou seja, quando o estilo de vida até agora adotado já não é adequado para resolver os dilemas da vida).

c) Descrição clara da oferta de ajuda em termos de "para onde" se quer ir, "o que" se faz para chegar até lá e "como se faz" (uma lei do desenvolvimento reza: a proposta de valores deve ser motivada, clara e concreta, em vez de desprovida de justificação, aleatória, confusa e vaga).

d) Pedido de resposta dentro de um prazo indicado (a fim de evitar que os mecanismos de defesa recém-enfraquecidos no diálogo se reorganizem e se fechem à nova perspectiva, sem que o sujeito decida fazê-lo).

PREVISÕES ACERCA DO PRÓXIMO ENCONTRO

Johnny voltará? Talvez não. No entanto, despertamos-lhe a curiosidade de poder fazê-lo. Para preparar os encontros futuros, padre Carlos já pode levantar algumas hipóteses iniciais de projeto personalizado. Por exemplo:

- Para Johnny, o itinerário para Deus não começa com as Escrituras (valores transcendentes), para ele ainda bastante inacessível, mas com a natureza (valores naturais). Contudo, seus valores naturais são alternativos à realidade (paz em fantasia e "paranoias" na realidade): se isso se mostrar verdadeiro, será necessário iniciá-lo em uma espiritualidade compreendida como maior fidelidade à realidade da vida mais do que como alternativa ao mundo. Será preciso familiarizar-se com o Johnny das fugas estratégicas.

- Mais do que uma experiência de Deus (transcendência teocêntrica), Johnny está fazendo uma experiência psicológica de tranquilidade pessoal (transcendência egocêntrica). Se for assim, será preciso ajudá-lo a viver a diferença entre usar Deus para aplacar os próprios desejos e amar a Deus para satisfazer os desejos dele.

- Johnny já considera como religioso (buscar a Deus) um valor apenas natural (estar em paz). Se realmente isso se confirmar, ele está submetendo sua adesão de fé a um processo reducionista.

- Johnny tem grande energia combativa, mas a coloca a serviço de uma causa equivocada (extinguir seus furores internos). Se for realmente assim, deverá ser ajudado ao bom combate: estimulá-lo a enfurecer-se pelas causas que são boas e não porque as coisas não acontecem como sua cabeça gostaria. Padre Carlos prepara-se, assim, para o próximo encontro, segundo aquilo que lhe parece ser o ajuste adequado para Johnny. Prepara-se, mesmo que não saiba se Johnny voltará...

REFERÊNCIAS BIBLIOGRÁFICAS

✓ *Como recolher os dados essenciais*

"Un metodo per capire cosa c'è: il caso di Giovanna" (A. Facchinetti), in *3D* 2(2004), 191-203 (partindo de uma situação concreta, são listadas as áreas da personalidade a serem observadas, os dados essenciais a serem adquiridos e os processos principais a serem iniciados no acompanhamento de uma pessoa).

"Uno schema d'intervento educativo per la formazione dei seminaristi" (M. Nardello), in *3D* 1(2005), 93-99 (áreas de investigação particularmente importantes e critérios para avaliá-las).

"Ascoltare e interpretare in ottica Cristiana" (A. Facchinetti), in *3D* 1(2007), 51-64 (recolher informações é também saber o que se quer buscar e o que se quer suscitar em quem fala).

✓ *Como conduzir a sondagem da área sexual na fase de avaliação do pedido de ingresso na vocação*

"Discernimento vocazionale e indagine dell'area sessuale" (S. Rigon), in *3D* 3(2009), 300-307.

✓ *Como preparar a entrada nos seminários*

"L'inizio del cammino vocazionale e le qualità necessarie" (A. Partini), in *3D* 3(2004), 296-303.

"L'ingresso in seminario: presupposti e competenze" (A. Tapken), in *3D* 3(2009), 260-267.

✓ *Foro interno e foro externo*

O que significa, e ainda é válida a distinção entre foro interno (que diz respeito ao âmbito da consciência e é da competência do diretor espiritual) e foro externo (que diz respeito ao âmbito da disciplina e é da competência do superior)? O superior também pode fazer perguntas íntimas ou estas são reservadas ao diretor espiritual, ao passo que ele deve deter-se a observar o comportamento? É possível uma permuta de informações entre os dois? Que uso deve ser feito das informações recolhidas? O que significa pretender o direito ao próprio sigilo? Que diferença existe entre sigilo e pacto de silêncio? Como conciliar a salvaguarda da liberdade e a proposta de consulta psicológica?

"Foro interno e foro esterno: per un progetto formativo unitário nella formazione seminarística" (C. BRESCIANI), in *3D* 2(2005), 116-123.

"Foro interno, foro esterno, ambito della coscienza, intimità della persona" (G. GHIRLANDA), in *Vita consacrata*, 2(2012), 155-161 (1ª parte); 3(2012), 252-268 (2ª parte); 4(2012) 237-249 (3ª parte).

✓ *O acompanhamento de grupo*

"Itinerario di preparazione al matrimonio; attenzioni non scontate" (R. CASERI), in *3D* 1(2006), 83-90 (descrições das fases de crescimento mais comuns atravessadas pelo grupo formativo).

"Sulle orme della comunicazione interpersonale: proposta di laboratorio" (S. Bruno – P. Demetrio), in *3D* 1(2012), 70-106 (apresentação de um laboratório formativo sobre os aspectos que promovem e dificultam as permutas comunicativas entre os indivíduos e nos grupos).

8

CONSTRUIR A ALIANÇA E TIPOS DE INTERVENÇÃO

Aliança significa estabelecer uma relação que torne o sujeito capaz de continuar a trabalhar (inclusive nos momentos difíceis) para a realização da meta prevista durante o acompanhamento (que talvez não corresponda à pergunta inicial feita pelo próprio sujeito).[1] Também no caso de uma aliança explícita, o acompanhamento é uma relação difícil, mas sem a aliança torna-se impossível, e é inútil proceder à análise dos conteúdos.

PARA CONSTRUIR A ALIANÇA

Depois do primeiro ou dos primeiros encontros exploradores e antes de entrar em cada uma das temáticas, é necessário:
- *Fortalecer a motivação:*
  - Explicitar a própria opinião a respeito de como se pretende ajudar a pessoa (objetivos e método).
  - Apresentar um trabalho de duração determinada e com um ritmo preciso: "Vamo-nos encontrar a cada 4 semanas durante 8 ou 9 vezes; depois, juntos, veremos

---

[1] VI/1, 224-225 ("Chiarire le aspettative"); *PP*, 110-116 ("Trattare la persona", "L'alleanza impossibile").

o que é melhor fazer (estabelecer um prazo significa acelerar o caminho).
- Conforme a motivação do cliente, avaliar se depois do primeiro encontro explorador convém fixar imediatamente o próximo encontro ("Encontramo-nos na quarta-feira, às 16h") ou deixar uma pausa para reflexão ("Pense a respeito do que falamos e me fale depois"), ou, ainda, fixar um encontro aberto ("Combinemos para quarta-feira, às 16h, mas com toda liberdade"). Na segunda e terceira hipóteses, pedir, seja como for, uma resposta dentro de determinado tempo ("Comunique-me até quarta-feira; você pode encontrar-me das 20h às 21h"); é um sinal de seriedade recíproca (evidentemente, nesse período, o formador deve estar à disposição).
- *Assegurar o clima de liberdade:*
  - Informar a respeito do segredo profissional; o acompanhamento insere-se no "foro interno". A discrição é obrigatória para o orientador e recomendada para o cliente.
  - Explicitar bem que o acompanhamento é o encontro de duas liberdades, e que tal liberdade permanece antes, durante e depois do fim do acompanhamento (quanto mais a motivação inicial do cliente for fraca, mais é preciso insistir sobre sua aceitação livre do compromisso).
- *Liberdade antes:*
  - O cliente é livre para aceitar o acompanhamento ou não (sem culpá-lo caso o rejeite).
  - O orientador também é livre para aceitar o acompanhamento ou não (talvez haja problemas e pessoas que é melhor não enfrentar quando não se é capaz de fazê-lo).

- *Liberdade durante:*
  - Livres da obrigação de conservar a relação a todo custo e livres, ambos, para interrompê-la (mas não para fugir!).
  - O cliente deve sentir-se livre para dizer, ao longo do caminho, suas dificuldades a respeito da relação.
  - Livres para expressar o que é agradável/desagradável, porque o diálogo não está condicionado pelas convenções sociais.
  - Livres do toda chantagem que a aliança poderia suscitar.[2]
- *Liberdade depois:*
  - O contrato e a consequente liberdade do orientador para entrar no mundo do outro duram somente o tempo da relação. Terminado o caminho juntos, o guia sai do mundo do outro, não podendo servir-se de modo nenhum dos conhecimentos adquiridos, e volta a entrar no mundo do outro somente se o outro conceder-lhe novamente a permissão. O orientador jamais é patrão ou padrinho do outro!
- *Seriedade do caminho*:
  - Os encontros não são o resultado de uma negociação exaustiva.
  - Dia e hora do encontro: o compromisso não pode ser relegado ao tempo que sobra, mas deve ter certa prioridade sobre outros compromissos. Não se exclui que às vezes se deva pedir permissão para uma saída

---

[2] Para uma série de critérios a respeito da correção ou da perversão da relação entre diretor espiritual e discípulo, cf. A. Cencini, "Il contatto corporale nella relazione di aiuto", in *3D* 1(2004), 42-58.

antecipada do trabalho ou um adiamento de outros compromissos. É possível adaptar-se às exigências do cliente, mas não em detrimento da prioridade do compromisso.

- Respeitar os prazos estabelecidos: os encontros não devem ser transferidos, a não ser em casos excepcionais (se o educador é quem os transfere, que esteja consciente da mensagem silenciosa que está enviando). O educar reserva-se o direito de flexibilidade no calendário dos encontros, mas isso apenas para o bem do cliente (por exemplo, caso preveja que um tópico intenso será interrompido, antecipa o encontro sucessivo; caso preveja a oportunidade de um tempo de sedimentação e parada, adia o encontro sucessivo...).
- Pontualidade (também da parte do orientador!).
- Desligar o celular e tornar-se indisponível para os outros (quem sabe com um aviso de "ocupado" fixado à porta).
- Não aceitar presentes quando exprimem o que não se quer dizer com palavras.
- Tempo médio do encontro constante, e respeitá-lo (não mais de uma hora). Ao final de cada encontro, fixa-se o sucessivo. Não deixar à improvisação ("Quanto ao próximo encontro, marcaremos por telefone...").
- Solicitar ao cliente que relate, durante o colóquio, tudo o que na vida cotidiana lhe parece significativo; pedir também que discutam juntos suas decisões importantes de vida antes de tomá-las.
- Fala-se de aspectos pessoais (e não teóricos, institucionais, sociais, dos outros, ideológicos...).

- Cabe ao cliente escolher o assunto e começar sem ter recebido sugestão. Ajudar a descobrir que, se é mais penoso tomar a iniciativa primeiro, é também mais dignificante.
- Não se retomam os temas fora do colóquio.
- *Sinais de aliança: o cliente*
  - Continua a trabalhar vigorosamente nos encontros mesmo que sejam difíceis.
  - Traz material útil.
  - Elabora as intervenções do orientador segundo uma circularidade de comunicação.

TIPOS DE INTERVENÇÕES DA PARTE DO ACOMPANHADOR

Entre todas as coisas que dizemos, fazemos ou somos existem vínculos. O agir humano tem um sentido e uma lógica, inclusive quando parece ilógico. As reações visíveis (afetos, comportamentos, palavras, olhares, postura do corpo...), ainda que aparentemente contraditórias e isoladas entre si, são a parte externa dos significados objetivos que se organizam em sistemas no universo privado de cada um de nós. Por conseguinte, compreender um comportamento é captar os significados que este quer exprimir e ligá-los ao conjunto da vivência do sujeito, como partes de seu estilo geral de vida. Para fazer isso, existe uma vasta gama de possíveis intervenções técnicas.

ENCORAJAR À ELABORAÇÃO

Solicitar que narre acontecimentos e sentimentos tais como são vividos, abstendo-se o máximo possível de avaliá-los com o filtro do julgamento ou do "agradam-me/desagradam-me". O objetivo é levar a sentir que o próprio mundo interior é digno de valor e que vale a pena desejar conhecê-lo e explorá-lo.

PEDIR ESCLARECIMENTOS

Convidar a explorar posteriormente as informações que estão sendo fornecidas, porque consideradas úteis para compreender o estilo habitual de viver e de sentir. Isso não por curiosidade, não para dispor de dados mais precisos tendo em vista um juízo a ser emitido, mas para solicitar que o cliente adentre melhor no acontecimento, de modo que lhe fique claro como o vive conscientemente. Serve também para que o educador descubra em que medida seu cliente se dá conta do acontecimento e o compreende. A explicação pode referir-se a:

- Fatos: "Você pode explicar melhor o que aconteceu, de modo que eu também possa ter o quadro diante de meus olhos?", "Não compreendi bem, pode ser mais preciso?", "Pode descrever-me tudo outra vez?", "Aconteceu outras vezes?", "Quando aconteceu a última vez?".
- Sentimentos: "Quando aconteceu, você se encontrava em que estado de ânimo?", "O que sente agora, enquanto se lembra?", "Teve esses sentimentos outras vezes?", "Você me disse que estava contente, mas cada um de nós tem seu modo de estar contente: pode explicar-me melhor seu jeito de ficar contente?", "O que há de tão mau naquilo que você diz?", "O que você quis dar a entender quando disse que...?", "Percebeu que, em relação ao começo, agora seu humor mudou? O que está acontecendo?".
- Modo de comunicar: "Está fazendo um bonito discurso sobre si, mas não de si...", "Mesmo assim, fale com

liberdade: as coisas que parecem não ter nada a ver, muitas vezes, se revelam as mais importantes", "Parece-me que está tentando dizer-me algo muito importante para você: vamos tentar compreender-lhe melhor o significado".

CONFIRMAR EMPATICAMENTE

Despertar as potencialidades criativas do indivíduo, ajudá-lo a vê-las e apoiá-lo ao apresentá-las, fazendo-o compreender que dispõe dos instrumentos para realizar seus objetivos e que vale a pena continuar tentando. Os elogios não devem jamais ser consoladores ("Também os pobrezinhos como você entram no céu!"), mas sim constatar o que foi realizado ("Veja que, agir assim, funciona!") e ser capazes de restituir competência ("Você pode acreditar em si mesmo!").

VERBALIZAR

Prover de palavras um estado afetivo que o interessado sabe apenas descarregar: "Compreendo que agora você não pode ser muito explícito porque, antes de dizer certas coisas, é preciso atravessar os cinco minutos de vergonha", "Vejo que agora está realmente contente, de coração", "Se entendi bem, parece-me que agora você está com bastante raiva". A verbalização pode ser:
- Por sinônimos: usa-se um termo de significado emotivo semelhante àquele usado pelo cliente, mas menos defensivo do que o seu e mais próximo de exprimir a verdadeira interioridade que está expressando: "O senhor não pode sequer imaginar quanto fiquei desapontada", "Ou seja, quanto você ficou irritada", "A prudência diz-me sempre para não ter ilusões", "Eu chamaria isso de medo de sonhar".

- Por antinomia: enfatiza-se o estado emotivo oposto àquele expresso pelo sujeito, a fim de convidá-lo a considerar que no seu sentir também existe outra coisa. Uma mãe está chorando por causa da péssima nota do filho e diz: "Depois de tudo o que estudamos, não merecíamos realmente uma coisa dessas", "Senhora, seu pranto por seu filho é digno, mas não lhe parece que chora também por si mesma?". Essa ampliação do campo afetivo ajuda muito quando convém não reforçar na pessoa seus estados emotivos demasiado negativos ou defensivos, que correriam o risco de absorvê-la: "Em seu desespero, não há só desespero; você está me enviando um grito de socorro; do contrário, não teria sequer a força de desesperar-se".
- Por opções: não se retoma o estado emotivo expresso pelo sujeito, mas aquele implícito, presente nele, porém que ele não se permite exprimir: "Olhe, não existe nenhum mal em admitir que errou", "Quando a ferida ainda queima tão fortemente, é evidente que o perdão não pode existir, mesmo que você se esforce", "Pense como seria bonito se você pudesse dizer todas essas coisas a seu filho".

REFORMULAR

Dizer novamente, com outras palavras, parafrasear, acentuar uma parte do que o cliente acaba de dizer, porque muito significativo para sua interioridade; e ele, sentindo-se repetido, pode chegar a captar melhor o significado de seu dizer e aceitá-lo. É o meio mais correto para fazer o outro compreender que não se está pensando nele, mas como ele. Essa conformidade de percepção promove um processo de autocompreensão mais amplo, porque a reformulação não somente reenvia ao sujeito a sua imagem como em um espelho como também o familiariza com um aspecto pessoal que ele até aquele momento sentia. Mas não conseguia verbalizar. Tipos de reformulação:

- Resumo: resumir brevemente a comunicação do sujeito (é útil fazê-lo durante a sessão, ou quando houve dispersão nos detalhes, ou para tirar as conclusões que devem ser lembradas antes de passar a outro assunto).
- Elucidação: repropor, de modo mais claro e ordenado, o que o sujeito comunicou de maneira confusa e dispersa.
- Destaque: privilegiar com ênfase especial uma parte da comunicação do cliente a fim de sublinhar-lhe a vitalidade.

EXPLICAR

Fornecer ou munir-se de um quadro de compreensão do próprio agir que seja coerente e, pelo menos, plausível. Desse modo, ajuda-se a pessoa a ordenar elementos anteriormente incompreensíveis e, portanto, a considerá-los manejáveis. A explicação de um fenômeno é o primeiro passo para controlá-lo. Ela deve ser:

- Útil, mesmo se não verdadeira. Visto que sua função é conferir um senso de destreza e competência, não se trata de encontrar "a" explicação exata, mas de admitir que existe pelo menos uma; para o processo de mudança, o importante não é o que se aprende, mas o fato de que se pode aprender.
- Proporcional à pessoa. Uma explicação, inclusive a mais perfeita, não tem nenhum estímulo de mudança se a pessoa não está em condições de acolhê-la.
- Estimulante: parte do grau de compreensão atual para elevá-lo.

RESSIGNIFICAR

Retomar o que o cliente disse, mas introduzindo variantes, de modo que ele possa discernir novos elementos no que havia dito. "Vejo que hoje você está com raiva, mas julgo intuir também um véu de amargura, ou estou enganado?" Tipos de ressignificação:

- Releitura ou retranscrição: devolver ao sujeito o sentido profundo que inspirou sua fala. "Meu marido quer sempre ter razão: só ele é importante e conhece a verdade...", "Se compreendo bem, o nó do problema não é tanto seu marido – embora essa pretensão dele seja discutível –, mas a impressão que a senhora tem de ser excluída, desvalorizada".
- Inversão da relação imagem-fundo: o que o cliente coloca em primeiro plano ou como causa é posto como pano de fundo ou efeito. "Desde que minha mulher me traiu, tive de distanciar-me dela", "Pode ser também que o senhor tenha aproveitado essa ocasião para afastar-se de sua mulher sem ser recriminado".

FORNECER SIGNIFICADOS NOVOS

O objetivo não é instruir os ignorantes, mas oferecer ao interessado chaves de leitura inéditas, úteis para que possa esclarecer ou apropriar-se melhor dos termos reais em questão. Pode-se fazer isso:

- Em perspectiva intelectual: dar um parecer profissional, explicitar um valor, definir uma situação. "Tudo o que o senhor está dizendo a respeito do modo de agir de seu filho chama-se 'exploração dos pais para os próprios fins'", "Se posso expressar minha opinião, aquilo a que o senhor chama de depressão a ser curada é legítima tristeza por causa da maneira como tudo aconteceu...".

- Em perspectiva de contexto atual: "O que o senhor fez é justamente aquilo a que se chama 'agir por amor'...", "Neste momento, você está exprimindo de modo muito corajoso a raiva que tem dentro de si", "Tudo o que o senhor disse nestes últimos 5 minutos podemos inserir no estado de ânimo de sua perplexidade entre resignar-se ou tentar outra vez".
- Em perspectiva de afetividades constantes do sujeito: "Essa é outra maneira que você encontrou para culpar os outros com facilidade". "Hoje o problema é um copo de vinho a mais, outras vezes eram as horas sem fim na Internet; aí vimos quantas vezes a senhora se esquiva nos momentos embaraçosos: tantas variantes do mesmo tema, não lhe parece?". Faz-se esse tipo de intervenção somente quando se tem razoável certeza de que o modo de viver presente do cliente é um exemplo significativo da estrutura constante e transituacional que caracteriza seu estilo habitual de assumir a vida. É preciso cautela, porque, com esse tipo de intervenção, os organizadores da vida psíquica são afetados, as estruturas formais responsáveis pelas reações repetitivas. O objetivo é que, entrando em contato com as estruturas constantes e repetitivas, o sujeito tenha condições de pensar em outras situações análogas e de discernir a trama inspiradora comum que atravessa os vários capítulos de sua vida. Quanto mais toma consciência dessas inspirações-fontes, tanto mais ele pode aumentar a consciência sobre si mesmo.

CONFRONTAR

Colocar em paralelo duas vivências contraditórias que não podem ser imediatamente relacionadas sob a mesma perspectiva e que são indicações da presença de material conflituoso. As discrepâncias podem ser:

- Naquilo que o cliente diz verbalmente: "Primeiramente você disse que não via a hora de encontrar seu amigo, e agora está dizendo que seu amigo é uma pessoa pouco confiável: como estas duas coisas caminham juntas?", "Entre x, y, z, existe um fio vermelho comum?".
- Entre o que disse e o que aconteceu: "Você diz que os outros não lhe interessam nem um pouco; no entanto, passou ontem o dia inteiro a procurá-los", "Você lamenta-se quando passa por vítima, mas quando não o é, procura sê-lo novamente".
- Entre o que diz e o que sente: "Enquanto você estava me contando que sofrera muito pelo que lhe tinha acontecido, estava sorrindo: como explica isso?".

O confronto não visa desmascarar a confusão do cliente, mas quer levá-lo a ampliar a consciência de seu estado interior; colocar em conexão uma vivência consciente e outra inconsciente que o sujeito apresenta ou experimenta separadamente. É uma intervenção um pouco difícil, razão por que deve ser feita com empatia e discrição.

TAREFA PARA CASA

Aconselhar exercícios para elaborar tudo o que foi dito na sessão. O objetivo não é ditar regras, mas favorecer para que as experiências e introspecções acontecidas durante a sessão não se dissipem. A tarefa – acertada com o cliente – deve, portanto, ser apenas orientadora, um esboço do qual o cliente se serve para criar a própria ação. Evidentemente, tais tarefas devem ser objeto de diálogo no encontro sucessivo, e não se pode deixar que caiam no vazio.

O FASCÍNIO E A ILUSÃO DA INTERPRETAÇÃO

Com a interpretação se fazem explícitas hipóteses acerca da razão inconsciente daquilo que o cliente está observando em relação a seus sentimentos e comportamentos presentes. Muitas vezes também contém hipóteses que remontam ao passado, colocando uma relação de causalidade entre presente e passado.

Não há nem psicólogo nem formador que resista à vontade de sentenciar: "Você é assim porque...", "Você tem esse problema porque na infância...". Interpretar provoca uma inebriante sensação de poder: "Eu sou capaz de descobrir o segredo, a causa, o profundo inconsciente que o espreita, enquanto você, pobrezinho, sabe apenas ver-lhe os efeitos!". Igual onipotência confere a interpretação que rotula com um nome científico as dinâmicas do cliente: "Seu problema é o complexo de inferioridade", "Você tem um conflito de autoridade", "Você tem traços narcisistas...".

Embora acertadas, nenhum cliente se recordará por muito tempo dessas interpretações, e, ainda que se lembrasse delas, não foram elas que lhe proporcionaram melhora. O que ele vai recordar das horas passadas conosco ou o que o estimula a viver melhor é que aprendeu conosco a pensar, não tanto em termos de causalidade ("Meu psicólogo me disse que tive uma mãe possessiva..."), mas em termos de uma descrição melhor e mais realista de si e da vida.

Interpretar, portanto, é uma palavra que deve ser usada em outro sentido. Significa chegar, em íntima colaboração com o cliente (e não por força do misterioso poder do oráculo), a tornar explícito o modelo interpretativo de realidade que o cliente habitualmente usa, a fim de que, em um passo subsequente, ele mesmo possa avaliar a própria qualidade de humanização. Em outras palavras, interpretar significa conhecer e, em seguida, avaliar a "filosofia" prática de vida. Com a interpretação de tipo causal se faz uma ligação entre o consciente e o inconsciente, identificando neste último a causa determinística do consciente. Com a interpretação no sentido aqui proposto, faz-se ainda uma conexão que, no entanto, é entre o que o sujeito faz, diz, sente... e o tipo de humanidade que consegue concretizar nele; entre o que faz e seu modo de imaginar a vida. Digo isso porque considero que o modo de imaginar a vida tem um papel importante sobre o funcionamento prático da vida, sobre os ganhos e perdas que na realidade se pode pretender. A interpretação como consciência do próprio modo de assumir a vida acrescenta aos fatos uma dimensão de profundidade que, entretanto, não deriva da explicação causal, do passado ou do inconsciente, mas do modo de imaginar a vida ou, como dissemos nos primeiros três capítulos, do modo como "escolhemos" conjugar o grande e o pequeno coração de que a mãe natureza nos proveu.

Por certo, a razão por que me construí determinada imagem da vida em vez de outra depende também do passado e do inconsciente, dos traumas e da infância, mas não está aí o ponto que desbloqueia ou, menos ainda, que dá à consciência de si um impulso melhorador. Sem dúvida, explicitar e avaliar o próprio estilo de vida quer dizer também definir com precisão as angústias passadas, os conflitos profundos que foram ativados ao longo dos anos, os problemas, os bloqueios ou as regressões; mas, depois de ter feito tudo isso, o que mais ajuda a resolver, ou pelo menos a atenuar os sofrimentos, é encontrar novas mediações entre o pequeno coração e o grande coração: às vezes, tirando o grande do reino dos sonhos, outras vezes revalorizando o pequeno, às vezes ainda rebaixando ou elevando o que é promissor.

√ *Intervenções de interpretação:* "Em sua opinião, com esse seu modo de agir, você está exprimindo o melhor de si?", "Esse seu modo constante de reagir às dificuldades diz respeito a sua humanidade ou o humilha?", "Entre as questões que estão em seu íntimo, há alguma mais importante?", "O que quer dizer determinados ataques de sua parte, inclusive contra mim?", "Quais perguntas fundamentais estão emergindo de sua história", "De quais perguntas tem medo e de quais você foge?", "Se devesse instruir os outros sobre segredos da vida bem-aventurada, quais ingredientes básicos você inseriria?". Na perspectiva da maturidade cristã, a interpretação assim entendida dá, inclusive, um passo a mais, porque não apenas liga o modo de agir usual com o modo de imaginar a vida, mas conecta este último com o modo proposto pelo Evangelho. Age assim não para suscitar sentimentos de culpa que reconduziriam o sujeito a retrair-se em uma reflexão sobre suas carências, mas com a intenção de apresentar-lhe um modelo interpretativo da realidade que é, ao mesmo tempo, mais desejável e mais conveniente.

OBSERVAR A DIFERENÇA ENTRE ESSAS INTERPRETAÇÕES

"O fato de ser o primogênito revestiu-o de uma missão especial que ainda hoje você busca realizar com perfeccionismo"	"É-lhe muito atraente não ter defeitos; pena que isso revele sua pretensão de ser Deus"
"Sua educação rígida reforçou-lhe a repressão em vez da elaboração de sua vivência conflituosa"	"Vejo que, para o senhor, exprimir sentimentos é uma coisa infantil"

"O senhor é assim porque tem um problema de dependência afetiva"	"O que os outros querem do senhor parece-lhe mais importante do que aquilo que o senhor quer para si mesmo"
"Sua história é de inibição afetiva; daí, é necessário um longo percurso de reapropriação de seus afetos"	"Há três modos de tratar os sentimentos: jogá-los fora, como o senhor tende a fazer, mas não é uma solução; segui-los de modo incontrolado, mas tampouco isso funciona; ou exprimi-los quando é apropriado. Qual dos três mais o atrai?"

Um homem de 35 anos teve mais de uma experiência dolorosa até concluir que precisa aprender a aceitar a vida. Peço-lhe que me explique melhor o que entende por "aceitar", ao que me responde que significa não se deixar mais levar pela raiva em nenhuma situação, "mesmo porque... é inútil irritar-se", e, entrementes, mostra-me uma cicatriz que tem no rosto, provocada por uma garrafa que lhe explodira na mão quando era menino. "Na época, fiquei muito furioso, mas do que adiantou? Agora, já nem me importo...". Digo-lhe que se pode aceitar uma cicatriz, inclusive, para lembrar a raiva de então. Ele reflete um pouco e me diz que, em sua opinião, isso não é possível: "Foco no mais alto, na perfeição! Quem se irrita ou se recorda de ter-se irritado demonstra que não controla a própria situação. Sentir raiva é útil quando a realidade pode ser transformada, mas, se não o é, então, é sinal de pouca inteligência". Pergunto: "E no final, nessa imperturbabilidade, o que você ganha?". "Ganho que, finalmente, terei o controle sobre mim mesmo". Esse senhor demonstra claramente estar às voltas com seu passado de agressividade não resolvida, e pode-se prever que precisará de muito tempo. Contudo, a solução virá quando, de volta do passado, pudermos olhar mais serenamente sua programação presente: a de que, doravante, não querer mais magoar-se, o que se revela mais desumanizador do que o passado.

INTERLIGAR EM VEZ DE PSICANALISAR

Ler a vida interligando entre si os fragmentos e compreender a "filosofia" prática nela subjacente é diferente de psicanalisá-la. Psicanalisa-se a vida quando se está interessado nos significados recônditos, inconscientes e que tenham raízes no passado, com a convicção de que, quanto mais se remonta ao núcleo profundo e atávico, tanto mais se entra em contato com o significado do que está acontecendo agora. Interligar significa, ao contrário, interessar-se pelos dados que atualmente designam a vida do sujeito como componentes de um único mosaico. Psicanalisar significa colocar o significado no íntimo. Interligar significa encontrá-lo no presente. Psicanalisar significa ler em termos de causa: hoje é assim porque ontem... Interligar é ler em termos de significados de vida: o que está humanamente implicado no que você está fazendo?

Psicanalisar para encontrar a causa e interligar para encontrar significados são dois modos de utilização da experiência. Caso se abuse demais em perguntar o porquê, a humanidade fechada na experiência presente se atenua. Por outro lado, é difícil discernir essa humanidade se o presente é demasiado sobrecarregado por interferências atávicas ou inconscientes. Cada uma das duas abordagens explora somente a metade do potencial contido na experiência. A primeira porque se concentra no relacionamento simbólico entre presente e passado, e entre consciente e inconsciente. A segunda porque se limita às forças psicológicas atuais e à sua organização em relação a um fim.

Para compreender o que está acontecendo, pode-se voltar atrás, a um passado já consolidado, e sondar no íntimo, ou prosseguir adiante a fim de descobrir como a pessoa está se preparando para o futuro. Quando retrocedemos, o hoje é resultado de um passado. Se olharmos para frente, indica como queremos viver de hoje em diante. São duas maneiras de tratar o poder simbólico da experiência: como efeito do passado ou como organizador do presente e do futuro.

A via da interligação tem a vantagem de tratar a experiência como algo continuamente em curso, com informações jamais existidas antes, que não reenviam a episódios anteriores, mas a um futuro melhor.[3]

---

[3] Mais detalhes in *VI/2*, 30-43 ("Leggere gli eventi ossia ricuperare le connessioni"), 51-55 ("Un titolo adatto al romanzo").

9

AS RESISTÊNCIAS

"Mamãe, chega de canseira! Vou comprar uma lava-louças para a senhora", "Não quero! A bacia da vovó serve até demais". Se você insistir, a mamãe ofende-se.

Resistir às melhoras faz parte do caminho de todos. Todos resistimos a dar um passo à frente quando percebemos que esse passo a mais comporta uma mudança, mesmo se benéfica, no ritmo atual de vida. Em todos, apesar do desejo de crescer e de mudar, existe também a tendência a permanecer ancorados no passado, a repetir esquemas de comportamento já aprovados, portanto, não arriscados, e o habitual conhecido. Graças às resistências, a vida concederá menos descobertas, mas também menos inconvenientes. O sujeito habitudinário não descobrirá muitas terras novas, mas tem a vantagem de sofrer muito menos do que o explorador. Mudar significa também tornar-se vulnerável: vai dar certo? Será de modo apropriado? Quem me assegura? E se depois eu errar? E os outros, o que dirão? Se até hoje tenho encontrado certo equilíbrio, por que arriscar buscando melhorar? Então, se resiste... até mesmo quando a posição a ser defendida faz mal e causa sacrifício. Por mais monótona que possa ser a situação de hoje, é sempre melhor de quanto poderia acontecer arriscando-se pelo futuro: repetindo-se o estilo de sempre, fica-se em segurança.[1]

---

[1] A respeito desta tese, cf. *VI/1*, 99-110 ("La paura").

Cedo ou tarde, o formador depara-se com um fato desencorajador. Descobre que uma coisa é provocar uma mudança temporária de atitude (o que oferece ao discípulo um senso de alívio e de confiança em si mesmo); outra coisa é tornar essa mudança estável e duradoura, fazer dela um estilo habitual de vida, ponto sem volta do qual partir para metas posteriores. O primeiro objetivo é fácil de alcançar e pode ser obtido, inclusive, no decorrer de poucos encontros. O outro é difícil, exige meses de trabalho com avanço lento e irregular, cheio de inversões de marcha. E, às vezes, frustra-se justamente na proximidade da meta, quando o sujeito, aumentada a amplitude de sua liberdade efetiva, poderia usá-la para um dom maior de si e não o faz.

O colóquio formativo é um caminho cheio de repetições, de avanços e recuos. Vemos uma mudança no discípulo, ele também a vê em si mesmo: sente que seu horizonte vital se dilatou, que seu sentir se aperfeiçoou. Ele está igualmente contente. O simples fato de ter alguém com quem falar com seriedade e descarregar um pouco de tensão é fonte de gratificação afetiva e de segurança. Contudo, no decorrer de algumas sessões, volta a falar do mesmo problema ou de outro que está estreitamente coligado àquele que havia superado, e o faz mais ou menos do mesmo modo como na primeira vez, como se a nova conquista o tivesse abandonado. Encontramo-nos na situação de ter de conquistar e reconquistar sempre o mesmo território.[2] Reconhecer que "Agora posso e isso me dá grande esperança de que também amanhã poderei" é bonito na teoria, mas na prática é um documento que é difícil subscrever. É compreensível que seja assim: quem se

---

[2] As resistências são uma contribuição típica da psicologia profunda, de matriz psicanalítica. Cf., por exemplo, D. Shapiro, *La personalità nevrotica*, Boringhieri, Torino 1991.

deixasse convencer muito facilmente, afinal de contas, seria exageradamente impressionável e manipulável, e jamais seria capaz de resistir às adversidades.

UM RELATO DE LUTA

Quanto mais a ajuda entra no cerne dos problemas e apresenta uma alternativa melhor, mais suscita reações negativas. Tudo o que é banal é acolhido imediatamente. Quem se deixa educar, ao nosso primeiro toque de encorajamento, reage mal (e amiúde também ao segundo...). *Deve* reagir assim. Se acolhe, se permite ser questionado, se está disponível, então – cedo ou tarde – deve resistir a nossa carícia. É o realismo da intimidade. Somente um sonhador e ingênuo pode esperar que, a um beijo de amor verdadeiro, o outro responda sempre com um cândido "Obrigado, papai".

Devemos suspeitar caso o discípulo não resista e não lute conosco. Se lhe toco o coração para convidá-lo a ser melhor, estou tocando-lhe algo extremamente vital, estou pedindo-lhe que relativize seu sistema de equilíbrio e renove a esperança de que pode encontrar outro melhor. Peço para reagir, e isso nem sempre é agradável!

A resistência ao formador é, na realidade, uma resistência a si mesmo. Uma séria proposta de crescimento desencadeia uma luta entre o "eu" que quer crescer e o "eu" que quer conservar as coisas como estão. Essa luta acompanha toda conquista.

Ajudar o outro nem sempre quer dizer ajudá-lo da maneira como ele imagina, ou seja, do modo que corresponde às suas expectativas. Às vezes nossa ajuda encontra seu "eu" doente; então, o discípulo nos impele a nos aliar a ele, em uma cumplicidade para delinquir, de modo a obter nosso endosso para não tentar evoluir mais, retribuindo-nos depois – com seu "eu" sadio – com desdém, caso lhe tenhamos concedido cumplicidade. Precisamente quando cresce e está crescendo, pede-nos (nem sempre inconscientemente) para não mais levar em conta seu "eu" sadio que agora está emergindo, o qual, na aliança inicial de trabalho, havíamos decidido, juntos, fazer evoluir.

Nesses momentos, o orientador deve saber dialogar com ambos os aspectos do "eu" de seu discípulo, inclusive se um está como pano de fundo e o outro, em cena. Deve suster os ataques do "eu" enfermo, compreendê-los, não retribuir com a mesma moeda e voltar-se para o "eu" sadio que ainda está ativo, mesmo que temporariamente esquecido pelo discípulo. Trata-se, da parte do formador, de recorrer a seu altruísmo, se existir. Existe se, no momento em que o discípulo resiste, ele não toma isso como rejeição, mas o justifica para si próprio como um ato quase devido de uma pessoa que não está disposto a ter, por si mesma, aquela confiança que, ao contrário, o formador tem em relação a ela. No momento das resistências, podem, em contrapartida, brotar o autoritarismo e a vontade de prevaricar do formador. Com uma patada cortante, reconduz o discípulo sob seu domínio, realizando um ato de abuso, em vez de tocá-lo com a mão, trazendo-o docemente para perto de si. Caso se tenha conseguido estabelecer uma boa aliança, nos momentos de resistência, a mão que toca ligeiramente pode tornar-se mais vigorosa a ponto de "extrair" do discípulo um consenso já factível e quase obrigá-lo a ver também o grande coração oculto que seus olhos anteriormente não conseguiam, e nesse momento não querem, reconhecer. Por amor, pode-se igualmente colocar o outro contra o muro. Às vezes a tentativa é bem-sucedida e se chega à conclusão consoladora de poder dizer: "Acreditei em você mais do que você acredita em si mesmo. A coisa funcionou. Faça isso você também". Mas antes, quantos sofrimentos de amor, quantas alternâncias entre avanços e recuos! Grande parte do trabalho de crescimento se desenvolve sob o signo desse relacionamento despedaçado, em que as intenções dos dialogantes divergem. Deus permita que o orientador não dê preferência a fins pessoais! Quando acontecer a rendição ao bem real, esse entendimento em sintonia indicará que é chegada a hora da despedida.

RESISTÊNCIAS ABANDONADAS E RECUPERADAS: O CASO DE SANDRA

"Sou um vulcão em contínua erupção. Aliás, sou como um fio elétrico de alta tensão: se alguém se aproxima, é fulminado." Assim se apresenta uma jovem de 25 anos, Sandra, que há anos luta contra sua doença, a esclerose múltipla, a qual não consegue aceitar. Uma luta tão furiosa quanto autodestrutiva, e que ela desloca da doença para a luta contra o mundo. Com uma atitude dominante e cortante, irrita-se com todos. Com os médicos, com o pai, com a mãe, com a universidade...

DENTRO DA RESISTÊNCIA COMEÇA A DESPONTAR O RECURSO

Depois de quatro encontros, quase todos sobre esses temas de guerra, finalmente deixa transparecer a vertente sadia de sua luta, que, no entanto, não me apresenta como tal, mas sim como última versão de sua batalha contra o mundo.

Conta-me, como de costume, a piora de seu estado de saúde, a terapia que não tem os efeitos desejados, a incompreensão dos pais, a incompetência dos médicos, e comenta: "Dado que ao meu redor tenho somente cretinos, coloco todos para fora e me arranjo sozinha". Isso de arranjar-se sozinha, ela o fez de fato. Relata que tentou realizar duas provas na universidade (mas especificando imediatamente que não se saiu bem porque não gosta daquela faculdade), que decidiu procurar um trabalho simples até o próximo verão (mas logo explicando: "Quem contrata alguém como eu, que dorme durante o dia e não consegue dormir à noite?"), que quer tentar inscrever-se em um curso paramédico ("Apenas para jogar-me em algum lugar"). Ignoro o tom derrotista e ressentido, e pego o lado sadio do discurso: Sandra está-se demonstrando capaz de iniciativas em prol de si mesma, e não para ser do contra; a ideia do curso paramédico a dignifica porque, quem mais do que ela sabe o que significa prestar ajuda na enfermidade? Portanto, digo-lhe que está me comunicando que nem tudo está perdido. Irritada, olha para o relógio: "Agora vou, do contrário, perco o trem".

O RECURSO É NEGADO COM VEEMÊNCIA

Retorna depois de duas semanas: chega com uma carga de furor e de raiva própria que jamais eu havia imaginado. O lampejo da última vez, de tomar iniciativas para seu bem e ver o que é realístico fazer, parece-me esvaecido. Subitamente me dirige uma série de injúrias sobre o encontro com os médicos na sexta-feira: mais do que uma visita médica, parecia uma sessão de tribunal, com todos eles a acusando de fingir estar mal, e ela impassível, mas com uma raiva enorme! Repete-me várias vezes que a criticaram asperamente, dizendo que seus mal-estares eram psicossomáticos e não justificados por um quadro médico que, na opinião deles, estava melhorando: mandaram-na embora, prescrevendo-lhe um antidepressivo e dizendo que estava na hora de parar de incomodá-los, e que devia empenhar-se em fazer algo. Enquanto me conta, a raiva cresce também nos gestos (quase derruba a cadeira...); às poucas perguntas que lhe faço, procurando compreender de modo mais objetivo o que acontecera, responde-me visivelmente irritada e contrariada. Concluí a exposição dizendo-me, com ar triunfante, que, a partir de sexta-feira, decidira parar de tratar-se. "Já não tenho vontade de deixar que zombem de mim" (na realidade, a expressão é mais pesada...).

Diante desse seu modo de agir regressivo, expresso meu estupor e rebato de modo bastante enérgico, dizendo-lhe que precisamente assim ela satisfaz os médicos que já não querem ser perturbados por ela! Fica um tanto surpresa diante dessa minha observação e pede que me explique melhor (diminui o tom agressivo): explico-lhe que não compreendo exatamente a utilidade de tal protesto, que agindo assim, além de estar objetivamente doente, se obriga a fazer papel de histérica e que seria melhor arranjar-se sozinha.

CONTINUANDO A RESISTIR, É POSSÍVEL APROXIMAR-SE DO VERDADEIRO PROBLEMA E DO RECURSO

Então Sandra recomeça a explicar tudo o que já me havia dito sobre os outros, mas o tom é muito mais melancólico e sério, e emerge de modo forte o drama de sua doença: "Fiquei com raiva porque não me levam a sério, de que estou mal", "Cuidam de mim apenas para acalmar-me, mas jamais me escutam", "Dão razão aos meus pais, que me consideram uma resmungona", "Consideram-me somente uma depressiva, mas eu estou realmente mal", "Se não me levam a sério, para que serve continuar a tratar-me e a lutar?". Ao dizer tudo isso, a raiva contra os outros vai quase desaparecendo e aparece toda a tristeza e todo o sofrimento devidos a seu estado precário de saúde. Sinto que ela está no caminho correto e lhe digo que é também muito corajosa ao encontrar força para encarar sua doença: "Com tudo o que você está passando, eu não conseguiria". Sorri, mas logo volta a dizer-me: "Seja como for, não há esperança". Contudo – replico –, os fatos que você me contou nas vezes passadas demonstram que consegue enfrentar sua doença. Não é justo que faça mal a si mesma, sozinha. Dessa vez Sandra escuta, no sentido de que, pelo menos, não se esquiva, ressentida.

AS RESISTÊNCIAS TORNAM-SE MAIS FRACAS

Na sessão posterior, repete as mesmas acusações, dessa vez contra o pai: "Não procura compreender-me", "Não escuta minhas razões", "Não está contente com nada", "Impede-me de fazer o que quero", "Passa direto, como um trem, sem levar-me em consideração"; em seguida, acusa a universidade, que não ensina, depois os amigos, que não se demonstram amigos, mais isso, aquilo e aquilo outro... Parece querer forçar-me a retirar o discurso dos recursos. No entanto, à medida que Sandra prossegue com a lista, o tom continua a ser bastante irritado, mas os silêncios se tornam mais prolongados e os olhos deixam extravasar uma dor crescente. A ladainha das acusações lhe compraz sempre menos: "Sinto que não resolvem nada. Não me convencem. Não me acalmam...".

Quase inesperadamente colocada no caminho em que a coragem está assumindo o lugar do ataque, Sandra sorri, seus olhos se iluminam, e ela diz: "O problema é que tenho um enorme desejo de ser encorajada, mas deveria ter coragem de pedi-lo abertamente, em vez de tentar suscitar compaixão nos outros". Mantenho-a nesse importante lampejo. Ela mesma se admira com essa outra face de si mesma, aquela que não dá coice, mas implora. Enquanto fala dessa nova consciência de si, enxuga uma lágrima antes mesmo que possa ser vista saindo de sua pálpebra. A mulher do ataque se revela ser também a mulher da súplica. E é justo que seja assim. E lhe digo isso abertamente.

SEM RESISTÊNCIAS, O CONTATO COM A REALIDADE É TRÁGICO

Na vez seguinte, volta um tanto taciturna, mas vê-se que tem vontade de falar desse seu ânimo abatido. Com efeito, tão logo lhe pergunto como vai, imediatamente me responde que não está muito bem, que sente dores nas pernas há alguns dias. Retribuo-lhe isso como conquista positiva: em vez de passar à luta furiosa, nesses dias soube escutar seus mal-estares, sua lágrima furtiva. Ao que, com extrema agilidade, Sandra tenta trazer de volta o litígio com seu pai, mas, quando lhe obstruo a via recriminatória, abre, como jamais antes, o discurso sobre sua doença (deu-me a impressão de ter pensando muito a respeito durante esses dias...). "Seria mais fácil se tivesse um braço morto do que assim!", "É um sofrimento enorme tentar fazer as coisas e não conseguir; seria mais simples saber, desde o início, que não posso fazê-las", "Ter esclerose [é a primeira vez que pronuncia o nome da doença!] é como bater a cabeça contra uma parede: veja [indica-me a porta], é como se procurasse a porta por onde sair, porque sei que deve haver uma porta em algum lugar, mas continuo a bater a cabeça sempre no mesmo ponto; estou cansada", "A doença é, de fato, uma coisa terrível, mas o que mais causa sofrimento são as coisas belas que ela leva consigo". Observação: já não fala da incompreensão dos outros, mas das "coisas belas que a doença leva consigo". Em seguida, conta-me a respeito de um livro que leu: um jovem parte de casa e gira o mundo; em todos os lugares a que vai, busca sempre as rosquinhas que sua mãe lhe preparava em casa para o café da manhã, busca, e busca, mas não reencontra jamais o sabor e o perfume daquelas rosquinhas. Assim, cada vez, não lhe resta senão o amargo na boca. "Pois bem, eu sou como ele; experimentei certas coisas belas e não me conformo com não poder fazê-las mais. Estou cansada, sim, estou realmente cansada! No início, havia sido corajosa e forte, meus pais estavam quase mortos, mas eu havia carregado tudo sobre os ombros!"

O tom mudou decisivamente. Passou da raiva defensiva à atitude resignada e perdedora diante da doença. Aí, de verdade, está emergindo uma vivência dramática, terrível. Nos instantes de silêncio que intercalavam sua fala, eu não disse nada: não sabia o que dizer... Nesse momento Sandra pode permanecer no seu drama sem o gatilho da raiva furiosa. Mas é terrível! Palavras de consolação estariam fora de lugar, porque a fariam escapar da tristeza, certamente penosa, mas que naquela hora vivenciava comigo. É uma tristeza que ainda não lhe apresenta soluções, mas que, no entanto, está tolhendo o paliativo da raiva furiosa. O fato de estar cansada da situação me leva a dizer que talvez, mais conscientemente do que deixe transparecer, Sandra está vivendo uma verdadeira e autêntica luta interior entre padecer e esperar, resignar-se e rebelar-se, negar a doença ou enfrentá-la; luta que ainda não encontra um resultado, mas que, pelo menos, está insinuando uma alternativa à reação da raiva.

A ENERGIA USADA PARA RESISTIR PODE SER USADA PARA ENFRENTAR

Nos dois encontros subsequentes, constato que Sandra soube permanecer em sua tristeza. Vejo, porém, que está caindo em uma tristeza excessiva, com o risco de não conseguir dominá-la. Então, retomo o antigo tema da raiva para dizer-lhe que agora essa energia pode demonstrar-se útil, porque permite permanecer na dor sem deixar-se abater.

Sinto que Sandra acolhe meu apelo, recuperando, no desespero, também a força positiva da raiva. De fato, recupera-a, mas de modo errôneo, como protesto raivoso (é a única raiva que Sandra conhece!). Desloca novamente o assunto para as lutas furiosas com seu pai; tento algumas vezes fazê-la voltar à doença sem deixar-se abater, mas dessa vez não cede e quer convencer-me de que, "Seja como for, a decepção mais forte permanece aquela com meu pai" (mentira piedosa!). As resistências recuperaram terreno, mas, nesse ínterim, uma fresta está-se alargando: despedimo-nos com a tarefa de explorar sua força para reagir.

Quando retorna, narra toda uma série de exemplos de "acessos de cólera boa, como havíamos falado desde o início, não?" (mas de acessos de raiva boa jamais havíamos falado!). "Veja! Uma terceira via é possível: acessos de raiva boa". Diz-me que já percebera que esse discurso "já estava no ar nos colóquios anteriores". "Com minha doença, não me concedo enraivecer-me bem; sim, porque, para enraivecer-me bem, precisaria saber de quem é a culpa, mas neste caso não sei com quem enfurecer-me!". Confronto-a de modo bastante direto ("Agora que entramos na estrada correta, não recomece com as costumeiras acusações sem limites!") e lhe digo que não é verdade, que não é necessário saber de quem é a culpa para enraivecer-se bem (o último fio que a liga às resistências pode ser cortado). Acolhe a observação (não sei se por convicção ou porque não me sente demasiado corruptível) e começa a contar-me sobre dois doentes que encontrou no hospital, dois remanescentes do terremoto em Abruzos: conta-me a propósito das reações deles diante desse acontecimento no qual, de fato, muitas vezes não existem culpados: um ficou completamente deprimido, e a outra conseguiu recomeçar. Conclui dizendo muito séria: "Sabe por que Estefânia conseguiu recomeçar? Porque ela enfrentou seu drama [ficou paralisada de um braço] e conseguiu recomeçar". Eu simplesmente concordo (orgulhosa como é, não quero humilhá-la por ter-se deixado "curar" por mim) e percebo que está ligando Estefânia à própria doença: "Enraivecer-me bem por causa de minha esclerose significaria aceitar sentir dor e sofrê-la"; eu: "Aceitar: ou seja?"; ela: "Que o limite é um recurso"; eu: "Ora... não diga besteiras, não faça teorias...". Dou-me conta de que seus olhos ficam brilhantes e, após um pouco de silêncio, digo-lhe que a tragédia permanece tragédia, que a água não se transforma em vinho e que alguém disse: "Na doença e na tribulação, sou mais que vencedor, mas a tribulação permanece". Diz-me: "O senhor está me dando o direito de existir!". E então me conta, visivelmente segurando o choro, sobre três pacientes encontrados durante o curso paramédico (não me havia dito que o tinha começado!), dos quais ainda lembra o nome. Fala-me da beleza de ter se sentido útil para eles, de ter se sentido livre para falar de seu mal e estimada por havê-lo feito sem segundas intenções. Detivemo-nos algumas sessões sobre essa vitória.

Hoje, para Sandra, a esperança tornou-se possibilidade concreta e experimentada como solução eficaz e não consoladora. A raiva voltará, mas deverá considerar essa nova fresta que agora se tornou muralha.

AS RESISTÊNCIAS DO ORIENTADOR

Quem quer que tenha assumido o cuidado do outro, experimentou as próprias resistências ao fazê-lo. No começo, ajudar é, inclusive, gratificante, mas depois chega a luta.

Repensem uma ou duas situações de falso respeito humano, quando, no momento em que era preciso renegociar a relação de ajuda, vocês passaram à abstenção: "É preciso ter paciência", "Devem-se respeitar os ritmos de crescimento", "Cada um deve criar as próprias convicções", "Não se pode exigir", "Jamais se deve impor", "E, depois, não é tão mal quanto parece...". Procurem pensar: "E se, ao contrário, tivesse intervindo? Se houvesse corrigido, objetado, insistido...? Se tivesse intervindo antes, estaríamos agora nesta penosa situação?".

Ou ainda, sempre para não sujarmos as mãos, nos esquivamos para o conselho genérico do tipo "bate-e-corre", longe das batalhas da vida: tão logo alguém nos introduz no cerne de seu problema, imediatamente o conduzimos para a outra margem da solução pré-fabricada, apenas para livrar-nos do embaraço de permanecer no vau. Ou, então, começamos a resistência sob forma de consolação fora de lugar, quando, como no caso acima exposto de Sandra, seria melhor enfiar ainda mais o dedo na ferida, porque não é a consolação da dor que oferece o caminho de saída, mas o confronto com a dor.

Se quisermos permanecer no coração do outro, vamos ter problemas.

Primeiro problema: intervir no outro significa assumir um compromisso em relação a ele. Não se pode aconselhar e depois desaparecer de circulação. É preciso decidir qual operação realizar e assistir ao decurso do pós-operatório; decidir como intervir, dar-se conta do que foi percebido, como foi acolhida a intervenção, examinar atentamente os efeitos obtidos e compará-los com os desejados, aceitar que a intervenção pode não ter sido acolhida e repeti-la com mais amor, ajustar a mira, modificar o projeto, partir de outro ângulo... Tudo isso exige paciência, repetição, voltar atrás, pensar, preparar-se para o encontro, escrever a respeito, construir-se uma visão global do caminho feito e percorrê-lo. É neste ponto que "respeitar os ritmos de crescimento do outro" e outras fórmulas semelhantes já não são um pretexto para o absentismo, mas outro modo de dizer: "Eu me encarrego de você, estou aqui e aqui permaneço".

Segundo problema: se entro no problema do outro, devo vivê-lo como ele o vive, como problema e não à luz de sua solução. Como diz a palavra "acompanhamento", não se intervém do alto da própria virtude, como "mestres de Israel", que, por já saberem o final feliz da história, acham inútil escutá-la. Intervém-se colocando-se no mesmo barco. A intervenção que cura é a que compartilha da mesma sorte; do contrário, passa-se à instrução.

Terceiro problema: permanecer na debilidade do outro permite descobrir quanto somos desajeitados. Os clientes fazem emergir nossas fraquezas que antes nem sequer conhecíamos e que não se teriam revelado sem o trabalho formativo. Sempre fico espantado com a arrogância de certos educadores que extraem sua força da capacidade de capturar a malícia do outro com a vontade louca de exportar a própria sabedoria *super partes* aos infiéis.

AS RESISTÊNCIAS NÃO APARECEM NO INÍCIO DO CAMINHO

As resistências a serem trabalhadas juntas não devem ser confundidas com a indisponibilidade para trabalhar juntos.

São perplexidades que surgem justamente quando o trabalho conjunto começou bem, aos poucos se tornou cada vez mais envolvente e o melhoramento próprio, desejável, parece, paulatinamente, uma possibilidade concreta e factível. Antes que as resistências entrem em ação, deve transcorrer certo tempo do início do acompanhamento: é preciso estar familiarizado com a própria situação real; em seguida, ter visto nela alguma desvantagem; logo após é necessário aceitar que se contribuiu pessoalmente para criá-la e, depois, que se pode melhorá-la. Neste ponto é que nasce a resistência. O ritmo é: "Admito que sou assim" → "Tenho capacidade de mudar" → "Posso mudar" → "Então resisto".

Por definição, a resistência indica um esforço espontâneo (portanto, não intencional) de manter uma posição que, embora apresente muitos aspectos contraproducentes, no entanto, é defendida, porque vista como vantajosa do ponto de vista do inconsciente, e sua alternativa, perigosa. A resistência não anula o desejo de continuar, mas o deixa pela metade, justamente quando esse desejo poderia finalmente chegar a se tornar realidade.

No momento da resistência, o cliente é disponível e indisponível ao mesmo tempo. Reluta temporariamente a observar os termos do contrato, mas nem por isso o rasga: é que não existe a coragem necessária para continuar a falar de si e a prosseguir no caminho. O estado de prontidão começa espontaneamente, mas não é planejado (origem inconsciente). A rejeição, ao contrário, é começada voluntariamente e planejada (origem consciente).

As resistências não são tampouco obstáculos no caminho, mas uma modalidade diferente de caminhar, sob a condição de que o formador não as deixe passar despercebidas (no caso, a resistência sem fim dá início a um divagar repetitivo e enfadonho). Se, por exemplo, os senhores estão acompanhando um grupo de noivos, quando entrarem na parte essencial das coisas, é provável que alguns deles já não compareçam ao grupo, ou que venha somente um dos dois do casal. Se os senhores não ignorarem os que saírem, mas buscarem contato com eles, é natural que se deem conta de que esses desistentes são justamente aqueles que se permitiram entrar em discussão, talvez mais do que os fidelíssimos, mas que tiveram medo disso. Muitas vezes o fato de vocês terem entrado em contato com eles faz com que retornem com ânimo agradecido.

No tempo das resistências, o crescimento continua, mas muda o ritmo da marcha. Quando a pessoa se mostra colaboradora, quando sabe retratar-se com realismo e orientar-se no que narra, o formador poderá ajudá-la a prosseguir, ou seja, a ampliar ulteriormente sua comunicação e a ter consciência sempre mais profunda de suas dinâmicas, de seus projetos e do significado de suas escolhas. No tempo da resistência, ao contrário, é preciso proceder detendo-se no que está acontecendo no momento, na tentativa de dar um nome ao que dificulta prosseguir. Há algo no presente que reprime o avanço: um medo, um segredo, uma vergonha, um aborrecimento, uma previsão de repreensão, uma antecipação de consequências negativas, um desejo de ser deixado em paz... Sandra, por exemplo, começou a resistir justamente quando começava a poder falar sobre sua doença sem traduzi-la em raiva furiosa, o que, evidentemente, a deixava amedrontada em expressar seu drama.

Deter-se e perguntar-se o que está acontecendo não é parar, mas ir adiante de outro modo. "Admitir as resistências que estão emergindo muitas vezes produz mais frutos do que a análise de conteúdos ou de experiências reevocadas, mas não em curso de realização no momento em que são referidas. De fato, a resistência é algo que se está realizando aqui e agora; está em relação a algo que está em andamento, pode ser diretamente observada, assim como seu impacto é intensamente experimentado. Oferece, portanto, uma descrição realista e crível do estilo de personalidade do cliente e uma intensa oportunidade para o próprio interessado observar-se em ação".[3]

SENTIR AS RESISTÊNCIAS EM AÇÃO: O CASO DE SILVANO

Na literatura, muitas são as listas das possíveis resistências, as classificações com base em obstinações e as teorias acerca de suas razões. No entanto, resta o fato de que cada pessoa escolhe as suas segundo seu traço de personalidade: os tipos de mecanismos de defesa sobre os quais a pessoa constrói o próprio estilo habitual de vida inspiram os tipos de resistências que se manifestarão no colóquio formativo. Conhecer a lista delas é útil e possível através de livros, mas, na prática, é preciso perceber quando insurgem, e o melhor sinal de sua presença é que, já há algum tempo, o ritmo dos colóquios está sofrendo uma diminuição de teor, e tem-se a impressão de que se está girando no vazio.

Silvano é professor de liceu, preciso até à minuciosidade, meticuloso e habitudinário. A esta altura, tanto ele quanto eu, sabemos que seu estilo de vida inspirado na lei e na ordem o faz um professor muito diligente, mas também que tal rigidez o torna um peso para si mesmo e pedante para os outros. Ele mesmo gostaria de um pouco mais de desenvoltura: seria um professor mais comunicativo. Nos colóquios

---

[3] D. Forlani, "Diventare migliore: un pericolo a cui resistere", in *3D* 2(2010), 197-206.

recentes, pudemos verificar que, às vezes, ele consegue libertar-se dessa rigidez, relaxando repentinamente com seus estudantes. Mas entre altos e baixos, termina por retornar a sua carapaça, inclusive quando não é estritamente necessário, e isso ele também o sabe. Agora, esses abandonos e retornos estão se tornando uma cantilena inconclusiva.

Hoje Silvano fala (evidentemente de modo muito meticuloso e compungido) de seu "dever" (sic!) de fim de semana de jogar com os dois filhos (evidentemente, "todo fim de semana"). Não me disse que jogos são esses (e não consigo fazê-lo dizer-me), mas faz de seu empenho de pai um ritual obrigatório do fim de semana. A tese de seu falar é a costumeira: "Cada momento livre deve ser passado com os filhos; eu o faço e, portanto, está tudo em ordem comigo". É uma cantilena que já ouvi outras vezes dele e que hoje escuto de novo com certa surpresa, porque o tema dos últimos encontros havia sido o maior desembaraço de si como coisa factível, coisa feita e, inclusive, apreciada e desejada por ele; até mesmo me havia dito que os encontros mais descontraídos com seus estudantes são também os mais belos. Hoje, porém, retorna, enfadonhamente para nós dois, à pessoa impecável de antes.

Acompanhador: Vejo que o senhor dá muita importância a esses encontros fixos do fim de semana.
Silvano: De fato, são um compromisso obrigatório.
A.: É muito digno de sua parte esse afeto pelos filhos, mas todo fim de semana...
S.: Certo. Nunca se faz o bastante pelos filhos... e se a gente não se preocupa com eles, depois acontecem surpresas desagradáveis, e os pais lamentam, mas tarde demais.
A.: Vejo que, para o senhor, é muito trágica a ideia de ver-se como um pai que erra.
S.: Certamente, algo a ser evitado sempre e seja como for.
A.: Por causa de si mesmo ou por causa de seus filhos?

S.: Evidentemente que é por causa deles.

A.: Huummm... Tomara!

S.: Ou seja, o senhor está dizendo que posso mostrar-me também no erro...

A.: Seria uma experiência maravilhosa para seus filhos e, inclusive, para o senhor [Silvano lança-me um olhar que me faz sentir como Eva a oferecer a maçã do pecado, e continua imperturbável formulando sua preocupação em não fazer o suficiente, de ter de ser bom pai, de ter filhos ainda adolescentes. Entretanto, torna-se visivelmente mais descontraído: está percebendo que se torna enfadonho também aos próprios ouvidos].

S.: Contudo, a ideia de reivindicar um pouco de tempo também para mim não seria de todo mal.

A.: Se o senhor se sente bem e está descontraído como agora, estará ainda melhor com seus filhos.

S.: De fato.

A.: E eles também estarão melhor com o senhor.

S.: Realmente, falam-me sempre para ser menos rígido.

A.: Portanto, é melhor que todos estejam contentes do que somente alguns.

[Silêncio de Silvano. A preocupação com a lei e a ordem volta-lhe de repente.]

S.: Mas se faço o que quero, poderia tornar-me completamente egoísta e desprovido de cuidado! [Dessa vez é ele que, sozinho, estende a maçã do pecado.]

A.: Não me parece exatamente seu caso. E se assim for, falaremos a respeito.

S.: Então, vou embora tranquilo.

A SESSÃO POSTERIOR

Prevejo que Silvano elabore o prazer de libertar-se da rigidez, um prazer que nos últimos encontros aparecera, fora perdido, reaparecera. De fato, volta contente; imediatamente retoma episódios de sua liberdade e, em seguida, fala com maior senso de humor e leveza de sua "fixação" em ser sempre o professor. Narra um pequeno exemplo: na noite anterior, na TV, estava um comediante de que seu filho gosta muito, mas este estava estudando no quarto. Silvano chama-o: "Vem...", "Não, devo estudar...", "Ora, vamos! Você gosta! Vem!...". E conclui:

> *S.:* Bem, dessa vez não fui rígido. Saí da cátedra, justamente como o senhor me havia dito [e me olha à espera da recompensa pela tarefa realizada com escrúpulo].
> *A.:* Como eu havia dito? De uma ordem interna o senhor passa para uma ordem externa?
> [Silêncio. Não tendo tido a recompensa, mas uma crítica, Silvano sente-se humilhado, ofendido, vilipendiado... Talvez eu tenha exagerado.]
> *A.:* Fui assim direto para exagerar a situação, colocá-la sob perspectiva. Queria evidenciar a tirania do dever. Pode nascer de uma ordem interior (a sua) ou de uma externa (a minha), mas sempre ordem... e creio que o senhor não tenha necessidade de comandos, nem mesmo de minha parte.
> *S.:* Então, o que venho fazer aqui: o conselheiro é o senhor!
> *A.:* O conselheiro, mas não o professor.
> *S.:* No entanto, estou buscando compreender sobre o que devo falar, porque devo falar de tudo o que tenho vontade de falar.
> *A.:* Devo, quero... o dever da liberdade... o dever de ser livre, o dever de ser um professor...
> *S.:* Por quê, o que não está certo?
> *A.:* Livre, sim; dever ser livre, não. Livre de todo dever: sim. Aliás, gostaria de vê-lo na pele do mau pai.
> *S.:* Ohh! Depois o senhor me expulsa.

E A SUCESSIVA

Na noite anterior, era hora do jantar. Silvano estava ao computador, navegando na Internet, enquanto a família, depois de tê-lo chamado duas vezes, havia começado a comer sem ele.

S.: Fiz uma coisa vergonhosa, i-nad-mis-sí-vel! Critico meu filho dizendo que está sempre com a cabeça nas nuvens, e veja a que ponto cheguei também! Havia me esquecido que era hora do jantar. Justamente eu, que faço questão de que jantemos todos juntos. Fiquei em um estado deplorável.
A.: De fato! Ficou reduzido a seguir o que lhe é importante.
S.: O quê? O senhor quer insinuar que sou do tipo que, tão logo há a ocasião, passa a cuidar de si e se esquece de que tem filhos? Não sou desse tipo. E o senhor sabe bem, pois já me conhece.
A.: Não é que esteja insinuando. O fato é que o senhor estava de tal maneira concentrado em seus afazeres que se esqueceu do jantar com a família.
S.: [Interessado] Bem, de fato... minha mulher me chamou duas vezes. Respondi: "Já vou, já vou", mas, quando cheguei, já estavam no meio do jantar. O pior é que me filho logo explodiu: "Mas, quando sou eu quem faz isso, estoura um escarcéu que não acaba mais".
A.: Mas o que você estava fazendo de tão interessante?
S.: Bobagens...
A.: Às vezes as bobagens são as coisas mais interessantes. Besteiras interessantes, visto que se havia esquecido do jantar.
S.: Estava lendo na Internet a respeito dessa questão do *bullying*... Como professor, devo saber...
A.: Mas o senhor é professor de matemática. O que têm a ver os números com o *bullying*?
S.: Bem... para falar a verdade, é que faz algum tempo que estou um pouco incomodado com meu filho Marcos. Andou colocando um brinco na orelha...
A.: E daí?
S.: E daí que eu não consigo vê-lo com aquele troço assim.
A.: É tão grande assim?
S.: Não, é uma argolinha, mas não a suporto...

A.: Então o senhor se isola de seu filho.
S.: É melhor isolar-me do que dar-lhe umas bofetadas... se ele soubesse...
A.: Soubesse o quê?
S.: Seria capaz de arrancar-lhe aquele brinco.
A.: Pobrezinho! Sem o brinco e sem uma orelha!
S.: E sem pai... Não aguento essas coisas. Não as suporto.
A.: Mas é só um pequeno brinco.
S.: Sim, mas não esperava isso de Marcos; era um menino tão bom...
A.: Marcos já não é um menino, e o senhor afasta-se dele.
S.: Como faço para ver certas coisas? Se o senhor visse como se veste...
A.: Ou seja, o senhor não suporta que Marcos já não seja como o senhor gostaria...
S.: Sim, porque, quando vejo certas coisas, me sinto culpado.
A.: Tente dizer alguma coisa sobre essa culpa.
S.: Diante de Marcos, assim mal-amanhado, fico sem palavras, não sei o que dizer, como começar, como chegar até ele...
A.: Diga a Marcos essas coisas.
S.: Que me sinto desorientado?
A.: Sim.
S.: Ótimo. Assim caímos os dois fulminados.
A.: Quando você diz "desorientado", o que lhe vem à mente? Que sentimentos?
S.: Que Marcos me irrita... Mas que lhe quero bem mesmo assim... Que deve vir ao meu encontro...
A.: Continue.
S.: Terminei.
A.: Não, é interessante.
S.: Sim, que, que... meu filho me importuna, mas não o trocaria por nenhum outro... que gostaria de saber o que lhe passou pela cabeça: não para criticá-lo, mas para compreendê-lo, para ajudá-lo... para ajudar-me... Se soubesse... Tenho uma vontade louca de ir com ele à pizzaria, somente nós dois.

A.: Veja quanta coisa tem para dizer a Marcos! Parece, portanto, que o senhor, enquanto se isola, quer tudo, menos isolar-se...
S.: E por que faço isso?
A.: É o professor que age assim, não o senhor!
S.: O professor rígido...
A.: Exato! Melhor agora [e sorrimos, os dois].
Agora, Silvano está pronto para ir à pizzaria com seu filho. Da próxima vez, sem dúvida, lhe perguntarei se o fez e o que aconteceu.

HÁ MUITOS MODOS DE RESISTÊNCIA

- Dizia nosso professor rígido: "Se faço o que quero, poderia tornar-me completamente egoísta e desprovido de cuidado!". Dizia um estudante um pouco indolente: "Se me esforço mais no estudo, como, de fato, deveria, corro o risco de tornar-me um intelectual e perder o senso da vida prática". E um jovem muito astuto: "Se melhoro uma parte de mim, também as outras partes se enfraquecem, e, cedo ou tarde, deverei melhorar igualmente essas; portanto, é melhor não fazer-me concessões". Em resumo, uma mudança parcial (mesmo que desejada) faz nascer uma ameaça mais profunda e, de alívio e bem-estar, logo se transformará numa sensação angustiante (*resistências para conservar o equilíbrio alcançado até então*).

- "Aconteceu, assim, por acaso...", "Falei por falar", "Dessa vez, tudo saiu bem, agradeçamos minha boa estrela", "Motivo para festejar haveria, mas falemos, de preferência, das coisas que não estão bem". A partir do momento que subscrever um melhoramento de ontem é uma garantia para repeti-lo, inclusive, amanhã, faz-se questão de não transformar uma conquista esporádica em uma regra geral. Daí a importância de que, diante de um salto qualitativo para frente, o formador não mude de assunto, evitando-o, mas retome-o, enfatize-o, comente o porquê de seu aparecimento, coloque-o no arquivo das coisas adquiridas, ponto de força para os próximos tempos de resistência... (*resistências em atribuir-se a autoria do sucesso obtido*).

- "Os outros já estão acostumados a ver-me assim", "Se mudo, como vão reagir?"; e os outros dizem: "Mas o que você pensa que é: agora está metido a santinho?" (*resistências por medo de perder as relações*).
- Todos são convocados a uma reunião para resolver alguns problemas. Todos gostam de resolver problemas, mas, quando resolvê-los implica a renúncia a partes consistentes do próprio interesse, então já não agrada e prefere-se que o problema permaneça: "Mas eu não pretendia dizer isso..." (retratação das explicações e das contribuições trazidas precedentemente). "Não creiam que seja tão fácil..." (atitudes fatalistas pelas quais se preveem desilusões e impossibilidades de solução). "Mas, enfim, não sejam tão drásticos..." (desaparecimento repentino do problema), divagações e interrupções com o intuito de afastar um assunto importante... (*resistências para conservar os ganhos secundários do "sintoma"*).
- "Estou bem, não tenho problemas e, portanto, não preciso de ajuda", "Os loucos é que vão aos psicólogos", "Poderia explicar-me o que você vai fazer indo a um diretor espiritual?"... Você prefere arranjar-se sozinho (assim é mais fácil abafar a voz interior quando começa a desafiá-lo) a ter uma referência externa (que é mais fácil que continue a instigá-lo) (*resistências a ser aprendiz*).
- Apesar de o ambiente formativo ser encorajador e favorecer a confiança, certas vivências importantes, que já

poderiam emergir, permanecem evasivas, com o embaraço do próprio cliente que se sente sufocado e passa a assuntos secundários (*resistências do conteúdo*).
- "É melhor colocar o vinho novo em odres velhos", "É preciso saber contentar-se", "Bom demais para ser verdade", "Se tento, quem me assegura que consigo?" (*resistências do superego*).
- "Se mudo, já não sou o mesmo", "Se não me vem espontaneamente, quer dizer que é forçado", "Sabe: sou assim..." (*resistências em nome do caráter*).
- Nos colóquios se instaura um clima de competição (quero fazer você acreditar) ou, ao contrário, de gratificação/sedução recíproca (quero agradar-lhe). Se essas *resistências de transferência* persistem por muito tempo, indicam um clima deteriorado e dificilmente corrigível.

E assim por diante... A lista não acaba mais.

SINAIS DE RESISTÊNCIA

DIMINUIÇÃO UNILATERAL DA FREQUÊNCIA DOS ENCONTROS FORMATIVOS

A pessoa chega atrasada, pede para sair antes devido a compromissos repentinos, sem avisar ou o fazendo depois (de modo a não poder combinar o adiamento); para não vir ou para procrastinar os encontros, traz argumentos plausíveis, mas não muito críveis ("É o período de provas", "Devemos limpar a casa...").

Evidentemente que se deve avaliar quanto tudo isso depende da resistência ou de outro elemento real.

REDUÇÃO DA QUALIDADE E AMPLITUDE DO DIÁLOGO

Chega ofegante, entre uma corrida e outra, e tem dificuldade de concentrar-se em determinado assunto. Não retoma temas importantes tratados recentemente e, se lhe são propostos mais uma vez, cai das nuvens. Relata coisas enfadonhas, que não se prestam a mediações de significados importantes a serem discernidos; atém-se à mera descrição dos fatos, ou a um nível intelectual sem mostrar seus sentimentos. Abandona os raciocínios ou, no momento de aprofundá-los, muda-os. Permanece em um silêncio ausente (diferente do silêncio produtivo, que é reflexo de quem sabe estar sozinho na presença de outro).

É importante que o formador elabore alguma hipótese sobre quais podem ser os assuntos evitados.

COLÓQUIOS FORMATIVOS ISOLADOS DA VIDA REAL

É sutil a tentativa do cliente de manter separada a experiência dos colóquios da experiência que vive em outros papéis e lugares diversos. Compreendeu como o "jogo" dos colóquios funciona e dialoga, precisamente, como um jogo: diz o que se espera que deva dizer, ou fraciona a relação: ao formador diz determinadas coisas, ao diretor espiritual outras e à comunidade outras ainda, de modo que, no final, o árbitro da situação permanece sempre ele. Introduz assuntos importantes somente quase no final do colóquio, esperando que sejam esquecidos depois ou não retomados ("Já falamos disso da outra vez e não há nada de novo"). Envia uma mensagem de texto ou um *e-mail* ao orientador, mas, quando o encontra, não retoma o tema.

ACTING OUT E *ACTING IN*

Literalmente, significa "jogar fora" e indica a solução imediata de uma tensão, descarregando-a em um comportamento, sem antes o ter consentido, pulando a etapa de sua compreensão e avaliação racional. Um *acting* é *"out"* se acontece fora do colóquio. É *"in"* se acontece dentro do próprio colóquio. Em todo caso, sua função é abafar a provocação que emerge do próprio colóquio ou boicotar-lhe o prosseguimento ou aprofundamento. Um exemplo de *acting out* é o jovem que não sabe conservar para si, em atitude meditativa, o que se diz no colóquio, mas logo vai partilhar (descarregar) com seus companheiros, eventualmente desvalorizando o que se disse no colóquio. Exemplos de *acting in*: confrontar o formador com opiniões de outros, discordantes daquilo que o formador está exprimindo; fazê-lo sentir-se na obrigação de justificar tudo o que diz; lançar olhares sedutores que convidam a passar para um tom de brincadeira e de jovialidade; falar e falar, mas jamais chegar a uma decisão.

ESCONDER-SE NO MELHORAMENTO INESPERADO

Se os colóquios funcionam, espera-se que o cliente adquira gradualmente um senso de otimismo acerca de sua capacidade de resolver seus problemas, a ponto de chegar a resolvê-los sozinho. Contudo, quando o melhoramento é demasiado veloz, deve ser fortemente colocado sob suspeita, principalmente quando parece seguir-se a uma discussão na qual o formador fez um confronto ou ofereceu reflexões não agradáveis.

UMA RESISTÊNCIA ESPECIAL: OS VALORES FLUIDOS

A análise dos valores e de seu impacto no cotidiano é um tema obrigatório no diálogo de acompanhamento psicoespiritual. Mas este tema também causa resistências. O seminarista não hesita em falar ao formador a respeito de seus valores (no fundo, falar sobre eles não custa nada), mas pode fazê-lo de modo resistente. Para dizer-lhe que quer ser padre, usa uma enxurrada de palavras: serviço, testemunho, conversão, tornar-se próximo, acolhida, coração convertido, reconciliação, amar os desagradáveis, servir a quem não é servido, cuidar do irmão que nos foi entregue, responder ao serviço solicitado... Contudo, para quem escuta tanta variedade de vocabulário, é difícil compreender qual é a representação interior que esse seminarista se fez sobre o próprio sacerdócio; por trás de tantas palavras, não fica claro como ele, que as lista, usa-as para modelar seu modo de ser.

Falar de valores no sentido de resistência (portanto, com pouco impacto sobre a realidade) não quer dizer fazer discursos ou falar de coisas nas quais não se acredita, mas associar esses valores – aos quais intelectualmente se adere – ao "eu" idealizado em vez de ao "eu" ideal. Falamos deles com a convicção de que nos descrevem, que neles reconhecemos nosso centro vital e que os tomamos como luz efetiva para nossos passos; por conseguinte, se quisermos ser realmente sinceros, concordamos que não somos perfeitos, que resta algum refinamento a ser feito, mas que, tudo somado, o trabalho duro foi feito. É justamente essa familiaridade presumida, mas não provada, que leva a ostentar tanta abundância de palavras: falamos do que já consideramos possuir pelo simples fato de que nos agradaria possuí-lo. Os valores permitem esse abuso de fluidez que não poderia durar tanto tempo se, ao contrário, se falasse de dinheiro.

A resistência encontra-se precisamente aqui: dizer palavras do Evangelho como entendedores e competentes, sem nos dar conta de que essas palavras propõem uma tarefa que nos supera e que às vezes vai contra o natural. Tais palavras, de programas a partir dos quais se confrontar, são reduzidas ao estado de fluidez. Se usássemos o Evangelho menos levianamente, bastaria falar dele de modo mais sóbrio e, às vezes, falar menos, pois cada palavra é um programa. O que há de mais belo do que ver-se projetado na fantasia do serviço aos rejeitados do mundo? Na realidade, porém, quanto mais são rejeitados, mais... fedem. Que belo discutir a respeito da liberdade dos filhos de Deus; no entanto, quanto mais se é livre, mais se é impopular. O que há de mais comovente do que as palavras de dois enamorados; contudo, quanto esforço deverão fazer para honrar sempre essas palavras.

O QUE FAZER?

- Permitir que a resistência cresça – permanecendo calmos, com respeito e paciência –, desenvolvendo-se até o ponto em que fique bastante evidente também para o interessado e possa, portanto, ser mostrada com certa autoevidência. Isso exige que o formador saiba esperar e dominar sua agressividade, que não ataque nem culpe. Se recorresse à força, sem respeitar o tempo da demora, indubitavelmente o discípulo fugiria.
- Quando a resistência atinge um ápice e é documentável, ou seja, é óbvia em suas manifestações e repetições, o formador comete um erro se permanece passivo.

É necessário discuti-la e compreender-lhe a razão. Ainda que parecesse desaparecer por si só, isso não seria verdadeiro, e cedo ou tarde retornaria como barreira comunicativa. Se o formador esperasse além do senso de realidade, enviaria uma mensagem silenciosa de que a dilação é sempre tolerável.

- Quando a resistência vem à luz, deve-se reconhecer que é grande o embaraço que dela advém, mas também se deve dizer que se trata de um momento afortunado, que aproxima à verdade de si. Falar a respeito dela não quer dizer submetê-la a juízo ou superá-la por encanto. Quer dizer falar sobre ela de modo tal que o sujeito, ao falar, sinta-se importante.

- Para explorá-la, pode-se ajudar o cliente a olhar-se a partir de fora, em vez de dentro, com o auxílio de seu "eu" observador. Como inventor da resistência, sente vergonha; como observador externo, torna-se curioso do rico potencial de informações que ela tem, porque, se a inventou, quer dizer que intuiu que ali existe algo sério e importante; portanto, digno de resistência.

- Para superá-la, deve ser primeiramente reconhecida e compreendida; depois, devem ser colocadas algumas ações de resistência: não com espírito hostil, mas ousando demonstrar a si mesmo que a liberdade não diminuiu; e, depois, aceitar que a resistência se reapresentará dessa ou de outras formas, mas com menos automatismo, porque já encontrada anteriormente: retornará em forma menos virulenta; portanto, será menos necessária para preencher a tensão entre a necessidade de segurança e a necessidade de verdade.

- Quando ajudamos alguém a enfrentar seu mundo interior, devemos respeitar as modalidades que este encontrou para proteger seu equilíbrio; ele é quem deve regular a velocidade e a direção de seu caminho; embora com nossa ajuda, será ele a decidir quando é chegado o momento para não mais resistir.[4]

É RESISTÊNCIA OU DIFICULDADE OBJETIVA?[5]

A resistência é uma fase do caminho que está prosseguindo; a dificuldade objetiva é um bloqueio que o interrompe.

Resistência	Dificuldade objetiva
1. *O discípulo reconhece-se na meta final, mas não no percurso indicado para alcançá-la.*	*O discípulo rejeita a meta final e, consequentemente, também o percurso indicado.*

→ O seminário oferece a possibilidade de consulta psicológica. "Eu não vou. Não acredito na psicologia!" Não há problema nenhum caso se note que esse seminarista obtém, em todo caso, o resultado de maturidade por outros caminhos. Problema preocupante há se, ao contrário, o resultado não existe.

→ Casal em crise: a mulher consegue levar o marido ao centro de aconselhamento familiar. Do encontro, ele sai com raiva da mulher e do conselheiro: já não quer ser envolvido em mais nada dessas coisas, por nenhuma razão, e, se sua mulher está doente, procure curar-se sozinha.

---

[4] Esses critérios de intervenção são tirados do artigo de Forlani, citado na nota anterior.

[5] Aos critérios aqui listados, podem-se acrescentar outros três acerca das duas modalidades de viver o problema: egoalienada ou egossintônica. Egossintônico é o problema que, apesar de tudo, "agrada-me", "alegra-me", "é-me útil": *FeF*, 131-133.

Talvez o conselheiro não tenha levado em conta o fato de que, para esse marido, chegar até ali significava ser colocado no banco dos réus: melhor seria tê-lo feito aproximar-se através de um amigo (resistência). Contudo, depois de alguns dias, da parte de um advogado cujo nome jamais ouvira antes, chega à mulher uma carta de pedido de separação, hipótese jamais surgida anteriormente (dificuldade objetiva).

2.

| *A meta permanece atraente e o interessado continua, ainda que com dificuldade, a manter o passo.* | *Embora se esforce e se dedique, a meta evoca-lhe sentimentos de morte.* |

"Preciso de um conselho, padre Sandro. O senhor conhece a mim e também à Simone. Sabe quanto me esforcei para construir uma bela relação com ela; atenuei meu caráter, ela o dela, buscamo-nos, encontramo-nos, crescemos juntos, tornamo-nos melhores... Mas antes de partir para o intercâmbio (estou escrevendo da Holanda), tomei a decisão de romper com ela. Alguém pode dizer-me: 'Mateus, isso quer dizer que você não era feliz com ela'. Pode ser, mas já não tenho quinze anos e sei que o amor (não a paixão) é, dependendo das circunstâncias, também atravessar juntos as dificuldades, em razão do fato de que ninguém pode ficar trinta anos enfeitiçado pelo outro. E o senhor também sabe: com a Si eu era verdadeiramente feliz. Jamais a traí. No entanto, há um bom tempo me acontecia de apaixonar-me pela beleza das coisas, das pessoas, do meu acampamento maravilhoso no qual ela não me fazia falta. Juro-lhe que o problema não é de sentir atração sexual por outra mulher... antes fosse apenas isso! Perco a cabeça por pessoas, por situações que muito provavelmente jamais farão parte de minha vida estável. Se penso na ideia de que, terminado o intercâmbio, poderia me casar, sinto-me como o poeta Paul Celan, quando descreve a si mesmo: 'Somente como apóstata sou fiel'."

3.	
Tendo conhecimento de um problema, busca resolvê-lo, ainda que recorra a atalhos.	*Tendo conhecimento de um problema, silencia e boicota as intervenções do formador.*

→ João, concluído o programa de recuperação de um passado de toxicodependência, conseguiu um trabalho, mas já na metade do mês está regularmente sem dinheiro. Admite que tenta a fortuna no jogo da "raspadinha" e que tem péssima relação com o dinheiro ("Quanto menos tenho, mais gasto"). De três meses para cá, procura jogar menos, passou a listar as despesas e retira do salário somente uma cifra fixa por semana.

→ Maria é uma daquelas jovens que, com seu sorriso, pode obter o que quer; ela sabe disso, mas sabe também que as pessoas, depois de terem sido seduzidas por seu sorriso, abandonam "essa fascinante pequena sereia". Sente que é chegado o momento: se não quiser ficar sozinha, deve recorrer a outras técnicas de conexão mais maduras. Eu limito-me a recordar-lhe isso. Ela olha-me com o fascinante sorriso de sempre, esperando que também eu caia.

4.	
Se as tentativas de melhora malogram, sente arrependimento: "Sinto muito!".	*Se as tentativas de melhora malogram, sente satisfação: "Perigo evitado!".*

→ Para melhorar seu sistemático mutismo nas reuniões, havia decidido que, na próxima, tomaria a palavra. Desastre total. "Sinto muito! Compreendi que arrisquei demais... minha exposição excessiva ainda me bloqueia. Da próxima vez, procurarei falar pelo menos na pausa para o café."

→ "Como se podia prever, não funcionou. Viu? É inútil que aqui zombemos um do outro e que o senhor me diga que posso, que tenho recursos... Eu sou um tipo tímido e pronto." Quis o acaso que estivéssemos na mesma reunião: na pausa, vi que o senhor saboreava seu café totalmente sozinho. Parecia contente.

5.	
As informações que tenho de sua vida e de nossa relação me dizem que, se empaticamente, continuo a instigá-lo, o processo de crescimento recomeça.	As informações que tenho de sua vida e de nossa relação me dizem que, se empaticamente, continuo a instigá-lo, exaspera-se.

PEQUENAS ADVERTÊNCIAS

- Constatada a força do eu sadio do sujeito, considero que convém errar mais por excesso do que por falta, permanecendo, porém, muito atentos a todo sinal de resposta de frustração excessiva e, portanto, prontos a diminuir o peso da solicitação. Desse modo, o interessado sente-se objeto de confiança, de uma confiança que nem mesmo ele ousa dar-se; sentindo-se tão honrado, ele próprio saberá regular seus pesos e nos fará compreender se o nosso peso era demasiado.

- Não é previsível que o caminho ideal para o bem do discípulo seja aquele que imaginamos ou prevemos para ele. Por mais que sejamos peritos e pensemos corretamente, ele é quem deve encontrar o caminho. Não é nosso projeto que deve ser realizado, mas o melhor para a pessoa que acompanhamos.

- A partir do modo como eu, educador, o trato, você aprenderá a tratar-se. Isso porque, o modo que eu o trato, se inspira (inabilmente) no modo como Jesus trata a pessoa humana; por meio do meu relacionamento com você, você não será conduzido a mim, mas levado a experimentar o olhar de Jesus em sua direção e, se você quiser, a responder-lhe com a ajuda de sua graça.

REFERÊNCIAS BIBLIOGRÁFICAS

✓ *Acompanhamento e família, quais conselhos para prevenir as resistências ao amor*

"Dall'innamoramento al quotidiano dell'amore" (P. MAGNA), in *3D* 3(2007), 283-291 (indicações para ajudar o casal a construir um amor que dure e a enfrentar os primeiros tempos de matrimônio).

"L'amore di coppia è anche questione di valori" (Editoriale), in *3D* 1(2010), 4-7 ("Eu frequento a igreja, ele não": é indiferente?).

"Oggi sposi: sincronizzare gli orologi" (P. MAGNA), in *3D* 3(2009), 281-289.

"Debolezza e amore di coppia" (L. GARBINETTO), in *3D* 2(2011), 184-196 (parece paradoxal, mas a desilusão também mantém em pé a relação).

"Piccoli conflitti e grandi crisi" (S. GUARINELLI), in *3D* 1(2009), 43-53 (o conflito que nasce da complexidade intrínseca à relação de casal, e não de um tipo de defeito que se teria infiltrado entre os dois. É um componente inevitável do relacionamento de casal).

"La schiuma tossica" (Editoriale), in *3D* 2(2010), 116-119 (as passagens do silêncio à batalha).

"Accompagnare una coppia con figli piccoli" (P. MAGNA), in *3D* 2(2012), 198-207.

"Figlio si dice in molti modi" (G. GILLINI), in *3D* 1(2010), 34-43.

"Genitori affettuosi" (M. POETTO), in *3D* 1(2011), 98-104 (Sim, mas como, com as crianças?).

"La genitorialità. Come si impara a prendersi cura" (E. Giglio), in *3D* 3(2011), 255-261.

"Le funzioni della genitorialità" (E. Giglio), in *3D* 1(2012), 40-47.

"Il genitore tecnicizzato" (O. Poli), in *3D* 1(2007), 82-92 (servir-se do próprio instinto de pais: a própria interioridade vale mais do que as técnicas).

"Onora tuo padre e tua madre: ancora possibile?" (C. Corbella), in *3D* 3(2011), 245-254.

"La mediazione familiare come strumento per restare in mezzo ai conflitti" (S. Corrado), in *3D* 3(2011), 262-269.

"Il setting iniziale nella consulenza di coppia" (A. Mazzucco), in *3D* 3(2004), 304-313.

10

DEUS TAMBÉM ESCREVE?

Em perspectiva espiritual, o acompanhamento é uma ajuda temporária e instrumental que uma pessoa dá a outra para que esta última possa *perceber* a ação de Deus nela e *responder* a essa ação, a fim de realizar progressivamente a união com Deus à imitação de Cristo.[1]

Primeiramente, *perceber*; em seguida, *responder*. A atividade de perceber baseia-se na certeza tipicamente cristã de que Deus não só é a meta final de nosso caminho (como quando se diz: "Nós fomos feitos para o céu"), mas, inclusive, o princípio, ativo e operante, mesmo quando não nos damos conta dele ou não lhe respondemos. Com ele, escrevemos nossa vida, às vezes em sintonia e às vezes em discordância; às vezes conscientes e às vezes ignorantes.

---

[1] Definição de Barry e Connolly: "A ajuda que um cristão dá a outro para torná-lo atento em relação a Deus, que lhe fala pessoalmente, para dispô-lo a responder-lhe e tornar-se capaz de crescer na intimidade com Ele e de assumir as consequências dessa relação" (W. A. Barry – W. J. Connolly, *Pratica della direzione spirituale*, OR, Milano 1990, 30. Definição de A. Godin: "O diálogo pastoral é um encontro, sobretudo, verbal entre pessoas, dentre as quais pelo menos uma pretende instaurá-lo e levá-lo adiante 'em nome do Senhor', sobre o fundamento de uma relação recíproca" (A. Godin, "Ascolto e consiglio", in B. Lauret – J. Refoul. (eds.), *Iniziazione alla pratica della teologia, 5: Pratica*, Queriniana, Brescia, 1986, 48-78, particularmente p. 48.

É realmente assim ou agrada-nos pensar que seja assim? Deus, revelado em Cristo, age de modo muito misterioso nos acontecimentos humanos e de dentro deles? Percebê-lo nas grandes testemunhas da fé é fácil porque nos valemos da resposta delas. Mas se pode percebê-lo também nas pessoas que escrevem suas experiências prescindindo totalmente de levar em conta essa intervenção divina?

Nós, cristãos, acreditamos que a graça seja infusa em nossos corações; tanto é verdade que afirmamos que tem força autônoma (graça operante que nos coloca em um estado de orientação), colabora conosco (graça cooperante que apoia nossa avaliação), assiste-nos sempre (graça habitual para os frutos do Espírito) e no momento presente (graça atual que ilumina a mente e fortalece a vontade).

Mas é, de fato, assim ou agrada-nos pensar que seja assim? Se é assim, então, quando conduzo minha vida pelas sendas justas, devo perceber que por trás existe minha força de escolha e decisão, mas também a força de Deus que me inclina e apoia à realização. Mas se é assim, deve valer também o contrário: quando os caminhos são desastrosos, a força de Deus – em tal caso autônoma em relação à minha e amiúde apesar da minha – continua a transmitir seu apelo, e talvez o faça justamente se servindo desses meus caminhos desastrosos. Tudo isso, porém, é somente para crer ou também se deve notar em ação? Somente para supor por escolha ideológica prévia ou é também algo que pode ser inferido a partir do que as pessoas contam sobre si?

ONDE BUSCAR OS RASTROS DE DEUS?

Encontramo-los nos acontecimentos psíquicos; lá, onde meu pequeno grande coração está trabalhando atualmente;

lá, onde está atualmente empenhado: naquilo que me está absorvendo energias, que me preocupa ou alegra-me, decepciona-me ou faz-me feliz, naquele pensamento que me passa pela mente, desaparece e, em seguida, retorna; naquilo que me fascina, escandaliza-me, agrada-me, aborrece-me, deixa-me perplexo... Talvez seja "algo" pequenino, insignificante em si, para os outros, mas não para mim, porque é isso que, há algum tempo, toca-me no íntimo, e para isso, e não para outra coisa – em si, talvez, mais importante –, gasto energias e busco ajuda.[2]

Entre todas as experiências que temos, algumas se esvaecem e não nos tocam. Outras, no entanto, têm um poder catalisador; sentimos que não podem ser banalizadas porque percebemos que ali está ocorrendo algo importante, algo que pertence a um nível mais profundo do que o simples fato acontecido. Se, posteriormente, essas experiências são repetitivas, serão ainda mais eloquentes.

"Meu namorado deixou-me sem explicações" é algo que nenhuma mulher deixa de mencionar. Não é apenas uma dor pelo abandono, mas que traz à baila questões sobre a própria dignidade de mulher, sobre a credibilidade dos homens, sobre o projeto de seu futuro, como tentar novamente e se deve fazê-lo... enfim, sobre o mistério do amor. "Finalmente comprei uma casa" exprime a alegria de uma aquisição, mas também o condensado de tantos esforços, a confirmação de que vale a pena trabalhar duro, a premissa de metas ulteriores...: a nova casa fala de si, mas também de anos e anos do passado e do futuro. Depois me nasce um filho, e depois perco o trabalho, e depois mudo de cidade, e depois encontrei um amigo... Nas tantas "coisas" cotidianas, uma após a outra, aparecem os grandes temas da vida: apegos, perdas,

---

[2] VI/2, 9-22 ("Il senso da scoprire: la vita ci aiuta").

mudanças, êxitos, esterilidade, partidas, retornos, afastamentos... temas que na narrativa bíblica já encontramos escritos com abundância de personagens e breves relatos, os quais – um ou outro – cada um de nós se acha revivendo, em episódios e de forma personalizada. O próprio fato de que não conseguimos resolver determinados problemas nossos, apesar das várias estratégias colocadas em prática, quer dizer que a partida está sendo jogada em um nível mais profundo.

NECESSIDADES PSÍQUICAS CONJUNTAS E MENSAGEM DE VIDA

De um ponto de vista psicológico, determinados acontecimentos me tocam mais do que outros porque, mais do que outros, estimulam algumas de minhas áreas sensíveis (necessidades): frustram ou saciam minha carência de ser reconhecido, de ser amado, de reagir às injustiças sofridas, de sentir-me estimado aos meus próprios olhos, de proteger-me da culpa, de ajudar os outros...

De um ponto de vista espiritual, esses mesmos acontecimentos me tocam porque – quer eu saiba explicitar, quer não – sinto que ali se está desencadeando um questionamento de sentido muito mais fundamental, sem que tenha sido eu a querer despertá-lo. É um questionamento sem conteúdo, que se aninha em acontecimentos particulares e, talvez, sem si, totalmente banais, em razão dos quais estou agitado, mas não consigo definir o que é que precisamente me agita. Contudo, justamente porque nasce da vivência, esse questionamento anônimo é precioso, e exatamente porque não nasce da mente, não consigo nem focá-lo nem jogá-lo fora. A certa altura, porém, toma forma. Quem sabe, ainda que eu tenha feito a tese de doutorado sobre a alegria, somente hoje me dê conta do impacto vital daquilo que havia dissertado tão claramente na tese.

Portanto, nos acontecimentos que provocam questionamentos intelectualmente não formuláveis, mas afetivamente turbulentos, não é absurdo pensar que Deus esteja mostrando determinado rosto de si e não outro, aquele propício ao meu presente, a minha turbulência em curso; que esteja escrevendo uma mensagem sua, mas de forma personalizada para mim, extraindo, entre tantas palavras suas já publicadas para todos, aquela que, para mim, é a palavra do dia, aquela e não outra, propondo-me aquela página do Evangelho a ser relida e não outra, igualmente propícia, mas não para mim hoje.

De forma bem resumida: se hoje Marcos está em um período de perplexidade, talvez o seu hoje de Deus seja o encontro com o Deus que silencia e que o deixa sozinho ao seu conselho, porque é chegada a hora de Marcos olhar de novo para si mesmo, questionar-se, e não recuar para uma relação com Deus que lhe tire dos problemas. Se, ao contrário, Joana hoje se encontra em um período de perplexidade, talvez o seu hoje de Deus seja o encontro com o Deus que lhe fala e pede que seja escutado, porque é chegada a hora de Joana sair de si mesma. Para Marcos, o Jesus de hoje seria aquele que, interrogado, não responde e continua a escrever na areia. Para Joana, seria aquele que diz explicitamente: "Sem mim, nada podeis fazer". O conselho adequado para Marcos é rezar um pouco menos, e o conselho para Joana é fazer uma hora de adoração a mais. Se Marcos for rezar, há o risco de que dirija a Deus uma pergunta que deve fazer a si mesmo. Se Joana não for rezar, continua a evitar um confronto que já amadureceu. Aconselhar em sentido inverso bloquearia o percurso de discernimento deles. Somente quando temos a comprovação de que há uma estreita relação entre o hoje de uma pessoa e certa página do Evangelho, então podemos, inclusive, atrever-nos a dizer: "Essa parece ser a vontade de Deus a seu respeito", embora considere que seja melhor abster-nos de frases assim autoritárias, porque uma coisa é perceber uma correlação, outra é sentenciá-la.

Graças a esse entrelaçamento de experiência prática e presença de Deus, pode-se, então, dizer que:

- o fato de Deus ter uma presença operante em nossa vida não é um pensamento piedoso, mas uma realidade empiricamente verificável, graças aos movimentos interiores que essa presença provoca em nós, querendo ou não.
- a pessoa dispõe de si somente em parte, e o mistério de Deus continua a apresentar-se a ela, ainda que ela não o queira ou rejeite-o.
- dentro da história de todos, estão presentes tensões ou movimentos que indicam a impossível redução da pessoa a suas configurações históricas e psicológicas.
- afirmando o nexo entre mensagem evangélica e necessidades pessoais, e não somente entre mensagem e comportamentos externos, afirmamos que essa mensagem não se relaciona a nossos desejos particulares (a serem satisfeitos ou frustrados), mas ao próprio sistema do desejo, mesmo antes que se concretize em desejos particulares. Ainda que eu aniquilasse meus desejos, não poderia eliminar o próprio desejar e o vínculo que a mensagem de Deus tem com ele.
- se o mistério de Deus está em nós, não é somente resultado de nossa busca, mas realidade presente que precede nossa eventual opção em seu favor. Continua a apresentar-se a

nós com força própria. Sua presença não tem relação com nossa perfeição; do contrário, deveríamos igualar qualidade com quantidade (quanto mais capazes, inteligentes, sadios, bondosos... tanto mais amados por Deus).

- os conteúdos (ou seja, a configuração que nós temos dado a nossa vida) entram como elemento predisponente ou restritivo de nossa percepção e de nossa resposta ao mistério de Deus (se sou egoísta, minha consciência se endurece e mais difícil será minha capacidade receptiva, mas isso não quer dizer que meu egoísmo tenha silenciado o movimento de Deus em mim).

DEUS PRESSIONA PARA DAR-SE A CONHECER

Deus escreve em nossa vida independentemente do modo pelo qual nós a escrevemos e apesar dele, embora se sirva dele.

A fim de ilustrar este aspecto – verdadeiramente espantoso quando se sabe notá-lo em ação –, é preciso recordar que vale para a vida espiritual o que vale para a vida psíquica.

É possível voltar a ser criança, mas nenhuma criança pode permanecer sempre criança ou um adolescente permanecer adolescente para sempre. A vida prossegue, inclusive sem nosso conselho. Isso quer dizer que a passagem de um nível evolutivo ao sucessivo mais evoluído não é devida apenas a nossa iniciativa ou a nossa permissão, mas também à força evolutiva intrínseca ao próprio "eu" humano. Esse avançar autônomo é possível porque, o que alcançamos até agora, não é apenas um patrimônio adquirido, mas dá origem a um anseio por ir além (razão por que, quando a infância chega à maturidade, tende a desembocar na adolescência, e a adolescência, já superada, dissolve-se, invocando a fase sucessiva, sob pena de deterioração).

Alguns exemplos dessa força propulsora. Uma vez alcançado um objetivo, costumeiramente se apresentam objetivos novos e posteriores diante de nós, e, se refletirmos como surgiram em nossa mente, damo-nos conta de que a estes nos levaram aqueles precedentes, e que naqueles já havia acenos, embora reconhecíveis somente no final do percurso. Sem essa força evolutiva das conquistas feitas, dormiríamos sobre os louros colhidos. Falando em tom de brincadeira: quando vamos à procura de um copo de água fresca, percebemos (melhor, se não estivermos muito desidratados!) que aquela água nos despertou a vontade de beber água com gás, depois cerveja, depois vinho e depois champanhe! Até mesmo a criança, quando brinca, não o faz somente para divertir-se, mas porque ali encontra satisfeito seu desejo ardente de uma relação menos ansiosa com a realidade.

Esse, portanto, é o ponto: *cada operação que realizamos, além de buscar seu objeto específico e de operar em seu nível de pertença, deixa transparecer um anseio por um objeto superior e por um nível superior de agir, sem que, no entanto, esse desejo ardente se manifeste violando as leis que governam o nível no qual a operação se situa, mas, ao contrário, adaptando-se a ele.* Dito de maneira banal: o touro busca a vaca para copular e para por aí; o macho humano busca a fêmea humana para copular, mas também para uma relação amorosa, e caso se detenha a copular, depois de certo tempo se aborrece; o narcisista pode especializar-se em relações de exploração narcisista, mas cedo ou tarde deve enfrentar a solidão que isso comporta.

Essa busca de um objeto superior e de um modo melhor de agir é inerente ao próprio agir, razão pela qual pode, inclusive, não ser acolhida pelo sujeito, mas se impor a ele ainda que não o queira e apesar do agir contrário realizado por ele.[3] A fêmea humana, no parto ou no aborto, não pode deixar de sentir-se envolvida como mulher e como mãe. O macho humano pode fingir que é um touro, mas o problema é que não pode contentar-se em fazer o papel de touro. O narcisista pode agir como narcisista, mas seu problema é que a pessoa humana não é apenas narcisista. Cedo ou tarde se devem enfrentar as dificuldades que foram adiadas. Quer o interessado queira, quer não, é a própria operação – já não sendo um processo fechado em si – que impele, sem constranger, o emergir de questões ulteriores. Sobre esse fundamento é que se pode afirmar que o mistério de Deus se torna visível, inclusive, *apesar* da iniciativa contrária do sujeito, e que o positivo pode ainda despertar-se sobre o pano de fundo de sua negação.

Tudo isso é maravilhoso: cada um de nós constrói sua vida com as próprias mãos, mas assiste, passivo, à vida que impele a ser construída. Também o impulso autorrevelador de Deus se insere nesses anseios aninhados em nosso modo de agir a seu favor ou contra ele.

MÉTODO: UMA LEITURA COM DOIS ACESSOS

Por conseguinte, podem-se estudar as operações humanas segundo duas perspectivas: como iniciativa do sujeito e como conexão de que o mistério de Deus se serve para exprimir-se.

---

[3] Pode-se afirmar que esse excesso de significado, não restringível às intenções cônscias, baseia-se na distinção entre ato cônscio, ato deliberado e estado incônscio, e fundamenta-se na diferença entre intenção como deliberação e intenção como direcionalidade inerente ao ato: *PeF*, 183-203.

Na mesma operação se podem observar dois protagonistas: o sujeito, que busca e quer uma coisa, e o impulso do mistério, que pressiona para ser acolhido.[4]

Como acontecimento psíquico, a operação é compreendida pelo sujeito que tem, portanto, o papel de protagonista. Como intermediária do mistério, a operação oferece ao mistério a ocasião de exprimir-se, e, nessa perspectiva, o sujeito é passivo, assiste – por assim dizer – ao mistério que nele quer revelar-se. Nessa segunda leitura, a vida – como quer que seja vivida por nós – é uma janela à qual assoma o mistério do amor infinito de Deus para com o homem, quer ele saiba, quer não; quer queira, quer não; quer responda, quer não, porque é Deus quem o quer, ainda que ele não queira a Deus.

POR QUE NÃO SE VÊ?

Se Deus opera em mim, por que não o vejo? Se sua escrita está sempre presente e ativa, por que não sei lê-la?

NÍVEL DA EXPERIÊNCIA E NÍVEL DA INTELIGÊNCIA

"Não estava ardendo o nosso coração quando ele nos falava pelo caminho e nos explicava as Escrituras?" (Lc 24,32). Os dois discípulos de Emaús estão falando assim depois de terem reconhecido no companheiro casual de viagem seu mestre Jesus ressuscitado. Contudo, estão-se referindo a um ardor já experimentado antes, de que Jesus se revelasse aos seus olhos. O coração deles já ardia no momento em que

---

[4] O método que está na base desta leitura é explicado em *PP*, 45-68, ("Come conoscere l'interiorità: l'insight").

conversavam desiludidos com o forasteiro (experiência), mas só posteriormente reconhecem o ardor daí advindo (inteligência): não no momento de sua realização, mas no momento em que Jesus se revelará a eles. Na conversa "ao vivo" com Jesus ressuscitado, mas desconhecido para eles, do modo de agir do coração deles, percebem apenas a tristeza por uma esperança desiludida: "Nós esperávamos... já faz três dias... algumas mulheres do nosso grupo [...] foram de madrugada ao túmulo e não encontraram o corpo dele". Nesse momento, o que os discípulos percebem ser o objeto do coração deles é a desilusão por uma ausência (inteligência), enquanto o coração já está habitado pelo ardor de Cristo, embora naquele momento não seja percebido (experiência).[5] O ardor existe desde o início, mas deste eles não têm a inteligência. No momento ao vivo, leem-se baseando-se em quanto eles sabem, mas não sabem ler-se com base no que existe neles para além e apesar do sentir psíquico deles. Somente depois é que eles fazem a nova leitura. De fato, diz Jesus: "Sois *sem inteligência e lentos*".

DOIS CONTEÚDOS, MAS UMA ESTRUTURA

O único coração dos discípulos de Emaús está habitado por um duplo objeto: a desilusão e o ardor. O objeto desilusão é produto da consciência que eles têm das coisas (que é

---

[5] Neste parágrafo se está tocando o tema das mediações psíquicas, ou seja, das "pontes" necessárias para conectar entidades diferentes ainda não conectadas, mas que tendem a uma conexão. Quando estas duas entidades são mundo dos valores, de um lado, e nossa estrutura psíquica, de outro, torna-se importante a assim chamada mediação histórica e mediação lógica: A. Manenti, verbete "Mediazione", in *Dizionario di pastorale vocazionale,* organizado pelo Centro internazionale vocazionale Rogate, Rogate, Roma 2002, 683-691.

o sepulcro vazio), é a amarga conclusão que eles sabem tirar de sua vivência. O objeto ardor é recuperado somente depois de um encontro pelo caminho, acontecido por acaso. O fato é que o ardor convive com a desilusão: não se acrescenta em um segundo momento, mas habita no coração deles, independentemente de que eles o conheçam e, ademais, em oposição àquele conhecimento deles.

Observe o paradoxo! Nós damos um conteúdo a nossas estruturas psíquicas. A potência do Cristo ressuscitado dá às mesmas estruturas psíquicas um conteúdo diferente (e, no caso de Emaús, oposto), sem, no entanto, anular o primeiro. Uma estrutura à qual demos uma tonalidade de desilusão contém também uma tonalidade de ardor. À vida vivida, damos certa forma expressiva; Deus serve-se da mesma vida vivida para infundir-lhe outra forma expressiva, sem, porém, perturbá-la. A fim de alargar o próprio coração, não é preciso grandes quedas de cavalo: basta perceber o que acontece no íntimo e, muitas, no aparentemente fortuito (algo que é possível – diz-nos ainda o relato de Emaús – graças a um encontro com outro diferente de si).

CONTEÚDOS PSÍQUICOS COMO PROVOCAÇÕES

Cada um de nós fornece a suas estruturas psíquicas determinado conteúdo (deu-se um estilo de vida, formou certo caráter, reage com certa sensibilidade...) e é mais ou menos consciente dele.

O agir de Deus em nós se serve dessas mesmas estruturas, inserindo nelas um sentido diferenciado em relação àquele que havíamos dado. Usa nosso sentir, fornecendo-lhe, porém, um conteúdo adjunto diferente. E, às vezes, inclusive oposto. Um exemplo pode ser o do seminarista que concede o mérito de sua vocação ao fato de haver lutado contra seu contexto familiar hostil, ou de ter renegado o próprio passado; porém, pode ser que seja, inclusive, graças a essa história familiar e pessoal que a ideia da vocação se revelou em seu espírito: essa história, que, segundo ele, deveria ser renegada, na realidade é história de salvação. Entretanto, para ele é difícil percebê-lo porque, nessa história, não lhe é cômodo andar rumo a Deus, ao passo que pode ser que seja justamente através dela que Deus tenha vindo até ele.

Enquanto plasmamos nossa vida de determinadas formas, o mistério de Deus usa essas formas para sugerir outras. Às vezes, conseguimos até mesmo perceber essa discrepância: quando, por exemplo, atravessamos um "momento de fuga", em que, dizendo-nos algo, percebemos que nosso íntimo nos diz algo diferente; às vezes, sentimos que a consciência confirma nossas escolhas como justas e razoáveis, ou então algo em nós, mas que não provém de nós, sugere-nos que é melhor não fazer certas escolhas porque não ficaremos contentes com elas; outras vezes, fazemos projetos sem entusiasmo, e a ideia de colocá-los em prática parece-nos quase uma morte, ou os executamos convencidos de que são a melhor coisa a fazer. Um exemplo tirado do Evangelho é a parábola da samaritana: ela deu a sua vida uma feição completamente insensata, mas, em sua busca da água potável, havia a sede da água viva que somente em um segundo momento é reconhecida por ela, mas que já existia nela, impelindo-a quando ainda se ocupava somente de águas potáveis.

MAS OS CONTEÚDOS PSÍQUICOS DEVEM SER RESPEITADOS

Quando a voz do mistério usa meios psicológicos, costumeiramente o faz respeitando (não violando) as leis que governam esses meios. Não usa a técnica da queda de cavalo. Parafraseando Santo Tomás, poderíamos dizer que o mistério se serve da natureza inferior para exprimir aquela realidade que, em toda sua plenitude, diz respeito à natureza superior.

Infelizmente, é somente o conteúdo personalizado que, via de regra, ocupa nossa atenção. Detemo-nos a observar o produto por nós elaborado. No exame de consciência, paramos para nos perguntar: "O que faço é bom? O que devo fazer? Como são minhas respostas a Deus?...". Isto significa perceber a si mesmo e leva a responder a si mesmo. Perguntamo-nos menos: "Que outras questões ou indícios posso extrair do que fiz ou não fiz? O que diria Deus se me olhasse de sua perspectiva? Que espaços verdadeiros reservo a mim, nos quais Deus possa exprimir-se?...". O coração deve distrair-se das respostas já dadas por ele e perguntar-se se, por acaso, não sugere também outras respostas novas e diferentes.

Graças a esse entrelaçamento de conteúdos psíquicos e espirituais, pode-se, então, concluir:

- A vida psíquica medeia o mistério não porque é uma vida boa, mas porque é vida; razão por que o mistério é vivo e operante, inclusive, em uma existência moldada pelo sujeito de modo insensato.

- Rastros de Deus se encontram em toda existência, também naquela mais vulgar. A ação de Deus em nós não se deixa condicionar por uma vida convertida, mas se serve, inclusive, da não convertida, insinuando nesta a suspeita de que existe algo diferente em relação ao que estamos realizando, buscando, pensando, defendendo. Cria em nós espaços genuínos, em que é a verdade que atrai e encontra ocasião para expressar-se, em que não somos nós a exprimir Deus, mas é Deus quem se declara a nós.

- O mistério que está em nós não se torna presente e cognoscível somente ao deslocar, desarraigar, eliminar, extirpar (como pode acontecer nas conversões repentinas), mas também ao coexistir, suportar, esperar, compadecer-se, assumir o existente; usando aquilo que existe, porque posto pelo interessado, o mistério insere rastros de si mesmo.

Atividades do "perceber"

Façam uma lista das áreas de sua vida consideradas estéreis, fechadas ao mistério, descartáveis, onde, de acordo com vocês, Deus não está porque vocês são maus, incapazes, orgulhosos...

- Tentem dizer-se: também aí existe a centelha do amor divino; renegada por mim, mas existe, está viva e serve-se justamente desse conteúdo para enviar-me sua mensagem; portanto, antes de pedir a libertação desse conteúdo, será bom aprender a guardá-lo de maneira diferente.

- Tentem pensar também: esse conteúdo é realmente todo descartável? Talvez não, mas prefiro considerá-lo tal porque me faz suspeitar de um novo rosto de Deus que eu não quero reconhecer, de um Deus que se apresenta a mim como ele quer e não como eu o quero imaginar; é precisamente devido a essa minha indisponibilidade em deixar que ele se apresente como quer que desprezo o que a denuncia.

- Tentem considerar também esta hipótese: desejo muito livrar-me desse conteúdo descartável, mas, se esse desejo se realizasse, seria um infortúnio; sentir-me-ia mais feliz, mas teria mais dificuldade para encontrar a Deus.

A PROPÓSITO DO RECURSO À PALAVRA DE DEUS

Quando, no acompanhamento, o formador faz referência explícita a um texto bíblico, o faz porque considera que isso ajude o discípulo a *observar* o entrelaçamento entre a Palavra e sua situação atual. O recurso ao texto bíblico não deve ter o efeito de desviar a atenção do plano existencial para o dos princípios, que desvaloriza e desconsidera o anterior, mas, ao contrário, deve ter um efeito de contato. O contato a ser favorecido pode ser de tipo revelador ou redentor.

Via reveladora	Via redentora
Propõe-se um texto bíblico que seja capaz de reproduzir dinâmicas atualmente presentes na vida do discípulo, mas que ele tem dificuldade de reconhecer sozinho, ou de focar. Por exemplo, 2Sm 12 (o pecado de Davi): "Numa cidade havia dois homens... Esse homem és tu!").	Propõe-se um texto bíblico que forneça ao discípulo melhores maneiras de gerir as dinâmicas já conhecidas por ele. Por exemplo, Jo 4,1-42 (Jesus à samaritana): "Se conhecesses o dom de Deus e quem é aquele que te diz: 'Dá-me de beber!', tu lhe pedirias, e ele te daria água viva".
A Palavra como meio que ilumina o que realmente sou e que sozinho não consigo reconhecer.	A Palavra como meio resolutivo, que me sugere caminhos de saída mais garantidos.
A Palavra fala da vida do sujeito.	A vida do sujeito invoca a Palavra.

Fruto desejado: minha situação personaliza dinâmicas e empenhos universais do coração humano já contemplados no Evangelho. O que experimentei até agora como somente meu, único e talvez estranho, é, ao contrário, um dinamismo do coração humano, universal, já previsto no Evangelho ("Já está tudo escrito... Desde o ventre materno me conheces... Conheces todos os meus cabelos..."). Por isso, não me sinto abandonado na tarefa de distinguir e depois gerir meu problema, mas percebo que estou amparado pela Palavra ("Repouse em mim vosso coração fatigado e cansado").

- *Para não manipular a Palavra:*
  - O acompanhador oferece uma direção e um texto específico, motivando o objetivo (iluminar uma situação, redimi-la, *sintetizar* o caminho percorrido...); o objetivo, redentor ou revelador, deve ser explicitado ao discípulo para que saiba com quais predisposições ler um texto e o que observar nele.
  - Não pode propor uma ou outra direção por suas preferências pessoais ou para reforçar o que ele afirma a um interlocutor reticente, mas, ao contrário, deve subordinar sua proposta à compreensão do discípulo sobre a situação *objetivamente* em curso.
  - A proposta está no contexto de uma colaboração de trabalho: o acompanhador explicita ao discípulo a diferença e a *circularidade* entre as duas direções, e deixa-lhe a escolha, certificando-se de que o resultado desejado, comum a ambas as direções, seja alcançado.
  - Aconselha o *discípulo* a fazer-se, ele próprio, um caminho educativo de Palavras sucessivas das quais se conscientizar.

- *Sinais de uso não manipulador da Palavra:*
  - Mudanças na própria vida.
  - Respeito pela amplitude da própria Palavra.
  - O surgimento na própria interioridade de um sentimento desconhecido porque não relacionado à própria sensibilidade prévia, mas à docilidade para com a Palavra.
  - Prontidão interior progressiva para observar os questionamentos profundos das situações concretas.

11

COMO DESCOBRI-LO

A fim de descobrir que Deus age em minha vida, não devo esperar que ele me desconcerte com intervenções miraculosas inspiradas na lógica poderosa – que, no entanto, usa – de arrancar e desarraigar; basta observar o que eu mesmo escrevo com minha mão, com a dúvida adicional de que outra mão se insinua na minha para segui-la fielmente ou para escrever outra coisa, conforme a outra lógica divina de respeitar e assumir.

MÉTODO DE LEITURA

O que foi dito no capítulo anterior operativamente se traduz em um método preciso de ler minhas experiências, que consiste em extrair delas três informações:

- O que estou fazendo? Em que frentes estou atualmente empenhado? O que agora me agita? (Leitura fenomenológica: o mundo da experiência – explicar.)
- O que está acontecendo dentro de mim? O que me falta? Que coisa procuro que ainda não tenho? Que coisa me bastaria ter ou poderia satisfazer-me? (Leitura psicodinâmica: o mundo dos significados subjetivos – compreender.)
- Em tudo isso, qual é a mensagem básica, a questão de vida que me está vindo ao encontro e que não posso ou

não quero reconduzir àquilo que já sou? (Leitura à luz do mistério: o mundo do apelo – interpretar.)

Obviamente, para não fazer leituras já conhecidas, é um itinerário que é difícil percorrermos sozinhos, sem alguém de fora que nos ajude a não cair na repetição.

DOIS EXEMPLOS DE REFERÊNCIA

Miguel, um adolescente, está assumindo cada vez mais comportamentos contestatórios em relação aos pais. A leitura fenomenológica recolhe a lista de seus modos de contestar: oposição, mutismo, lamúrias, retraimento, provocação, negociação, mentira... e conclui mais ou menos assim: "A partir dos dados que possuímos, Miguel, até ontem, era um molenga; hoje se tornou intratável". Se restituirmos a Miguel esse retrato do seu modo de comportar-se, é fácil que se sinta *descrito* e se reconheça nele. A leitura psicodinâmica levará – supomos – à conclusão de que Miguel se tornou intratável visto que não quer mais ser tratado como menino e quer começar a afirmar-se por conta própria, e não por relações tutelares (belas para uma criança, mas vergonhosas para um adolescente): se lhe restituirmos esse retrato de sua necessidade emergente de autonomia, é fácil que Miguel se sinta *compreendido* e se interesse por saber mais a respeito, provavelmente dizendo: "Sim, eu não tenho nada contra meus pais, são até legais, mas eu sinto que eles pegam demais no meu pé; já não sou um menino" (significado subjetivo). A terceira leitura, à luz do mistério, nesse contexto de comportamento agressivo e de exigência interior de autonomia, interpreta o emergir na vida de Miguel com base nas páginas do Evangelho que se entrelaçam justamente com sua necessidade emergente de afirmar-se e a qual ele não sabe gerir; as páginas que falam da autonomia (por exemplo, as que dizem respeito a negociar os próprios talentos, a construir sobre a rocha, a arar olhando para frente e não para trás...). Essas páginas, desinteressantes para um menino, e não outras, são a realidade de Miguel, e o são não porque sejam as preferidas do seu educador, mas porque – indubitavelmente – pertinentes ao presente de Miguel. Se o educador lhe restitui essa conexão (que é difícil enxergar sozinho), é natural que Miguel fique positivamente *surpreso*, porque uma conexão assim íntima entre Evangelho e vida não é crível se não é vista em ação, e não sem que alguém próximo a nós aponte-lhe o dedo.[1] Se, ao contrário, o educador dissesse a Miguel que deve voltar a ser dócil aos pais que lhe querem tanto bem, quem sabe recordando-lhe que Jesus pede para "voltar a ser criança, do contrário não se entra no reino dos céus", encontrará (esperamos) um Miguel indignado, que ouvirá (esperamos) esse convite como uma afronta a sua dignidade emergente. E é afronta porque esse formador não só está dando referências espirituais alheias ao que está atualmente acontecendo com Miguel como também está bloqueando-lhe a evolução espiritual, ao apontar um caminho equivocado. E pode-se, inclusive, acrescentar: se Miguel pula "sua" página evangélica, ela se reapresentará outra vez, insinuando-se em outra ocasião de vida em que Miguel estiver envolvido (depois de haver, oxalá, abandonado esse formador inoportuno!).

Mirko é um menino de 10 anos, diagnosticado com leve retardo cognitivo, acompanhado de falta de adaptação escolar. Diz a mãe a respeito dele: "Desde sempre dorme em nossa cama, junto a nós, apesar de eu continuar a mandá-lo para

---

[1] A esta altura, nascem aqueles a que chamei de sentimentos do descobrimento ou da descoberta: maravilha e estupor – nostalgia e temor: *VI/2*, 133-160 ("Il pensare affettuoso").

seu quarto; não quer ir à escola e evita todos os companheiros, ou tem acessos de raiva contra eles". E o pai acrescenta: "Não podemos dedicar-lhe muito tempo: eu trabalho e minha mulher também; ele deve compreender que já está crescido".

A respeito da cama do casal, diz o menino: "Eles já estão acostumados; tentam me dizer que eu vá dormir sozinho, mas não tenho vontade, seja por causa da companhia, seja porque tenho medo... Mas tenho medo também quando estou com eles, porque escuto rumores como ranger de móveis... Até meus sonhos me assustam! Talvez porque eu veja filmes de terror".

Em um teste psicológico que pede para construir uma história a partir dos desenhos propostos, o menino responde assim:

- Desenho do leão e do ratinho: "Então, este é um leão que é o rei e, ao lado dele, há um rato que não o deixa jamais em paz. O leão está muito bravo e gostaria de mandá-lo embora, porque ele pega todas as coisas que tem: a carne, seus pelos do corpo. Para esquecê-lo, o leão primeiro fuma cachimbo, assim não o escuta e se distrai um pouco dele. O rato vai embora e o leão fica muito feliz".

- Desenho do cãozinho Black e sua mãe: "Aqui está Black com a mãe... Para mim, estão descansando debaixo de um belo sol, para que depois possam ir brincar juntos. Ah, agora vejo também que Black está mamando na mãe, e depois fica com a pança cheia. Mas a mãe está cansada, porque teve de dar à luz Black e sentia muita dor na barriga e devia pari-lo. Black é um pequeno guloso. Porque aqui é um gordão, tem a pança um pouco grande. Não para de mamar, tanto que sua língua está solta. Ele pensa que a mãe preferiria livrar-se dele já. Porque está cansada de amamentá-lo".

- E na história sucessiva: "Aqui está Black com a coleira da mãe... porque a mãe tinha se cansado de dar-lhe de mamar, e o cão ainda queria mamar, e ela o afastou. E ele pega a coleira da mãe e a faz em pedacinhos, porque está com raiva e quer ter o leite de sua mãe. Depois vai começar a latir, porque ela ofendeu Black. E ela lhe perdoa, desta vez, mas lhe dá uma punição: hoje não come, mas depois ele come sempre, já tem o estoque na barriga".

"Muito bravo", "mandá-lo embora", "vai embora", "cansada", "brincar juntos", "mamando", "pequeno guloso", "livrar-se dele", "afastou", "ofendeu", "punição"...: histórias de amor solicitado e não concedido. Aliás, ainda mais: de raiva e incômodo, se você me perguntar. Mais ainda: você deve parar de perguntar, eu não quero você. Pensem no estrondo de tudo isso na mente de um menino de 10 anos.

Evidentemente aqui há uma psicodinâmica de abandono que subjaz no comportamento lamentado pelos pais e no diagnóstico feito: desprovido do apego de que necessita, a própria mente de Mirko desacelera, ele impõe sua presença, isola-se, faz pirraça na escola. Interiormente, porém, tem essa dinâmica de abandono-apego; há, inclusive, algo mais: nesse menino existe algo que quer ouvir dizer-lhe: "Você é preciso para mim e, ainda que todos o abandonassem, eu não o abandonaria jamais". Esta é a página que Mirko gostaria de ler hoje; outras não lhe interessam. Não é uma exigência que Mirko inventou para si mesmo, não foi buscá--la, talvez ninguém jamais lhe tenha falado dela, talvez não saiba sequer que existe; não foi ele que, um belo dia, decidiu incorporar em si sentimentos de raiva e comportamentos inadequados, e não sabe sequer que o faz, porque aquela "sua" página permanece vazia. A exigência de ser preciso aos olhos de alguém está desabrochando nele, e nem ele nem ninguém poderá detê-la pelo resto da vida. Ao contrário, escuta dizerem-lhe: "Você deve dormir sozinho, não perturbar os companheiros, deve fazer as tarefas...", como se o seu hoje de Deus fosse o Evangelho da autonomia. Se lhe damos um Deus assim, muito cedo Mirko o jogará fora.

TER CERTEZA DA PRESENÇA DE OUTRA TRAMA

Esse método de leitura em três camadas ou reler três vezes a experiência não é uma coisa que o interessado possa fazer sozinho, principalmente se quiser chegar à terceira camada de informações. Aqui vale o lamento do eunuco etíope, quando lia o livro de Isaías: "'Tu compreendes o que estás lendo?' Perguntou Filipe, e ele respondeu: 'Como poderia, se ninguém me orienta?'" (At 8,26-40). É preciso um educador e – principalmente para o terceiro nível de leitura – um teologicamente preparado no sentido que vou explicar a seguir.

O educador não faz teologia, mas se serve da teologia para ler a vivência. Acredita "ser boa" a afirmação teológica, ou seja, confia no que ela diz acerca da pessoa humana. Uso o termo "teologia" de modo muito amplo, mas igualmente focalizado, tendo em mente o conhecimento da estrutura portadora da visão cristã da vida; portanto, não uma preparação nocional, mas concentrada no núcleo que faz funcionar todo o resto.[2]

Acreditar ser boas as afirmações teológicas básicas a respeito da pessoa humana significa servir-se delas como *instrumento diagnóstico e terapêutico* do homem vivente.

---

[2] Aqui damos por manifesto que a teologia acerca da pessoa humana seguida pelo formador seja também uma "sã teologia", deixando a outros esta questão não de modo algum evidente.

O educador considera a afirmação teológica verdadeira não somente no sentido de que é correta, plausível, coerente, pensável..., como também de que descreve o que existe na realidade e ensina como tratá-lo: verdadeira porque descreve e cuida da vida (é verdadeiro o que salva).[3] Se, portanto, o enunciado teológico intercepta a vida, se a diagnostica e dela cuida, então esse enunciado é recuperável na vida, deve-se ver seu impacto, deverá manifestar determinados efeitos. Do contrário, permanece mera opinião ou um medicamento de efeito placebo. Crer no Evangelho desse modo não é somente testemunho de uma ortodoxia, mas evidência empiricamente demonstrada.

Primeiro exemplo. Para o educador, a afirmação evangélica segundo a qual "há mais alegria em dar do que em receber" não é uma simples proclamação, mas o enunciado de um fato psíquico que se realiza na natureza. Esse enunciado não é nem uma teoria nem um auspício, mas é compêndio da dinâmica psíquica do dar-receber: expressa-a, narra-a, descreve-lhe a gestão madura e as razões de seu fracasso. Essa afirmação narra a vida relacional. É encontrável na vida, toca processos psíquicos bem específicos. "Há mais alegria em dar do que em receber" descreve certas experiências afetivas, diagnostica e cura outras perversas, quer ativar certos sistemas motivacionais e não outros; tanto é verdade que se pode demonstrar que, para um menino, esse enunciado assume certas formas expressivas, e, para o idoso, outras; para o sociopata ou para o narcisista, outras ainda. Na vida, deve-se ver o desenvolvimento, a realização e a distorção dessa afirmação. As distorções também (por exemplo, as perversões) atestam – por via negativa – que esse enunciado descreve

---

[3] Veja-se a distinção entre verdade como coerência e verdade como correspondência em *PP*, 13-14; 94-99.

como é formada a psique: a vida do perverso – tal qual a de Madre Teresa de Calcutá – pode ser a comprovação evidente de que é verdadeiro que há mais alegria em dar do que em receber (se não por outros motivos, pelo fato de que o perverso não conseguirá jamais ser inteiramente assim).

Segundo exemplo. Se a teologia espiritual diz que existe a oração de súplica, de intercessão e de louvor, para a práxis isso quer dizer que o sujeito concreto, de acordo com a forma de oração que quer fazer, deverá ativar de seu repertório psíquico sentimentos, atenções, atitudes consonantes com essa forma de oração. Se não consegue colocar-se em sintonia com os requisitos psicológicos exigidos por essa forma, faz uma simulação ou pelo menos fará uma oração distraída. Igualmente, a escolha entre as três formas não pode ser deixada ao acaso: dependerá das vivências psíquicas atualmente ativas no orante. Se sente disposição para louvar, não é o momento de pedir; caso esteja com necessidades, é o momento de pedir e não de louvar; se quer fazer uma súplica, tem de se sentir miserável; se quer interceder, deve declarar sua disponibilidade.

É preciso, insisto, que o próprio educador creia na densidade diagnóstica e terapêutica das verdades teológicas. A fim de demonstrar que o Evangelho funciona, temos uma potente aliada: a natureza humana, que, quando indagada profundamente, responde que ela mesma invoca o Evangelho. Se descobrirmos esse realismo do Evangelho, nos será menos repugnante dar o salto para a etapa sucessiva, quando escolhermos seguir, inclusive, o "núcleo duro" do Evangelho, que flui da loucura da cruz de Cristo.

Terceiro exemplo. Há algum tempo, eu fiz a supervisão de um jovem sacerdote que estava ajudando uma jovem envolvida em uma relação sentimental de quase total dependência ao namorado, e de dominação por parte dele. Para a jovem, tornara-se uma relação de sofrimento, mas não tinha força para interrompê-la, porque, melhor do que a solidão, pelo menos conseguia satisfazer, de alguma maneira, sua necessidade de ter alguém por perto. O sacerdote diz a ela que uma relação assim é arriscada, porque o verdadeiro amor se baseia em partilha. Resposta da jovem: "Você diz isso porque é padre, mas eu sou indiferente em relação a Deus". O pobrezinho retrocede e já não sabe o que responder. Aliás, quase pede desculpas por haver feito uma intervenção assim, "de padre". Na supervisão, percebe que se deixou emudecer tão facilmente porque a mensagem que ele havia envidado ("O coração é feito para partilhar e não somente para depender") era também, para ele, uma mensagem "de padre", isto é, uma verdade coerente, que vale somente dentro de certo quadro de referência. Ao contrário, se a tivesse tomado como verdade correspondente à lógica intrínseca às relações humanas, teria podido acrescentar: "Ao dizer que é assim, não é minha ideologia de padre, mas sua vida prática, e se retomarmos profundamente seus problemas, estou certo de que também eles dirão que a relação pressupõe partilha". Se, com outras palavras, diz a essa jovem que as relações de amor exigem partilha e não subordinação, deve fazê-lo consciente de que é assim (e não que é consolador pensar assim), e que o lamento atual da jovem é prova disso. Se essa jovem se lamenta, não é porque seu namorado está exagerando, mas porque está aflorando a exigência de paridade que, não reconhecida, a condena ao sofrimento.[4]

---

[4] Aqui se está tocando o problema da escravidão do papel que se representa, ou seja, quando o padre diz certas coisas porque as deve dizer, porque é padre, e não porque ele próprio lhes experimentou a força diagnóstica e terapêutica.

FUNÇÃO CRÍTICA DO EDUCADOR

Aos meus estudantes, costumo dizer: o educador considera boa a Palavra de Deus de tal maneira que a submete à prova da verdade. É como se dissesse: foi dito que na vida há mais alegria em dar do que em receber, mas você, homem vivente, o que me diz – você – a esse respeito? Que provas você me dá de que é precisamente assim? Eu, educador, quero ver isso na prática: será verdadeiro se, organizando-se a partir deste enunciado, a vida vive, revive ou vive melhor. Quando não é assim, quando João, Maria, a associação social, a família da porta ao lado, a multinacional... programam-se a partir de receber e jamais dar, é mesmo verdade que eles têm menos alegria? Devem existir sintomas desse "menos"? Onde estão? Continuará a considerar boa essa afirmação teológica caso se demonstre que é salvífica para a realidade: diagnóstica e terapêutica daquilo que há. Do contrário, ela fala de um homem que existe somente na mente dos teólogos, de uma simulação do "como se"... O trabalho de acompanhamento é uma demonstração fortíssima de que o Evangelho é para a vida e coloca à dura prova as interpretações que dele se fazem!

Aqui estou tocando um problema hoje muito polêmico: o formalismo que atinge o crente e também o formador. Um formalismo que não é admitido em palavras, mas comprovado com os fatos. Evidentemente, o formador não chega a renegar as verdades de Deus sobre o homem. Detém-se, inicialmente, a interpretá-las como um gênero literário, um desejo, um modo entre tantos outros de falar a respeito do homem; enfim, a "boa palavrinha a ser dita, que não faz mal a ninguém". No formalismo, as verdades teológicas ainda são consideradas verdadeiras, mas não a ponto de assumi-las como realidade que descrevem o que acontece; verdadeiras, mas reduzidas a fórmulas, suspiros, programas sem eficácia, molduras sem conteúdo, ritos, celebrações... Verdadeiras, mas de uma verdade confinada à esfera do subjetivo e, consequentemente, privadas de sua capacidade de descrever e cuidar do que acontece na natureza.[5] Em certos seminários, o diretor espiritual é aquele que, no refeitório ou nos corredores, brinca mais do que todos com os valores e, tendo-se transformado em *disk jokey*, inventa as anedotas engraçadas sobre padres. Outras vezes, no colóquio, oferece respostas evasivas, vagas, viáveis, devotas, porque – no fundo – também ele considera que essas verdades são apenas uma das tantas interpretações possíveis. Do formalismo ao desvanecimento, a passagem é breve: o formador usa as verdades teológicas como se fossem pó de arroz para o rosto ou descongestionante para o nariz;[6] essas palavras perdem o poder de controlar seu dizer e ele inverte-lhes o uso: recorre a elas para reforçar suas ideias ou para contrabandear como espirituais suas leituras psicológicas levianas com um tom ainda mais devocional quanto mais o conteúdo é vazio. Quando, ao contrário, na formação, as palavras são pedras que devem ser usadas com parcimônia.

O educar não é teólogo, mas leva "excessivamente" a sério o dado teológico porque igualmente leva a sério a vivência. Devido a esse "excesso de rigorismo", pode, inclusive, exercitar uma função crítica em relação aos teólogos "profissionais", sugerindo-lhes mudança de atitude, solicitando-lhes esclarecimento posterior, no caso de sua crítica soar extremamente alarmante e séria para o teólogo.

---

[5] Para outros sinais de crise no formador e modalidades de gestão, cf. A. Cencini, "La crisi nella vita del formatore", in *3D* 2(2010), 154-165.

[6] Cf. cap. 9.

Por que não funciona?

Quando é esse o caso, quando o formador não encontra na vida cotidiana a força diagnóstica e terapêutica do dado teológico, quando constata que na vida podem ser utilizadas outras referências com consequências irrelevantes, ou quando vê que, seguindo determinado elemento teológico, a vida emperra ainda mais, então entra inevitavelmente em um drama de consciência bastante pesado. Para tais situações, deverá indagar-se:
• Aqui não há nada de Evangelho ou sou eu quem não noto sua presença, por minha ignorância, incompetência, contratransferências pessoais...?
• Estou equivocadamente buscando no psíquico o eco de confirmação da mensagem cristã que, ao contrário, é "diferente" do psíquico? A mensagem que constitui o "núcleo duro" do Evangelho, encontrável somente na vida que acredita no mistério pascal?
• Nessa situação, tentei fazer o Evangelho funcionar, procurando criar espaços para seu movimento, ou esperei passivamente a prova de que o Evangelho funcionasse no automático?
• É a mensagem que não funciona ou é dificuldade (minha e do teólogo) de interpretar melhor a verdade que essa mensagem quer exprimir ou, pelo menos, de expressá-la de maneira mais compreensível?
Essa função crítica do educador está em conformidade com uma objetividade levada muito a sério, portanto, o exato oposto do querer defender a primazia da situação... ou da psicologia. A crítica não diz: essa mensagem não é verdadeira porque não funciona. Mas diz: justamente porque deveria funcionar, deve-se ter a confirmação de seu funcionamento.

ATENÇÃO AOS DETALHES

A viagem rumo à descoberta de Deus é bem diferente de uma epifania. Deus também escreve, mas habitualmente não como o imaginamos e não onde pensamos. Para não errar demasiadamente onde olhar, aconselho observar os pequenos detalhes da vida. Para isso, o acompanhamento prevê encontros não excessivamente distanciados (a cada 20 dias), porque não se trata de dar uma aula particular de teologia, mas de retomar sem freios um ou outro fragmento da vivência cotidiana, sem a escravidão de uma ordem do dia preestabelecida. Lentamente, os fragmentos revividos na sessão vão compor uma visão mais realista e transparente de si, que não vai constituir uma bagagem intelectual a mais, mas uma sensibilidade afetivamente sentida e guia de orientação para a prática. Nessa sessão, as teorias ou as afirmações de princípios soam suspeitas. Fala-se da vida prática. Se a caridade vive em mim, mais do que todos os discursos repetidos pela enésima vez, quem vai dizê-lo é meu relato de outro dia, quando, no ônibus, um mendigo veio sentar-se ao meu lado; ou a expressão dos meus olhos há uma semana, quando alguém me procurou pedindo ajuda, em vez de ter sido eu a oferecê-la; ou a razão de minhas risadinhas, quando, na noite anterior, voltando para casa, atravessei a rua das prostitutas, ou a lembrança do que me vem à mente quando as "câmeras de televisão" são desligadas...

A atenção volta-se para o mundo da espontaneidade, porque é aí que o Evangelho, efetivamente acreditado, transparece ou está ausente de modo irrefutável. A atenção, jamais excessiva, ao detalhe pede ao formador que indague, faça perguntas, entre nos particulares mais íntimos, refreie sua vontade de passar logo à solução. Mas o faz como teólogo, ou seja, com a curiosidade de querer observar onde Deus escreve; via de regra, nos lugares menos esperados e banais. É aí que seu ser teólogo, no sentido aludido, faz a diferença. Do contrário, decai na curiosidade do *voyeur* que observa com olhos de incredulidade, e não com os de certeza, e espia belo buraco da fechadura a fim de ver se realmente o Evangelho funciona, porque ele não está muito convencido disso: interroga morbidamente sobre sexo porque não tem certeza de que o coração humano possa viver na pureza, e ele também quer levar consigo um pouco de sexo para casa. Contudo, nesse péssimo estado, descobrirá somente a própria miséria.

12

DENTRO E ALÉM DO PSÍQUICO: O CASO DE SOFIA

Sofia é uma jovem de 27 anos. Pede conselho porque deseja constituir uma família estável, mas suas experiências de amor foram bastante infelizes. Por conseguinte, pergunta a si mesma se foi feita para casar-se ou se, amargamente, deve concluir que os homens são todos uns exploradores. Para ela, essa não é uma questão teórica, mas dramaticamente vivida: "Já não sei o que quero... Sei apenas que estou num buraco. Mas não naquele buraco no qual, finalmente, a bolinha de golfe cai, mas em um poço que me engole...". Há muitíssimo tempo é indiferente à fé, e o apelo a esse aspecto – faz questão de dizê-lo – lhe causaria aborrecimento. Conceitos como "opção fundamental", "resposta aos valores", "dispor-se a", "dimensão espiritual da vida"... não lhe pertencem nem na teoria nem na prática.

ALGUNS DADOS

- Depois de graduada na faculdade, na qual se manteve com rendimentos de trabalhos esporádicos, logo se empenhou em buscar emprego. Não encontrando nenhum que correspondesse aos estudos feitos, trabalhou durante três anos como ajudante em uma lavanderia, recebendo baixo salário; depois conseguiu ser admitida como ajudante de cabeleireira e agora administra um salão de beleza próprio, com duas funcionárias escolhidas pela competência, mas também para ajudá-las a adquirir uma profissão. Sua posição foi alcançada com esforço e muita perseverança, e agora está contente. Define-se "obstinada, perseverante, organizada e resiliente".

- Como inspiração de vida, diz que gostaria de ser perfeita em tudo: no trabalho, nos afetos, na aparência, no físico. Usa sempre o termo "perfeição" como sinônimo de bem-estar psicofísico. É uma jovem muito bonita e faz questão de estar sempre muito elegante, "não para despertar a admiração dos outros, mas para sentir-me sadia por dentro". Reconhece, porém, que essa perfeição começa a ser-lhe onerosa e que corre o risco de transformar-se em uma escravidão.

- É bastante generosa. Sofia não consegue percebê-lo, mas isso transparece em seus relatos. Três exemplos muito eloquentes:
  - Teve um "noivo", filho único de mãe viúva, e, quando esta adoeceu, ela a assistia no hospital quatro dias por semana, com grave prejuízo para seu trabalho. Do relato transparece: 1. O noivo, na realidade, era somente um amigo próximo; 2. Quando começou a assistência no hospital à mãe dele, conhecera o jovem somente havia dois meses; 3. O jovem dava assistência à mãe apenas esporadicamente, ainda que dispusesse de tempo.
  - Quando vivia sozinha, havia hospedado gratuitamente, por oito meses, uma amiga, sem pedir-lhe contribuição financeira para as despesas comuns, embora a amiga tivesse um salário mais do que decente e superior ao

de Sofia. Quando a amiga queria momentos de intimidade com o namorado, Sofia organizava-se para ficar fora de casa.

- Para o irmão mais velho, que ficou viúvo, é quase uma mãe. Admite ter-lhe permitido apoiar-se nela de modo excessivamente exagerado e passivo.

ENTREMOS EM SUA ESPIRITUALIDADE

Consigo mesma: sua linha mestra parece ser a *perfeição*, compreendida por ela como busca de completude, constância, não deixar as coisas pela metade, e isso vale para o trabalho, os afetos e até mesmo para o cuidado com seu físico. Por sorte, Sofia tem esse estímulo à perfeição, sem o qual, nas adversidades, se daria logo por vencida. Quando, depois dos encontros, repenso sobre essa sua característica, vem-me à mente a Carta de Tiago (1,4): "Ora, a constância deve levar a uma obra perfeita: que vos torneis perfeitos e íntegros, sem falta ou deficiência alguma", e o desejo de Jesus de ter – como o Pai – uma vida de inteireza, em que nada é omitido: "Sede, portanto, perfeitos como o vosso Pai celeste é perfeito" (Mt 5,48).

Com os outros: mostra sinais claros de generosidade, disponibilidade, altruísmo. É sempre bondosa. Talvez não o faça de propósito, mas – de fato – Sofia "sabe" que a cura da perfeição é algo que deve ser disponibilizado: "Sobretudo revesti-vos do amor, que une a todos na perfeição" (Cl 3,14). Está sempre pronta para ajudar (*willingness*): à mãe do noivo, à amiga, ao irmão e, no passado, fazendo-se de escudo protetor para sua mãe (ai de mim!) e também para seu pai abusivo. Colocar-se à disposição lhe é inato: "E isso não vem de vós: é dom de Deus! Pois foi Deus que nos fez, criando-nos no

Cristo Jesus, em vista das boas obras que preparou de antemão, para que nós as pratiquemos" (Ef 2,8-10). Até mesmo nessa doação excessiva, em prejuízo de si mesma e sem limite, existe algum vestígio (talvez vivido mal, mas existe) do conselho de Jesus "Se alguém quiser ser o primeiro, seja o último de todos, aquele que serve a todos!" (Mc 9,35).

Com a realidade: há uma relação de empenho, abnegação, perseverança. O âmbito profissional testemunha-o de modo inequívoco. Ali, ela desenvolve a si mesma e aos próprios talentos em um crescendo contínuo de emancipação e autonomia profissional. Inclusive, com o pai alcoólatra e violento, com a mãe submissa e impotente, e com o irmão que, assim que pôde, fugiu de casa, ela tentou de tudo, contanto que não se resignasse: tentou rebelar-se, padecer, fugir, ceder, resistir. Quando, depois dos encontros, repenso essa sua característica, volta-me à mente: "Na verdade, é Deus que produz em vós tanto o querer como o fazer, conforme o seu agrado" (Fl 2,13).

(Nota de método: a fim de que as referências ao Evangelho surjam espontaneamente da vivência e não sejam uma sobreposição artificial da parte do formador, é preciso que ele, com espírito reflexivo, retome depois do encontro os fatos que emergiram e os deixe falar sem passar à etapa posterior das motivações que os subentendem.)

Portanto, Sofia é um exemplo vivo de alguns retalhos da Carta de Tiago, do Evangelho de Mateus, de Marcos, das Cartas de Paulo aos Efésios e aos Colossenses. Para conhecer a mensagem desses textos, podemos abrir a Bíblia impressa e lê-los ali, ou... abrir a vida de Sofia. Encontrar uma verdade no relato da realidade é mais convincente do que lê-la anunciada em um texto escrito. No texto, nós a encontramos em todo o seu esplendor; na vida, encontramo-la em seus acenos (tênues) e talvez também maltratada. É mais difícil encontrá-la na realidade porque, no final das contas, Sofia está dentro de uma realidade de confusão. Para descobrir o Evangelho operante também em sua vida é preciso uma leitura (típica do educador) que não se deixe guiar (e confundir) pelas declarações explícitas que Sofia faz, que não procure logo o defeito, mas que saia em busca da inclinação subjacente (*willingness*), espontânea e não reflexa, que emerge sozinha e *apesar* da intencionalidade de Sofia, da qual, justamente porque espontânea, é mais fácil individuar outra fonte a que nós, cristãos, chamamos de graça operante ou habitual; uma força que age em nós até mesmo apesar de nós, e continua a fazê-lo de modo gentil. O mistério, já dissemos nos dois capítulos precedentes, está presente e operante, mas respeitando a configuração que damos a nossa vida, a qual pode ostentá-lo, mas também ocultá-lo a um olhar apressado.

Embora Sofia declare abertamente a estranheza e o aborrecimento com a dimensão espiritual, seu agir (não seu planejamento intencional) contém um anseio (do qual ela não tem consciência!) por algo que vai além da busca de um bem-estar apenas psicossocial. Busca algo que pertence a um nível mais profundo. Do contrário, deveríamos justificar seu desejo de perfeição somente como traço obsessivo e sua dedicação excessiva como masoquismo. Ela atribui esse excesso de altruísmo ao fato de estar apaixonada e à amizade. Mas é uma explicação fraca, porque se trata de uma oblação realizada com excessiva exasperação e com empenho desproporcional; razão por que é lícito suspeitar que haja, além da mera paixão e da amizade, uma busca inconsciente de relacionamentos melhores. Mas ela não o sabe, e, de tudo isso, vê somente o aspecto neurótico.

ENTREMOS NOS DETALHES DE SUA EXPERIÊNCIA

- Sofia, embora declare querer uma relação estável, aceitou conviver sem compromisso com um jovem durante um ano: "Embora nos amando muito, a relação era baseada na tolerância mútua, na partilha das tarefas de casa e em contas separadas no banco: o pressuposto do amor é a autonomia das pessoas". A relação não tinha sequer perspectivas futuras partilhadas (conflito entre entregar-se à estabilidade e salvaguardar a própria autonomia).

- Mesmo percebendo toda a precariedade dessa situação de convivência, ela, indo morar na casa dele, vende a própria, sem considerar o que seria dela caso a relação desandasse. De fato, finda a convivência, encontrou-se em apuros. Ademais, a partir do momento que o jovem quer sexo, mas não complicações, ela adapta-se e decide autonomamente, sem nem mesmo dirigir-lhe a palavra, tomar pílula anticoncepcional e continuar a tomá-la, inclusive, quando lhe traz distúrbios físicos. Mas como!? Somente ela deve colocar-se o problema e pagar o preço: e ele? Mas como!? Somente ela arca com as despesas, mas sua amiga de casa não? Mas como!? Somente ela presta assistência regularmente à sogra, e o filho desta o faz somente quando lhe dá na telha? (conflito entre doar-se e não saber fazê-lo).

- Durante sete meses, antes da experiência de morar junto, ela tivera outra relação que descreve assim: "Em comparação com os relacionamentos posteriores, eu investi muito mais nesse rapaz. Estava muito mais apaixonada, embora um pouco relutante. Desde o início, tinha dúvidas sobre ele, mas jamais as levei a sério, nem com ele nem comigo mesma (NF: o mesmo silêncio mantido com o outro jovem a propósito da contracepção). Sentia que ele me dava segurança, mas também me deixava inquieta. Mas tinha medo de perdê-lo..." (conflito entre doar-se e entreter-se).

- Quando o companheiro a deixou: "Senti-me maltratada, como moça fácil a quem não se devem explicações. Certa vez, tentei obter explicações da parte dele, mas não consegui. Penso que a culpa seja inteiramente minha: com ele, eu era muito na defensiva, não lhe demonstrei suficientemente meu afeto" (conflito entre reagir e culpar-se).
- Depois de várias experiências afetivas dolorosas, atualmente Sofia é muito desconfiada com os homens (daí a pergunta que a levou a vir até mim). Falando de seu modo atual de relacionar-se com os homens, diz: "É estranho: de uns tempos para cá, vejo-me escolhendo pessoas que moram longe, em outras cidades, e com as quais é possível encontrar-me somente nos fins de semana. Talvez não seja totalmente errado: o restante dos dias pode ser dedicado ao meu trabalho e aos meus gostos. Mas os homens são dignos de crédito?" (conflito entre confiança e suspeita).

Temos, portanto, cinco cenários e cinco conflitos. Talvez haja também outros não investigados. A vida passada de Sofia acrescentará outros e emergirá sempre mais que sua desorientação tem raízes longínquas. Estamos bem distantes da Sofia do parágrafo precedente: generosa, perseverante e amante da perfeição. Como honestamente ela mesma diz: é uma mulher "naquele buraco no qual, finalmente, a bolinha de golfe cai, mas em um poço que me engole...". No entanto, se são válidas as chaves hermenêuticas dos capítulos precedentes, justamente nesses conflitos, e apesar do escasso benefício que produzem, é que podemos individuar os espaços intrapsíquicos nos quais a ação de Deus parece insinuar-se. De fato, se relermos o título que dei entre parênteses a cada um desses cinco conflitos, perceberemos imediatamente que a Palavra de Deus disse muitas coisas sobre eles. Ali está precisamente a intuição genial que diferencia o acompanhamento proposto neste livro de uma direção espiritual "normal": as desorientações de Sofia não são tratadas como desvios do caminho correto, mas o lugar para encontrá-lo. Sem uma visão de psicologia dinâmica, não se pode fazer isso.

ENTREMOS EM SEU ESTADO EMOTIVO

Sofia tem razão de sentir-se em um poço que está engolindo diversas áreas de sua vida. No decurso dos colóquios, ela consegue descrever sempre melhor a sua difusão. Consigo mesma, está-se consumindo interiormente: "Acabo me perdendo na destruição de mim mesma, estrago meu rosto por espremer-me as espinhas". Quanto aos homens, começa a detestá-los: "Chega! Quem se importa com isso? Um homem vale tanto quanto outro!". A propósito do trabalho, depois de tanto esforço, agora corre o risco de desmotivar-se: "Tudo bem, tanto esforço, mas para quê?".

Em Sofia, estão ativos dois aspectos. O primeiro é sua generosidade e sua dedicação espontâneas; o segundo é o poço no qual ela acabou se metendo. Quanto ao segundo, ela sabe expressá-lo bem porque foi ela quem o criou; o primeiro não, porque o encontra dentro de si, sem jamais tê-lo cultivado, e liquida-o no genérico e vazio desejo de "perfeição", quando, ao contrário, é feito de sobressaltos bem enumeráveis e de nomes bem precisos. A dedicação e a privação são dois aspectos completamente contrastantes entre si, mas ao mesmo tempo ligados em prejuízo dela, no sentido de que a dedicação não cultivada busca preencher a privação, mas com resultado oposto.

Se eu desse um nome ao seu mundo espiritual, se listasse para Sofia, uma a uma (como fiz no início deste capítulo) as forças vitais que habitam seu ânimo, isso não teria nenhum efeito sobre ela. Não são estas o objeto de seu interesse atual. Ao contrário, tomaria essa lista de virtudes como uma consolação patética, incapaz de demovê-la, porque, de sua experiência, Sofia recolhe somente a voz que lhe fala de buracos negros. Ela ouve somente essa: "Não posso ter ilusões: sei que tudo, cedo ou tarde, sairá mal", "Se espero algo para o futuro, tenho medo de ser intolerante e egoísta", "Penso que a culpa é inteiramente minha".

Seu mundo de valores é vivo. Ela, porém, não o sabe ouvir, e é inútil falar com surdos. Para ela, seu lamento é lamento e pronto. Não ouve que é o lamento de seu grande coração que está reivindicando seus direitos, mas que não sabe encontrar o caminho justo para afirmá-los. Sofia sabe que está mal, mas não sabe que é uma dor por desejos despedaçados, porém, nem por isso emudecidos.

EM VEZ DE ARDER, QUEIMA

O grande coração de Sofia permanece, porém, ativo no automático, independentemente dela, e, paradoxalmente, em vez de bem-estar, produz contragolpes de mal-estar justamente nas áreas mais significativas da vida de Sofia. Torna-se um grande coração que condena, uma espada afiada que faz sofrer.

Consigo mesma: a *perfeição* desborda em perfeccionismo. Sob a pressão de um estímulo quase compulsivo, Sofia luta para alcançar um estado de equilíbrio que, no entanto, sente ser frágil para conservar, e, com reações quase fóbicas, vigia o aflorar de velhos sofrimentos que a reconduziriam ao início, com o risco de retornar exatamente ao ponto zero. Encontra sempre homens errados, só pode permitir-se relações a distância e "agora faço programações, como dieta, mas não as sigo jamais, e como sem parar".

Com os outros: a *generosidade*, a *disponibilidade*, o *altruísmo* de Sofia são de tal sorte estimulantes que chegam ao ponto de tornar-se ingenuidade, exposição à instrumentalização; priva-se do direito de réplica, evita discussões com sua mãe no que diz respeito ao seu pai embriagado e violento, coloca os outros em um estado de passividade (irmão) e de irresponsabilidade (namorado). Mas como!? Tão tenaz no trabalho e assim submissa no amor? Sua entrega, além das barreiras convenientes, não pode satisfazer sua exigência vital de doar-se, porque Sofia não fez disso uma escolha, mas o segue como obrigação, sem formular projetos que a levariam a perguntar-se: "Mas que sentido tem isso, é justo?"... E, de fato, mantém sempre mais distância dos outros.

Com a realidade: aquele *empenho, abnegação, perseverança* que a emanciparam, colocam-na agora em uma autonomia solitária que a reduz aos poucos a fingir que "não é nada" e a encontrar-se toda encolhida sobre o divã, a chupar o dedo e a duvidar da credibilidade dos homens. O mundo que criou para si se esgota e se desfaz entre suas mãos. O amor entra em crise por pequenas coisas, "como o horário de voltar para casa, os vários modos de passar o tempo livre; no final, deixamos para lá por inércia, sem nos explicarmos o porquê", e sua mente perde-se em detalhes: "Não sei se, em um casal, é melhor ter o dinheiro em comum ou não, se deve haver afinidade de caráter, se é melhor tirar férias separadas...".

O que está acontecendo com sua alma? Sofia não sabe registrar seu modo de gerir-se na onda das aspirações profundas de seu coração, que ela não conhece e que nem sequer foi ela quem o deu a si. Como ela "decidiu" governar-se não corresponde a como seu espírito lhe sugeriria. Seu "eu" psicológico estrutura-se segundo uma perfeição que a condena ao perfeccionismo. Seu espírito sugere-lhe outro tipo de perfeição, a da viagem da bolinha de golfe que, finalmente, chega a seu buraco. O seu "eu" psicológico leva-a a esforçar-se por defender uma autonomia que depois não lhe agrada, enquanto seu coração gostaria de esforçar-se para encontrar um companheiro. Os motores que ativam os dois percursos não conseguem sintonizar-se. As buscas de Sofia acontecem por tentativas, em vez de por decisão prévia, e reduzem-se a represar em vez de construir: "Se espero algo do futuro, como um ponto final, tenho medo de ser intolerante, egoísta. Sinto-me culpada por pretender alguma coisa para mim".

MAS NÃO SE APAGA

A despeito dela, seus espaços internos de verdade se conservaram e continuam a impeli-la. No passado, apesar de ter vivido em um ambiente de engano, e hoje, quando ainda pede ajuda, apesar de tudo. De fato:

- "Bem ou mal, conservei em mim boa disposição". Diz ter tido um pai "agressivo, dominador, violento e alcoólatra", uma mãe submissa e impotente, um irmão que, assim que pôde, fugiu de casa. O pai, sob os efeitos do álcool, ameaçava-a, batia nela frequentemente e tentou violentá-la três vezes. Se ela se rebelava, gritava, ameaçando-a colocá-la para fora de casa. Ela alternava a estratégia de "ir para a cama a fim de evitar discussões" com francas rebeliões. Com o tempo, havia aprendido a fazer de conta que não era nada.

- "Não sei como, mas criei um futuro para mim". Teve, inclusive, coragem de fugir de casa e de refugiar-se junto ao irmão: "Estava entrincheirada na casa de meu irmão; meu pai vinha suplicar-me para voltar para casa, e, se voltava, dois dias depois me colocava de novo para fora". "Minha mãe estava com ele, e eu estava atormentada entre defender a mim mesma, indo embora de casa, e defender minha mãe, ficando lá. Sempre voltava para casa: pensar em mim e no meu futuro fazia-me me sentir culpada... coisa suicida!"

- Hoje os transbordos de vida retornam: "Existe algo que me leva a aumentar meu volume físico para esconder algo que existe interiormente, mas não consigo fingir que não é nada", "Meu problema é que não consigo deixar de pensar, choro por besteira", "Não posso ter ilusões: sei que, depois, tudo sairá mal. No entanto, vim aqui para perguntar-lhe como se faz para ter o amor de alguém, porque gostaria de saber como se faz para querer bem", "O amor é uma realidade ainda importante, mas não a cultivo. Passo os dias entediada, mas continuo a sonhar com um grande amor".

Os esqueletos (mesmo os belos) não podem ser trancados impunemente no armário: cedo ou tarde vêm para fora. Essa lei do retorno do que foi removido e do ignorado joga também a nosso favor: até mesmo o espírito que está em nós, não podemos escondê-lo impunemente nos armários. Ele transmite seus "transbordos", e o incômodo deslocado para o campo psicológico é um bom transmissor.

Ainda que Sofia erguesse uma parede blindada, sua dor voltaria viva, porque não se pode matar a esperança de viver, e seus transbordos podem ser anestesiados, mas não eliminados.

Sofia está mal. Talvez seu mal, ao longo do tempo, mude de forma: hoje, ânsia; amanhã, raiva; depois de amanhã, culpa... Talvez se desvie para o físico: hoje, a cura das espinhas, amanhã, os exames médicos intermináveis... Ou talvez chegue a viver alienada, sem dar-se conta de sê-lo. Mas o discurso não muda.

Contudo, o retorno do que foi removido ou ignorado não acontece por prepotência (a menos que não se deem acontecimentos traumáticos). Habitualmente, respeita a estrutura psíquica. Se, no tempo intercorrente, esta se foi enrijecendo cada vez mais, até mesmo o retorno será indicado por transbordos sempre menos decifráveis, e será sempre mais difícil ligá-los a sua mensagem. O carteiro sempre bate à porta duas vezes, mas se, entrementes, eu isolei acusticamente a porta e tapei os ouvidos... ele continua a bater, mas eu não o escuto.

... APÓS QUATRO ANOS, VOLTA

Acompanhei Sofia durante mais ou menos um ano e não vi resultados. Mas estava enganado. Quando, depois de bastante tempo, ela volta, não consegue falar porque está sufocada pelas lágrimas; no entanto, materialmente, tudo vai bem. Confidencia-me: "Vivo matando a esperança. No entanto, por não ser do tipo que vive sem pensar no futuro, transbordo". Não veio para pedir nada. Depois de meia hora, despediu-se e foi embora. No entanto, voltou. Vamos esperar.

13

TRATAR O TEMA ESPIRITUAL

EXEMPLO DE REFERÊNCIA

Mário é um jovem de 24 anos, seminarista, cursando o terceiro ano de teologia. O acompanhamento já dura um ano, no decurso do qual, examinando atentamente diversos aspectos de si, Mário tomou contato mais imediato com seu estilo habitual de vida.

É um homem jovem, sério e esforçado em todos os aspectos. Aquele tipo de seminarista que passa sem chamar a atenção porque não cria problemas para os superiores. Era até mesmo fácil demais dar-se conta, à primeira vista, de seu senso de responsabilidade. Mário certamente é um jovem responsável, mas, no decorrer de alguns meses de colóquios, não lhe foi difícil descobrir também um elemento de pressão: ele não consegue deixar de ser tão responsável, porque o educaram assim, esperando que agisse exatamente dessa forma, devendo ser desse modo sua resposta à vocação. Para ele, tudo tem de ser segundo a regra e a ordem. A contraprova de que não se tratava somente de virtude era dada pelos tons emotivos que acompanhavam essa sua seriedade: Mário vivia a vocação como uma tarefa obrigatória, quer agradasse, quer não, a ser executada com pouca autoavaliação e sem o senso de gratidão libertadora que deriva de haver descoberto "a pedra preciosa" do reino de Deus (Mt 13,46). A partir de muitos e pequenos episódios revividos nos colóquios, Mário entrou gradativamente em contato com seu perfeccionismo, com sua necessidade de manter tudo sob controle e de sentir os valores de sua vocação como regras a serem seguidas mais do que como convites a arriscar-se na liberdade. Pouco a pouco, adquire maior desenvoltura e aprende, inclusive, a divertir-se com esse lado não virtuoso de sua responsabilidade; sinal de que havia compreendido que eliminar o aspecto obsessivo do compromisso não significa eliminar o compromisso.

Tendo-se familiarizado suficientemente com seu estilo costumeiro de agir, era chegado o momento de enfrentar abertamente a questão de seu relacionamento com Deus e das bases motivacionais que o sustentam. Não tanto e não somente porque Mário é um seminarista, mas porque todo caminho de acompanhamento – por definição – gira em torno do relacionamento que a pessoa estabelece com seu centro vital "ao qual confiar-se e do qual faz depender a própria honra e a própria amabilidade, e em referência ao qual se pode dar ordem e unidade às partes da própria vida" (cf. cap. 5). Para quem crê, esse centro tem um nome bem preciso; para quem não crê, deve tê-lo, seja como for, porque o duradouro não se fundamenta no provisório.

Antes de continuar com o exemplo, algumas observações do método.

OS ASSUNTOS ESPIRITUAIS: NÃO DESPERDICE A OPORTUNIDADE

Cedo ou tarde, deveria emergir nos colóquios o tema da própria pérola preciosa. Considero que é melhor depois do que antes. E me explico.

Falar do próprio centro vital começando pela vertente espiritual, sem conhecer como, de fato, a pessoa organiza-se em sua vida prática, corre-se o risco da ilusão: há o perigo de falar do centro virtual e não do vital, do mundo que não existe, mas que se fantasia existir. Se, por exemplo, não sabemos como dois noivos vivem seu relacionamento, se não sabemos se, quando falam entre si a respeito de seus projetos, estão falando da conclusão de experiências em andamento ou de uma alternativa ilusória ao lugar onde estão..., quando falamos com eles do projeto cristão, não sabemos se estamos falando da vida deles ou se estamos tendo conversas piedosas. Assim como nos causa perplexidade se o discurso de um seminarista sobre seus projetos futuros carece de uma comprovação prévia.

> Não sei se expliquei bem. O conhecimento de si mesmo é tão importante que não queria que vocês se descuidassem dele, por mais adiantadas que estejam no caminho dos céus. Enquanto permanecemos neste mundo, nada importa mais que a humildade. E assim volto a dizer que é melhor entrar primeiro no aposento onde se trata disso que sobrevoar os demais. Esse é o caminho. Se podemos ir por estrada segura e plana, para que havemos de querer asas? Procurem empenhar-se ao máximo no conhecimento de si mesmas.[1]

Por certo, o tema "Deus" não é excluído propositadamente no início do acompanhamento, nem, sempre que se manifestar, deve ser descartado porque primeiramente se deve falar do que se vê, e somente depois do que não se vê. Quero apenas dizer que é um tema muito importante para não ser

---

[1] Teresa de Jesus, *O castelo interior*: a jornada espiritual da alma para se unir a Deus. 2. ed. Curitiba: FSFortes, 2019, cap. 9, p. 19-20.

preparado e protegido de ser desperdiçado por banalizações ou pelo risco da fluidez (cap. 9), de ser tratado como zona franca, separada da vida. Se o sujeito consegue sentir-se melhor, consegue melhor sentir a Deus[2] e, se a essa altura, se começa a falar de Deus, é mais garantido que seja o Deus que efetivamente sente dentro de si, e que esteja mais ciente de como realmente sente as cláusulas da relação (em vez de falar sobre como lhe disseram que deveria senti-las).

Partir da vida, ou seja, falar de coisas espirituais, mas em estreito contato com as experiências dos sentidos (permanecer com os pés no chão) é contemplado, inclusive, pelas próprias regras ascéticas. De fato, a experiência espiritual nasce da experiência dos sentidos e fica ligada a esta por toda a vida.[3]

Impossibilitados como estamos de ter qualquer experiência direta com Deus, somos obrigados a recorrer a modalidades indiretas para construir-nos uma representação interior dele e poder relacionar-nos com ele, que não é perceptível; a fim de fazer-nos uma imagem interior dele, através do uso de processos analógicos, servimo-nos das nossas experiências sensíveis (pensamos, por exemplo, na importância de ter tido figuras paternas boas para relacionar-nos com um Deus bom).[4]

A última versão, em termos de tempo, da nossa representação (ou melhor, das nossas representações) de Deus e da

---

[2] Coisa de que a catequese e a instrução correm o risco de abster-se, porque influenciam mais sobre a esfera racional.

[3] Y. Ledure, "Dio e il corpo; per una rifondazione antropologica", in *3D* 2(2007), 122-134.

[4] A. M. Rizzuto, "Processi psicodinamici nella vita religiosa e spirituale", in *3D* 1(2006), 10-30; S. Morgalla, "L'immagine di Dio – un'icona o un autoritratto?", in *3D* 3(2011), 270-277.

relação com ele tem atrás de si uma história de experiências afetivas tão longa quanto nossa idade; sob a versão mais recente, existem outras, de modo que a última é um conjunto de representações conquistadas "com o suor do rosto". Esse procedimento, por um lado, faz com que nossas representações de Deus não sejam um conceito abstrato, mas uma imagem viva. Por outro, justamente porque sofrem a influência de nossas experiências subjetivas, essas representações permanecem inevitavelmente subjetivas e reduzidas em relação ao que é o Deus vivo e verdadeiro em sua totalidade. Mas é uma subjetividade que não deve ser eliminada, dado que sem ela não poderíamos personalizar o relacionamento com Deus; quando muito deve ser purificada, ou seja, deixada, mas assegurando-se de que desempenhe a função de vidro transparente para o exterior, e não de espelho de nós mesmos.

Consequentemente, dado que falando de Deus falamos muito de nós mesmos, será importante saber como nos expressamos, porque é provável que nosso falar sobre Deus não seja muito diferente. A fim de verificar nosso relacionamento com o espiritual, que não se vê, devemos verificar nosso relacionamento com o sensível, que se vê. A partir do segundo, é mais fácil prever como será o primeiro, ao passo que o contrário é menos garantido.

NÃO SE DÃO MINIAULAS DE TEOLOGIA

Considerando a natureza não didática, mas espontânea, dos colóquios, entrar no tema "Deus" (como em qualquer outro tema da vida) não significa abrir oficialmente o assunto e nele permanecer até que se tenha esgotado, para, em seguida, passar a outro e, tendo sido igualmente esgotado, passa-se ao sucessivo previsto pelo programa. Seria estranho se alguns assuntos importantes jamais emergissem, mas seu emergir deveria ser espontâneo, em episódios, com interrupções e retomadas, e de acordo com um movimento em espiral. A respeito de seu Deus e de sua relação com ele, o cliente nos dá algumas informações nos primeiros encontros (habitualmente, por meio de proclamações verbais); posteriormente, faz alusões a isso enquanto fala de outra coisa; em seguida, narra episódios espirituais específicos, depois faz referências explícitas ao tipo de espiritualidade que julga possuir... tudo numa espécie de vaivém, até que chegará o momento de recolher essas estocadas dispersas e compreendê-las quanto ao que significam. Chegado o momento, cabe ao formador lembrar-se dos fragmentos até agora à disposição e recompô-los em um quadro que expresse suficientemente bem a espiritualidade global do cliente.

O que permite ao formador encontrar o fio condutor entre todos esses fragmentos, retomados nos colóquios e, em seguida, abandonados, inclusive, durante meses, é, evidentemente, recordá-los (razão por que deve anotá-los) e até mesmo os recompor em um quadro que faça emergir a melodia espiritual básica sobre a qual o sujeito construiu, aos poucos, esses fragmentos. A analogia com a música expressa bem a ideia:

> Onde o *cantus firmus* soa bem nítido, o contraponto pode desenvolver-se com máximo vigor; sempre se sentirá sustentado, não pode retrair-se nem destacar-se; no entanto, permanece ele mesmo, autônomo, um todo. Só quando se está nessa polifonia, a vida torna-se plena e, ao mesmo tempo, sabemos que nenhuma desgraça pode acontecer enquanto o canto firme for mantido.[5]

---

[5] D. Bonhoeffer, *Carta de 20 de maio de 1944.*

O "canto firme", na música litúrgica, é a melodia-tenor básica em torno da qual se desenvolvem outras vozes do coro. Essa melodia básica, sobre a qual se compunham hinos sacros, podia ser extraída, inclusive, do repertório da música profana, como o fez Bach, por exemplo, em seus corais. Ela serve de base (ou seja, como "tenor") para a construção de uma composição polifônica.

Portanto, trabalhar a área espiritual exige o conhecimento do próprio "canto firme", e trabalhar sem descartar a experiência dos sentidos que mediou o nascimento em nós desse canto. A isto se chama *working through*, que significa retomar os assuntos já tratados, mas em um nível progressivo de profundidade, de modo que a repetição aprofundada desenvolva a possibilidade de que algo novo entre no antigo costumeiro. Essa repetição em espiral é necessária uma vez que, aquilo que se interpõe entre o caminho da expansão da consciência raramente é dissolvido em uma única vez e, de fato, a expansão temporária é muitas vezes seguida de um retorno mais intenso ao antigo.

TER UM PROJETO

Agora, discutamos o caso de Mário, com o qual abrimos o capítulo. Para Mário, é chegado o momento de tratar diretamente do tema espiritual, porque o formador tem garantia suficiente de que o discurso de Mário a esse respeito será personalizado (convicto) em vez de escolástico (exato), moral (justo) ou desindividualizado (convencional).[6] Existem, ademais, elementos suficientes para extrair das informações espirituais que surgiram até agora o quadro da espiritualidade de Mário. E, acima de tudo, Mário está pronto.

---

[6] *VI/1*, 205-206 ("Risposte personalizzate").

Imaginemos, então, que a síntese feita pelo formador seja deste tipo (preferentemente formulada usando, o máximo possível, as mesmas palavras que Mário costuma usar, porque, ao retomá-las, e não outras – talvez mais corretas e exatas –, ele poderá entrar em contato com sua interioridade mais rapidamente): *"Deus demonstrou-me amor e, como contrapartida, pede-me uma resposta. Seu chamado é anterior ao meu assentimento, e eu não posso negar tanta evidência".*

O que fazer com esta síntese?

Com a advertência de que o formador, em primeiro lugar, deve pelo menos nunca prejudicar, perguntamo-nos: nesta síntese, o que se deve respeitar/valorizar e o que se deve cuidar/melhorar? Não se trata de emitir um juízo no plano da correção teológica (verdadeiro/falso), nem no plano moral (vício/virtude), nem no patológico (sadio/doente), mas sim no plano da representação interior em que Mário sente esses elementos de sua espiritualidade. Nessa breve síntese da espiritualidade de Mário, não há nada de herético, nada de imoral, nada de insano. Ao contrário, a relação cristã com Deus fala justamente do amor prévio de Deus, ao qual ninguém pode resistir, ainda que o quisesse. No entanto, Mário decodifica alguns aspectos de acordo com sua sensibilidade de "jovem necessariamente bom", não os tornando falsos, maus nem insanos, mas aparentemente bons: ele os interpreta mal, com o tipo de mal-entendido operado por sua psicodinâmica de jovem forçosamente bom, a qual não distorce a verdade do dado, mas a cumula de significados subjetivos que a desvalorizam.[7]

---

[7] Não estamos falando, portanto, do inconsciente freudiano, o qual enfraquece a intencionalidade cônscia e é matriz de psicopatologia, mas do incônscio, que, embora respeite a intencionalidade cônscia, lhe acrescenta significados distorcidos.

Relendo a síntese, podemos, então, fazer duas considerações:
1. Do percurso feito até agora, podemos dar por certo que Mário sentiu em sua vida a iniciativa gratuita do amor de Deus, anterior a toda iniciativa e permissão de sua parte. A própria história vocacional o confirma.
2. Do percurso feito até agora, podemos também dizer que Mário vive essa gratuidade de Deus com um excessivo senso de obrigação que o constrange a uma resposta coagida, a qual impede o salto da liberdade pessoal. É, aliás, uma nuance que já vimos infiltrar-se em muitos aspectos de seu senso de responsabilidade.

O primeiro aspecto deve ser respeitado e usado como ponto de força sobre o qual aliar-se a Mário para cuidar dos mais vulneráveis. O segundo, ao contrário – o da obrigação como constrição – deve ser corrigido: seja por evidentes razões de espiritualidade cristã,[8] seja por seus inconvenientes restritivos obsessivos.

Por conseguinte, será preciso favorecer a experiência de maior liberdade de resposta, no auspício de que o balanço possa ser assim escrito: *"Deus demonstrou-me amor e, como* apelo, *pede-me uma resposta. Seu chamado é prévio ao meu assentimento, e eu escolho cordialmente* não *negar tanta evidência"*.

A "palavra do dia" para Mário parece ser: "É para a liberdade que Cristo nos libertou. Ficai firmes e não vos deixeis amarrar de novo ao jugo da escravidão" (Gl 5,1), ou até mesmo – o terrível questionamento de Jesus aos seus discípulos,

---

[8] Os valores morais e religiosos não são uma ordem, mas um apelo, e o "deve" ligado a eles expressa uma obrigatoriedade objetiva, e não subjetiva: *VI/2*, 100-108 ("Il valore come appello").

aos quais, no entanto, amava: "Vós também quereis ir embora?" (Jo 6,67).[9]

Deve-se observar que, na formulação do projeto, entram as contratransferências do formador: não poderá, certamente, colocar-se nesta ótica o formador que teme perder as vocações, que as questiona ou que permaneceu também na fase do "jovem forçosamente bom".

Trabalhar em torno do objetivo de obter maior liberdade não significa, obviamente, repassar com Mário a filosofia/teologia da liberdade (que provavelmente ele já conhece) na expectativa de que cada informação repetida dissolva todo obstáculo a uma resposta mais cordial. O trabalho situa-se no âmbito do sentir. Mário já está sintonizado com a grandeza do amor de Deus e já se deixou convencer a entrar no seminário, mas entoa tudo isso com base no "canto firme" inspirado na constrição. Mário já compreendeu que não se pode ficar indiferente ao amor de Deus, principalmente se atestado pelas experiências dos sentidos. Mas não é assim que se faz: não se pode responder como contrapartida a "tanta evidência"! Não é possível fechar-se à fascinante dialética do chamado-resposta com um final tão rápido e humilhante: "Se é assim, então devo fazê-lo!".

Será preciso tirar o "esparadrapo" da constrição e reabrir a dialética ao ponto que precede essa solução constritiva: "E você, Mário, o que quer? Qual é seu maior desejo?...". Será um trabalho de certo sofrimento, porque, se Mário recorreu a tal remédio provisório, quer dizer que, para elaborar sua resposta, não tinha à disposição alternativas melhores (não por ignorância, mas por limitação pessoal). Será, inclusive, um trabalho com resistências previsíveis, visto que conduzirá

---

[9] VI/1, 203-206 ("L'interrogativo terribile").

Mário a antes do ponto de fechamento com a técnica do esparadrapo; razão pela qual é previsível que se desencadeiem tensões, as quais, com a solução do esparadrapo, tinha conseguido evitar. Mário, o jovem coercitivamente bom, estará disposto a dar sua aprovação à resposta? E, admitindo-se que o seja (porque, sem o esparadrapo, se sua vocação não for genuína, corre o risco de falhar), está disposto a admitir que, no futuro, a dialética do sim e do não assumirá formas sempre novas e inéditas (cap. 3)? E, ainda, está disposto a admitir que fazer da própria vida um dom de si não é jamais *una tantum* [uma única vez] e, a partir daí, continuar em ponto morto?

Seguem-se alguns colóquios.

Conforme foi dito, o proceder do acompanhamento não é didático; portanto, quando falo de primeiro, segundo, terceiro... encontro, não me refiro a uma série de encontros em sequência, mas por etapas de imersão progressiva do tema (*working through*), cada uma composta de vários encontros, provavelmente intercalados por outras sessões a respeito de outros assuntos e dinâmicas. Ademais, relato apenas as fases fundamentais dos colóquios, reduzidas a poucas frases, cada uma das quais somente um concentrado que resume uma conversa mais longa. Ao lado de algumas frases, insiro algumas observações sobre o método.

PRIMEIRO ENCONTRO: INDIVIDUAÇÃO DO ASPECTO VULNERÁVEL

É hora de focalizar o tema da constrição, já várias vezes expresso veladamente em um vaivém de referências, e espera-se que o diálogo ofereça algum indício para fazê-lo.

O indício chega. Mário está falando de um episódio ocorrido dois dias antes no seminário: pediram-lhe para prestar um serviço na portaria; ele tinha outras coisas a fazer, mas aceitou devido ao "senso vocacional" (uh, que expressão bombástica!).

> *Mário:* Sim! Concordei porque me parecia *correto* acolher tal pedido, tanto mais vindo do reitor. Devia estudar, mas *é preciso* também dar uma mão aos outros.
> *Formador:* Mas seus afazeres não eram mais importantes?
> *M:* Mas posso ocupar-me deles também depois. Justamente esta manhã, durante a homilia, o reitor disse que devemos acostumar-nos a responder a Deus nas coisas cotidianas e que os projetos de Deus não são os nossos projetos. Gostei muito. Além do mais, também aqui, com o senhor, se tornou evidente que devo responder a tudo o que Deus me deu.

Mário fala de bom grado a esse respeito, com muitas referências ao "correto", "devo", "é preciso", "é óbvio"..., e conclui me enviando clara a mensagem de que ele já fez a escolha e, portanto, não há nada a discutir.

> *F.:* [com a intenção de tranquilizá-lo] Nós dois sabemos que você já fez sua escolha; se não, o que você estaria fazendo no seminário? Agora, porém, trata-se de levá-la adiante com um passo posterior. Responder a Deus: certo! Fato consumado! Mas por quê? Sobre que bases? Como você justifica sua resposta?

Inicialmente, Mário fica um pouco aborrecido, mas, seguro de que não está em discussão sua escolha básica, sabe acolher o estímulo e, alternando em seus olhos (percebe-se enquanto fala) a alegria pelo amor recebido de Deus e o fardo de sua resposta, assim conclui (de modo muito enfático):

M.: Em conclusão, devo responder porque Deus me amou! Devo dar o máximo; escolha ou não, os talentos não podem ser enterrados.	*Aí está! A dinâmica do dever coagido resplandece diante de nós.*
F.: Você deve? Mas o amor não se compra! Imagine um marido que dissesse: "Casei-me e devo amar meus filhos". É um marido que sente o matrimônio como uma forca. Seu Deus também pode parecer um pouco pretensioso.	*O formador faz emergir abertamente a distorção. Recorrer a um exemplo sensível serve para visualizá-la melhor e para suscitar uma emoção.*
M.: [um pouco enraivecido] Antes de tudo, não sou casado e não tenho filhos. Além disso, se a vocação é diálogo, será necessário também responder!	*Mário começa a resistir.*
F.: Uma coisa é a resposta, que deve haver, e outra é o espírito com que se responde.	*O formador esclarece o sentido de sua crítica.*
Mário está visivelmente perturbado. Está sentindo que se está tocando a área da liberdade, embaraçosa para ele, e procura evitá-lo. Continua a rejeitar o formador. Censura-o cortesmente por não acreditar suficientemente na força estimulante da graça divina. Em seguida, durante 10 minutos, diz que o diálogo é feito de chamado, mas também de resposta, e conclui: "Se não respondesse, seria egoísta, seria como se fizesse apenas o que é útil a mim mesmo; além do mais, ninguém me obriga; faria inclusive outra escolha e seria igualmente feliz em fazê-la, mas compreendo que não teria gasto bem a minha vida".	*A fim de defender-se, usa a racionalização, que é o modo de enfrentar a realidade com as armas da lógica e da razão, para evitar o contato com as próprias ressonâncias afetivas; a racionalização sabe oferecer bons argumentos, mas que não descrevem o verdadeiro sentir.* *Por outro lado, Mário defende-se, mas não foge, porque ele mesmo abre uma alternativa, aliás, não por vontade própria, mas para permanecer melhor onde se encontra.*
F.: Tudo correto; no entanto, parece que, para você, o chamado de Deus não admite alternativa.	*O formador insiste e reconduz o tema ao nível do sentir.*
M.: [sorrindo] Não é por acaso que meu pai trabalha na polícia... Dizem que me pareço com ele até mesmo fisicamente.	*Mário está colhendo o elemento da coerção e permanece nele. O formador não leva em consideração a pista psicogenética relativa à figura paterna, que nesse momento seria uma pista distrativa.*

F.: A resposta a Deus é um presente ao amor recebido gratuitamente. Um gesto de gratidão. Deus não precisa, para amar você, de sua resposta. Ele o amaria, inclusive, sem ela. Ele é demasiado grande para deixar-se condicionar pelo seu comportamento.	*Dada a disponibilidade de Mário em deixar-se tocar, em vez de insistir na ferida, o formador antecipa qual será a cura: prevendo uma alternativa melhor, enfraquece-se o apego à pior.*
M.: Eu sei disso, mas tenho dificuldade em acreditar.	
F.: Compreendo-o. Nós dois sabemos que às vezes você suscita seu espírito militaresco. É como se você dissesse: "Vou ver minha tia porque, se não for, sabe lá o que vai dizer; pode ser que fique magoada e me deserde"; nesse caso, você vai até lá para não causar má impressão, mas com que esforço! Em vez disso, você pode ir até lá para fazer-lhe uma visita-surpresa, porque é um presente que você quer lhe dar ... Quero dizer: há duas maneiras para chegar até Deus...	*Dada a disponibilidade de Mário para entrar na distorção, o formador aumenta-a com um exemplo paradoxal, a fim de que apareça em toda a sua contrariedade e suscite uma emoção.* *Diz "militaresco" e não policialesco para não aviltar a referência paterna que Mário acabara de usar.* *Pede clemência* *Deixa-o tenso*
M.: Muitas vezes digo ao Senhor: "Faço-o por amor ao teu amor".	*Já não pede clemência. Começa a admitir seu ressentimento. A resistência dissolveu-se.*
F.: O que me parece que, para você, também quer dizer: "Faço-o como contrapartida, taxa a ser paga a seu amor".	
M.: De fato, às vezes penso: por que Deus me chamou, afinal de contas? Não podia ignorar-me? Por que justamente eu no seminário? Há tantos melhores do que eu.	*A primeira alternativa à coerção é a transgressão. Para Mário, a liberdade é sinônimo de licença.* *Para afastar o perigo da liberdade (para ele = licença), antecipa a culpa.*
F.: Exato: um Deus comercial. Deus chama e você deve responder.	*A ambivalência natural da própria interioridade muitas vezes é silenciada excluindo-se o contato consciente com essas ressonâncias emotivas que poderiam fazer suspeitar sua existência, e o seu primeiro emergir é imediatamente censurado como tentação inconveniente (a não ser para, depois, recuperá-lo na esfera das fantasias secretas, mantidas fortemente ocultas).*
M.: Mas, então, se sou livre, posso, inclusive, não responder, fazer o que me parece conveniente...	
F.: Certo. De fato, Deus não obriga ninguém.	
M.: Mas, então, e quanto a quem não responde?	

F.: Mas responder de modo forçado não tem sentido. M.: [de modo muito espontâneo e repentino] E então... festa grande: começa a gandaia! F.: Pode ser também. Vejamos o que acontece. Nestes dias, haverá fatos que lhe recordarão que Deus não obriga. Enquanto você os vive, preste atenção em como os sente e falemos disso juntos.	*A fim de que a brecha não volte a fechar-se, entre um encontro e outro é útil deixar uma "tarefa de casa".*

O que aconteceu: Mário está disponível à relação com Deus, mas conserva em si espaços secretos de liberdade, reserva totalmente lógica, visto que seu senso de autocoerção é grande. Como o fariam todos, não aceitou que, à primeira tentativa do formador, fosse colocado em campo esse aspecto de si, vulnerável mas útil e central na organização de sua personalidade. Ao primeiro "não" claro, superado pela calma do orientador, sucede-se, porém, outro "não" mais sutil, que contemplou o desejo de aí entrar e em que as primeiras concessões lançaram um lampejo sobre o núcleo da vulnerabilidade: o medo da liberdade.

Anotações do diretor, depois desta fase, que contêm:

- *Síntese do que aconteceu.* Mário vive Deus (inclusive) como aquele que exige respostas forçadas. Quando isso se atenua, a primeira reação que se ativa é a evasão. A vontade de libertar-se de Deus parece ser grande!
- *Previsão positiva:* espero que Mário amplie sua representação de Deus e comece a senti-lo como aquele que ama, mas também como aquele que não exige uma resposta contra a vontade. Este último, por ser um Deus maior do que o seu, Mário deveria experimentar-lhe a alegria.

- *Previsão negativa:* espero ainda uma resistência, porque imaginar um Deus maior exige de Mário também uma reelaboração da imagem de si mesmo: já não é o menino que deve executar a tarefa, mas o homem livre que dispõe de si.
- *Reflexão do formador sobre seu tipo de presença:* fundamental é o espírito com o qual o formador "agride" a fragilidade. Não deve subestimar a mentalidade do jovem forçadamente bom ironizando-a, nem catalogá-la como defensiva e inconsistente (algo, em resumo, infantil e de que – no fundo – deve envergonhar-se), nem dar a tarefa (mais outra tarefa!) de substituir o errado pelo correto. Trata-se de remeter essa mentalidade do jovem bom ao seu lugar de etapa evolutiva e não de meta: uma aquisição adquirida e, até então, talvez também adequada e suficiente, mas agora não mais. Nesse momento, Mário pode permitir-se ser mais pessoal (e menos coagido) ao enfrentar a vida. O espírito com que o formador intervém não patologiza o senso do dever, mas quer levá-lo à realização.

SEGUNDO ENCONTRO: À PROCURA DO CONFLITO CENTRAL

Mário confirma a previsão positiva. Experimentou a alegria do Deus maior do que o seu. Os fatos que traz o demonstram (a verificação dos fatos é importante porque Mário, estando em formação, tem instrumentos intelectuais suficientes para formular respostas exatas em vez de sentidas ou teorias aprendidas, mas não vividas).

Dado o salto de qualidade no sentir, a certa altura, toma consciência da nova conquista:

F.: Podemos dizer, então, que agora Deus se parece com aquilo que ele realmente é. Não tem um coração de homem, mas um coração de Deus, para além da lógica do contrato.	*Educador como "participante": unido à comemoração da nova posição alcançada.*

Nota de método. Cada conquista, embora pequena, é suada, não deve passar despercebida, mas ser registrada como lucro a ser usado no tempo das "vacas magras". Para fazer da conquista um ponto forte de não retorno e para defendê-la de eventuais tentativas de subestimá-la como coisa ocasional, passa-se a ver quais podem ser as resistências que poderão corroê-la (alinhadas com o tipo de personalidade do cliente). Tentativas de renegar a conquista ou de minimizar-lhe o alcance não podem deixar de existir, porque todo comportamento inesperado, toda novidade de resultado, todo sentir novo suscita angústia ou inquietude. Para que possa haver crescimento, deve-se permitir que a novidade questione os modos precedentes de reagir.[10]

---

[10] O mesmo princípio vale para o crescimento relacional: todo encontro imprevisto, todo comportamento inesperado, toda pessoa desconhecida suscita angústia ou inquietude. A fim de que uma relação se desenvolva, cada um dos parceiros deve permitir que a novidade e o mistério do outro questionem o modelo de relação que se desenvolveu a partir da experiência precedente.

F.: Penso que, diante desta nova experiência, não podemos deter-nos em um suspiro de alegria. Caso mude o rosto de Deus que você tem dentro de si, estará mudado também seu modo de relacionar-se com ele. Vejamos como mudou.	Educador como "estimulador" (challenger): coloca-se um passo ligeiramente à frente em relação a seu cliente e, dali, incita-o a alcançá-lo.
Mário traz aspectos complacentes tipicamente devocionais, como: tudo mais belo, agora compreendi, tudo mudou, sinto-me livre, estou contente... F.: Parece-me que você torna tudo fácil demais.	Não diz "vejamos se mudou": o educador como "ativador" (activator): pressupõe como certo o acontecido no passo ulterior, infundindo, assim, estima e competência. Nova resistência. Cura repentina. Nenhum formador faz milagres.
M.: Não, não! É justamente assim, e, inclusive, lhe disse que me sinto melhor... ou... quase. F.: Lembro-me de que você também me havia dito: "Se Deus não exige, então posso ser livre!". M.: Falei, assim, por falar... F.: Mas as reações imediatas são as mais sinceras. Aqui não falamos de rejeições tencionadas, mas de resistências inevitáveis à mudança que existem em todos nós.	O educador como "observador": participa a partir de dentro e observa a partir de fora; sabe que, há muitos anos, Mário é complacente e hoje se apresenta com a tarefa feita. Os comportamentos mudaram, mas o estilo não. O educador como "apoiador" (*supporter*): dá a ele permissão para exprimir suas resistências e, recorrendo ao "nós", as torna menos escandalosas.

Mário acena a algumas (inócuas e bastante ridículas) fantasias de fuga da obediência coagida; depois, deixa transparecer (vagos) ressentimentos sobre a liberdade extorquida, sobre a resposta coerciva; em seguida, fala expressamente dos aspectos de raiva e de intolerância em relação a seu papel de jovem forçadamente bom. O formador escuta, deixa-o falar e não pede detalhes; basta-lhe que Mário comece a sentir-se à vontade com esse seu mundo submerso, que, talvez pela primeira vez, também seus ouvidos comecem a escutar. E assim Mário conclui:

M.: Pensei que, resumindo, ele me chamou, mas não pediu minha permissão.
F.: E você teve de responder à evidência. Como é possível dizer não?
M.: Às vezes, devo quase impor-me a responder, como aconteceu com o episódio da portaria que lhe contei. É como se me esforçasse para contrair os músculos do estômago. Mas alguma coisa escapa.
F.: Que coisa?

F.: Mário banaliza e continua a apresentar exemplos raramente utilizáveis: distrações na oração, dificuldade de concentração, pequenos egoísmos, omissões leves... *F.:* Mas, concretamente, não houve outros sinais mais sérios de insubordinação? O senso de obrigação em você era forte e igualmente fortes deverão ter sido suas vias de fuga. Compreendo que é embaraçoso dizê-lo, mas se alguém nos extorque alguma coisa que nos pertence, todos procuramos recuperá-la. Externamente, complacentes; interiormente, insubordinados.	*A essa altura, em virtude da aliança educativa, banalizar não significa resistir, mas sondar o terreno para ver se e como confidências mais íntimas serão toleradas e acolhidas pelo formador.* *O que leva a dizer isso não é a malícia do formador, mas o respeito pelo caráter de Mário e a consciência da antropologia. O formador escuta levando em conta o caráter coercivo de Mário, mas também conhecendo a dialética do coração humano (educador como "observador": participa de fora e observa de dentro).*

Mário mostra-se disponível a entrar em confidências mais íntimas e começa a compartilhá-las. Acena a fantasias recorrentes, a vontades de autonomia, a referências sexuais. O formador intui que está abrindo uma importante área secreta e muito íntima, mas, aos primeiros acenos, interrompe-o.

| F.: Mário, estamos abrindo o tema das insubordinações, mas precisamos de tempo; falaremos disso da próxima vez. | *Conhecendo a complacência de Mário, o formador decide não entrar no discurso, porque poderia parecer como mais uma extorsão: de extorsões Mário já teve o bastante! Adia o desvelamento de uma confidência importante e, ainda que Mário estivesse disposto a falar agora, ele não está disposto a ouvir agora. Mário deve decidir isso livremente.* |
| | *Não é auspicioso tratar de temas demasiado íntimos com base na disponibilidade e na emoção do momento; terminadas estas, a confidência poderia tornar-se motivo de culpa e de autocensura.* |

Anotações do diretor depois do encontro: Mário abriu-se ao novo rosto de Deus e está disponível a respostas mais livres. A raiva pelo consentimento extorquido o levou a defender sua liberdade de modo que agora está pronto para analisar.

TERCEIRO ENCONTRO: AGREDIR O PROBLEMA

Mário começa imediatamente com o assunto das insubordinações, deixado em suspenso (é um bom sinal de crescimento). Relata episódios que demonstram suas várias tentativas de retomar a liberdade que lhe fora sequestrada por Deus, até que chega àquilo que, para ele, é mais significativo e "o" seu problema.

Introduz o tema secreto da masturbação. Podemos imaginar a vergonha do jovem forçadamente bom. O formador encoraja-o a falar livremente. Não cai na repreensão nem tampouco na absolvição ingênua. Inclusive, uma indulgência excessiva ou intempestiva em relação aos limites e às culpas que a pessoa sente poderia ulteriormente endurecê-la. Por ser a primeira vez que Mário enfrenta abertamente (inclusive consigo mesmo) esse problema, e pela primeira vez tem vontade de fazê-lo, deve ser observado detalhadamente. Fala a respeito longamente.

M.: Normalmente acontece assim: nos fins de semana, nós, seminaristas, vamos à paróquia para o serviço pastoral. Vou de bom grado, e as coisas que faço me agradam. Quando, porém, no domingo à noite, volto para o seminário, nunca encontro alguém (costumeiramente, o retorno é na segunda-feira, pela manhã). O seminário parece-me a tumba do faraó. Caminho pelo corredor: ninguém à vista. Vou ao refeitório: somente resíduos espalhados de um jantar terminado pelos padres residentes, sem que nenhum deles pense que alguém poderia chegar depois. Vou à saleta do cafezinho: tudo escuro... então é que começo a pensar: esta é a recompensa da pastoral? Via de regra, aceito e tudo passa. Mas às vezes, encalho.
F.: Tente dizer-me o que você sente quando encalha.
M.: Já prestei atenção: experimento uma sensação de vazio. Não é que me falte alguém próximo. Ficar sozinho não me causa problema. Repenso a jornada na paróquia e sinto uma espécie de exploração. Sim, justamente exploração! Penso: hoje era domingo e nem sequer tive tempo de olhar o futebol na TV: havia os jovens, depois as crianças, depois devia preparar a

liturgia... e no fim do dia... um corre-corre geral: nem mesmo um "tchau", até o próximo sábado [vê-se que Mário sofre com isso, mas também não faz disso uma tragédia]. E então, passo a passo, a fantasia passa a imagens sexuais.
F.: De que tipo?
M.: As imagens sou eu quem as busco, friamente; não é que esteja particularmente excitado: tomo emprestada uma ou outra pessoa agradável que encontrei durante o dia e imagino cenas sexuais com ela, nas quais, porém, estamos somente eu e meu prazer. Uma espécie de sexo que não olha as pessoas no rosto. Às vezes, até mesmo um sexo um pouco enraivecido [e continua a exemplificar]...
F.: E aí, onde está o prazer?
M.: Nesses momentos, é um pouco como dizer: "Todos me exploraram? Então eu recupero o que é meu sozinho!". Ninguém me diz "Tchau, até o próximo sábado"? Então, protesto! Sim, dou-me uma recompensa. Tanto é verdade que, obtido o prazer – ou seja, minha recompensa –, acalmo-me e depois sinto repugnância, porque me dou conta de ter estimulado o sexo sem ter tido vontade disso. E fico com raiva duas vezes, porque me acontece de masturbar-me não quando estou em crise, mas quando tudo saiu bem! No dia seguinte, nada resta, porque havia vivido tudo como se não me pertencesse.
F.: Repassemos o episódio em câmara lenta: alegria pela doação de si na paróquia → sensação de ter sido explorado → recuperação, a sós, da extorsão sofrida. Tudo tomando de empréstimo o sexo.
M.: A propósito de recuperar. Nunca havia pensado nisso: sou, inclusive, um tipo que tende a conservar tudo, a poupar. Sabe que tenho bombons escondidos no armário por medo que os outros venham pedi-los a mim. Depois, não sobra um sequer... mas, em outro momento, esqueço-me de que os tenho... e, quando vou comê-los, já ficaram velhos.

F.: Como a masturbação: você me disse que não o faz porque tenha vontade de fazê-lo; ademais, posteriormente se esquece de tudo. Enfim, em você existe algo que diz: "Veja o que acontece com quem obedece à bondade coerciva, à resposta vocacional forçada, à pastoral coercitiva". Alguma coisa lhe diz: "Basta!".

Nota de método: a novidade do episódio não leva a desviar do caminho, mas deve ser enfrentada como etapa posterior deste. A dinâmica sexual é enfrentada como um dos muitos modos que Mário poderia usar para recuperar algo que seja seu, somente seu, depois de tanta extorsão sofrida na paróquia. Mário podia, inclusive, usar outro meio de recuperação: jogar no computador, zapear espasmodicamente entre os canais de TV, desafogar a própria raiva sobre o primeiro companheiro que lhe cair na mira, enviar SMS a torto e a direito, enxugar uma garrafa de pinga... A masturbação é uma particularidade do estilo geral: depois da extorsão de um "sim" coagido, recupero meu espaço.

É inútil dizer que aí entra a personalidade do formador: não somente seu conhecimento de noções mínimas de psicodinâmica, mas o relacionamento que tem com a própria sexualidade e, em geral, com sua fraqueza.[11] Inútil também dizer quanto, nesses momentos tão delicados, seja importante que o formador se confronte com um supervisor; do contrário, fica apavorado com o emergir da fraqueza profunda do cliente, deixa-se capturar por ela, pensa que o caminho tenha encontrado uma barreira intransponível e, avaliando tudo como um beco sem saída, chega à fatídica conclusão: "Você precisa de psicólogo! Sou apenas o diretor espiritual".

---

[11] A respeito da relação entre consciência de si e responsabilidade no ministério, cf. A. Cencini, "'Ladrone graziato'; il prete e il suo peccato", in *3D* 1(2012), 32-39.

Mas como? Você bate em retirada logo agora que se está realizando o encontro intimíssimo entre a lógica do Evangelho e o sistema profundo do desejar humano? E, além do mais, abandona-o com a suspeita de que Mário seja um pouco vulgar em termos de sexo!

Nota à parte: Mário e o celibato. Nele, a transgressão sexual não é índice de solidão afetiva, caso em que a escolha do celibato só a aumentaria a ponto de desembocar em mal-estar. Ele não tem um problema sexual, mas um problema de extorsão (que já havia aplicado a Deus, ao serviço na portaria e agora à atividade na paróquia). Sua raiva não é devido à escolha celibatária feita e ao seu preço de solidão afetiva, mas em virtude do modo pelo qual ele a leva adiante. Além disso, o fato de que a transgressão aconteça somente quando tudo deu certo, e não quando Mário está em crise, leva a pensar que o problema não esteja no tipo de doação (escolha vocacional) – que lhe dá serenidade –, mas no significado afetivo com que Mário vive a doação de si: precisamente como privação. Ademais, é interessante que ele viva a transgressão sexual como um parêntese que não lhe pertence: algo que, nele, não é sinal de dupla personalidade (virtudes públicas e vícios privados), mas de uma única personalidade coerente consigo mesma, que se dissocia de se reconhecer no que não sabe exprimir. Há elementos suficientes para dizer que essa problemática tem pouco a ver com o celibato.

QUARTO ENCONTRO: VIVER O PROBLEMA

Tendo tomado consciência do que acontece na dinâmica sexual, o discurso passa à sua gestão:

F.: Tente olhar a coisa se colocando do lado de Deus, mas desse Deus grande que seu caminho já encontrou. De acordo com você, o que ele lhe diria?	*Favorece o "eu" observante: a gestão de nós mesmos é favorecida também pelo olhar que, de fora, lançamos sobre nosso mundo, um olhar menos envolvido e de uma perspectiva que não é a nossa.*
M.: Diria que sou um pecador.	*Volta o costumeiro estilo do menino coercitivamente bom que, quando desobedece, espera o castigo.*
F.: Certo. E depois? Nada mais? Tente fazer referência, inclusive, ao outro Deus, mais atual, que havíamos encontrado há algum tempo: aquele grande, não aquele que extorque.	*O educador como "reintegrador".*[12]
M.: Diria que ainda me ama, mesmo depois que me masturbei.	*Recuperação racional da experiência pregressa, mas com raro impacto transformativo sobre o tema de hoje.*
F.: E depois? Se nos detivermos a dizer assim, é um Deus vovô, que aceita tudo dos netinhos.	
M.: Me diria também que ele permanece constante, que fui eu quem foi embora. Ele permanece com a mão estendida; eu é que me escondo, como os meus bombons no armário. Ufa! Como me custa dizer essas coisas! Sinto vergonha...	

---

[12] Recapitulando, encontramos seis funções do educador: participante, observador (*observer*), apoiador (*supporter*), ativador, estimulador (*challenger*), reintegrador.

F.: Mário, algum problema? *M.:* Parecem-me coisas tão íntimas! Não estou acostumado a dizê-las. É difícil para mim dizer "gosto de você". Faz-se e pronto. *F.:* E a Deus, o que você diria? *M.:* Diria que não devo masturbar-me. *F.:* Mas isso é uma tarefa, não é uma declaração de amor. *M.:* Diria... diria... que, apesar de tudo... não o quero trocar por ninguém. *F.:* Não entendi. Pode repetir? *M.:* Diria que, se estou com ele, não é porque ele me obriga; eu também tenho vontade. De verdade... *F.:* Tente dizer isso a ele. *M.:* Como? Assim descaradamente? E a questão da masturbação, como é que fica? *F.:* Tire você as conclusões. Ele não faz questão de sexo. Você é quem, à noite, quando volta para o seminário, pode dizer-lhe que o ama ou vingar-se dele. *M.:* Então, por que não masturbar-me? *F.:* Ele, no domingo, foi à paróquia, mas à noite estava sozinho. Doou--se, foi até mesmo traído, e depois ele concluiu assim: na noite em que foi traído, tomou o pão, partiu-o e o deu... Não disse: na noite em que foi traído, para consolar-se, enxugou uma garrafa de pinga... É duro, mas...	*O educador como "apoiador" (supporter).* *Volta o menino certinho.* *Recorda a diferença entre discernimento moral e espiritual.* *Pergunta desencaminhadora. A essa altura, Mário sabe bem que o verdadeiro problema é a escolha entre a entrega por amor e o protesto por causa da extorsão.* *Como vive a Eucaristia, poderia, para Mário, revelar-se agora uma ocasião preciosa e totalmente pertinente ao presente.* *A fim de que o valor se torne fonte de referência para a vida, é preciso senti-lo atraente.*

M.: Duro, mas belo também. Ao pensar nisso, sinto uma alegria interior que quase me faz chorar. F.: Ah, sim. Experimentar para acreditar. Silêncio. F.: Em todo caso, é preciso que mantenhamos sob vigilância esse problema sexual: quando se apresentar de novo, será bom retomar a conversa.	*É um silêncio bom, não de embaraço, mas de presença a si mesmo.* *O discernimento espiritual não exclui o moral, mas encontra nesta última seu critério de autenticidade. A superação do problema contingente será um sinal da liberdade efetiva de entregar-se de boa vontade a Deus.*

Ao falar de como gerir as coisas e o caráter (que mudam com o tempo), implicitamente se fala de como gerir a dialética básica que permanece no tempo.

Rua Dona Inácia Uchoa, 62
04110-020 – São Paulo – SP (Brasil)
Tel.: (11) 2125-3500
http://www.paulinas.com.br – editora@paulinas.com.br
Telemarketing e SAC: 0800-7010081